Neunzehntes Jahrhundert...
- Primary Source Edition

Johann Gottfried Eichhorn

Neunzehntes Jahrhundert.

Von

J. G. Eichhorn.

———

Zur Ergänzung

der beyden ersten Ausgaben

seiner

Geschichte der drey letzten Jahrhunderte,

aus der dritten Ausgabe besonders abgedruckt.

———

Hannover,

bey den Brüdern Hahn.

1817.

Zur Zeit des abgeschlossenen allgemeinen Frie=
dens war Bonaparte bereits zur unumschränkten
Herrschaft in Frankreich gelangt, ob er gleich noch
den bescheidenen Namen des ersten Consuls führte.
Die neue Constitution hatte zu seiner Allgewalt
den Grund gelegt: sein glücklicher, einem Wun=
der ähnlicher Feldzug in Italien hatte ihn darin
gegen jede Einsprache befestiget; die zunächst er=
folgten Friedensschlüsse schienen ihm das volleste
Recht darauf zu geben. Doch heuchelte er in ih=
rem Besitz noch immer den Republikaner; nach
seinem wundervollen Sieg bey Marengo kehrte
er über Turin in der Stille eines gemeinen Pri=
vatmanns nach Paris zurück: und die Menge ließ
sich täuschen.

Frankreich schien ja innerlich beruhigt. Die
Vendée und die Chouans führten nicht mehr die
Waffen für Ludwig XVIII; die Gesetze gegen die
Ausgewanderten und über die Geisseln waren auf=
gehoben; es war genau bestimmt, wessen Name
auf der Proscriptionsliste bleiben sollte; unzäh=

A 2   lige

1802 lige Familien waren durch Zurückberufungen mit der neuen Regierung ausgesöhnt. Die Partheyen schienen zu verschwinden. Die Jacobiner, gegenwärtig zu jedem Gebrauch für Ehre und Geld feil, — wem hätten sie, außer dem ersten Consul, huldigen können, bey dem beydes in Fülle zu haben war? Die Royalisten und Republikaner, ihrer bisherigen vergeblichen Versuche müde, hatten sich zurückgezogen; ohnehin waren sie, aufgerieben durch die bisherigen Stürme der Revolution, zu klein an Zahl, um furchtbar zu seyn; und wer es etwa hätte werden mögen, der wurde durch Gunstbezeugungen entwaffnet, und wer sich nicht entwaffnen lassen wollte, der wurde von dem Mittelpunct der Regierung möglichst weit entfernt. Aus allen drey Partheyen setzte Bonaparte die Mitglieder der Regierung geflissentlich zusammen, selbst Adeliche nahm er unter sie auf, um sie für sich zu gewinnen, sie durch einander zu schwächen, und die öffentliche Meinung hervorzubringen: er habe durch wundervolle Weisheit endlich alle Partheyen zu vereinigen gewußt. Nur wenige durchschauten den noch verschleyerten Imperator und warnten; sie wiesen darauf hin, daß er die Partheyenhäupter an sich ziehe, um sie ihrer Parthey verdächtig zu machen und ihr Ansehen zu vernichten, aber man glaubte nicht; sie machten auf den militärischen Geist aufmerksam, der sich über alle Formen hinwegsetze: aber man entschuldigte ihn mit dem öffentlichen Wohl.

Doch in kurzem war es nicht mehr abzuleugnen, daß alle Vorkehrungen sichtbar auf die Er-

ringung unumschränkter Gewalt angelegt wären. *a* 1802
Allmählig ward die Freyheit der Presse einge=
schränkt, die Zahl der Zeitschriften, die nicht im
Sinne der Regierung sprachen, vermindert, jede
kühne Stimme durch Wohlthaten oder Furcht zum
Schweigen gebracht. Die Kälte, mit welcher von
dem Volk, besonders in der Hauptstadt, die Frie=
densschlüsse aufgenommen wurden, ob sie gleich
so vortheilhaft für Frankreich waren, ließen doch
den ersten Consul Unzufriedenheit mit seiner Re=
gierungsweise und Eifersucht über seine plötzliche
Größe ahnen. Er säumte daher nicht, unter der
Beyhülfe des Policeyministers Fouché, Maaßre=
regeln für die Sicherheit seiner Person zu nehmen.
Um diese zu verschleyern, wurden Verschwörungen
erdichtet, ob man gleich voraussehen konnte, daß
niemand an sie glauben würde. So wollte die Po=
licey (am 10. Octob. 1800) entdeckt haben, wie
man Bonaparte in der Oper habe ermorden wol=
len; mit Mühe wurden 16 Verschworene zusam=
mengebracht und verurtheilt, und doch blieb man
an den vorgeblichen Mordanschlag ungläubig. Der
Schaden dieser Maaßregel fiel nun billig auf den
Erfinder, Bonaparte, zurück. Je mehr von Ver=
suchen, den neuen Machthaber aus dem Wege zu
räumen, gesprochen würde, desto tiefer setzte sich
der

---

a Napoleon Bonaparte und das französische Volk
   unter seinem Consulate. Germanien, 1804. 8.
Von hier an: Chronik des 19ten Jahrhunderts.
   Altona, 1803. 8. angefangen von G. G. Bre=
   dow, fortgesetzt von K. Venturini.
Mémoires de l'histoire de la France sous Napo=
   léon Bonaparte, par Mr. Salgues. Paris.

1802 der Glaube an ihre Ausführbarkeit in den Gemüthern fest; nicht lange, so versuchte man den ersten Consul in der engen Straße St. Nicaise durch zwey kleine Pulverwagen (die sogenannte Höllenmaschine) beym Vorbeyfahren (am 24. Dec. 1800) in die Luft zu sprengen, was nur die Schnelligkeit, in der sein Wagen vorüberflog, von ihm abwendete.   Ueber die wahren Urheber dieses Mordplans blieb man ungewiß; man rieth auf Georges oder Royalisten; die deßhalb hingerichteten Personen hielt wenigstens niemand für die rechten Schuldigen.

Nach diesem Vorfall suchte Bonaparte nicht mehr, sich durch republikanische Gleichheit und Herablassung im Betragen Achtung und Bewunderung zu erheucheln, sondern lieber auf dem kürzern Wege durch die Mittel der Despoten, durch Furcht und Schrecken, zu herrschen.   Er vermehrte die Consulargarde, und zeigte sich nie mehr dem Volke, ohne von derselben umgeben zu seyn; er führte eine strenge Hofetiquette ein, und gebot durch sie jedem Ehrfurcht gegen seine geheiligte Person; von den Präfecten ließ er alle Waffenvorräthe in Verwahrung nehmen; und gab nach einander eine ganze Reihe von Gesetzen, die den Schrecken seiner Allgewalt vermehrten.   Eines derselben setzte durch ganz Frankreich Specialgerichte (im Febr. 1801) nieder, die über alle Vergehen, durch welche die öffentliche Ordnung gestört, und die Sicherheit des Staats bedrohet würde, in erster und letzter Instanz, mit Ausschluß jedes andern Gerichts, erkennen sollten, und deren Mitglieder zu erkennen, er sich vorbehielt:

hielt: ein wahres von ihm allein abhängiges In-1802 quisitionsgericht gegen alle seine Gegner!

Schon bey den einzelnen Gesetzen zur Ver= mehrung seiner Allgewalt fand er großen Wider= spruch bey dem Tribunat; doch fühlte er erst seine ganze Last bey der Discussion des (am 12. August 1800 beschlossenen und im Laufe des Jahrs 1801 vollendeten, und darauf mit seinen Vorschlägen vermehrten) Gesetzbuchs, wo von einer großen Parthey die meisten Vorschläge, die von der Re= gierung kamen, auf das heftigste bestritten wur= den. Mitten in diese Debatten fiel die Zeit, wo das erste Fünftel der beyden gesetzgebenden Räthe austreten und durch neue Mitglieder ergänzt wer= ben sollte. Um sich der durch ihren Widerspruch lästigen Gesetzgeber zu entledigen, wurden durch ein organisches Senatusconsult diejenigen, welche bleiben sollten, namentlich bezeichnet, dagegen aber 20 Tribunen und 60 Gesetzgeber durch Ueber= gehung ihrer Namen eliminirt und vom Senat aus den Departementallisten mit solchen Män= nern ersetzt, von denen man sich Folgsamkeit ver= sprach. Die beyden Räthe waren nun auch un= terjocht.

Der letzte Friede mit England zu Amiens war mittlerweile abgeschlossen und nach der Endigung dieses großen Tagewerks schien die Zeit zur öf= fentlichen Machterhöhung des ersten Consuls ge= kommen zu seyn. Mit der Bekanntwerdung der Friedensartikel fiengen auch die öffentlichen Blät= ter an, von der Nationaldankbarkeit zu reden, zu welcher sich ganz Frankreich gegen den ersten Consul aufgefodert fühlen müsse; und diese könne

sich

§. III. Europa im Gleichgewicht.

1802 sich eigentlich nur darin äußern, daß man ihn in den Stand setze, dem Vaterlande fortdauernd zu dienen. Dessen ohnerachtet schränkten sich die gesetzgebenden Räthe bloß auf Glückwünsche ein, die sie den drey Consuln zum Fortgang ihrer rühmlichen Bemühungen (am 7. May 1802) durch Abgeordnete aus ihrer Mitte darbringen ließen. Wozu also der Gesetzgeber sich nicht wollte brauchen lassen, dazu fand man an dem sklavischen Senat ein desto bereitwilligeres Werkzeug, der sich bewegen ließ, Bonaparte auf Lebenszeit zum ersten Consul vorzuschlagen. Aber auch auf diesem Wege gelang der Plan noch nicht, weil ihm von Sieyes die Bemerkung entgegengesetzt wurde, daß über eine solche Abänderung der Constitution das Volk befragt werden müsse. Der Senat beschloß daher bloß: "Bonaparte nach dem Ablauf der ersten zehn Jahre wieder auf eben so lange Zeit zum ersten Consul zu wählen." Nun heuchelte Bonaparte: "er könne so ein Opfer nur dem Willen des Volks darbringen," um eine Abstimmung des Volks zu veranlassen, und dabey durch die beyden andern Consuln seinem Zwecke näher gebracht zu werden. Von ihnen wurde nun (am 10. August) eigenmächtig die Frage dahin aufgestellt, "ob Bonaparte lebenslänglicher Consul werden solle? In drey Wochen sollten die Abstimmungen in ganz Frankreich geendiget seyn; wer nicht stimme, werde für bejahend angenommen." Es ward auch dieses Geschäft mit solcher Schnelligkeit betrieben, daß schon am 29 Jul. 29. Julius der Minister des Innern den beyden Consuln bekannt machen konnte: "von 3,577,379 Bürgern, die schriftlich oder stillschweigend ihre Stim-

Stimmen gegeben, hätten 3,568,885 für ein lebenslängliches Consulat gestimmt;" am 2. August wurde das Senatusconsult darüber abgefaßt, und am 3. August in einem feyerlichen Zug an Bonaparte überbracht. So war der Hauptzweck erreicht; desto muthiger gieng man an die übrigen Veränderungen, welche diese Abänderung der Constitution nothwendig mache. Schon am 4. August schickte der Staatsrath seine Vorschläge dem Senate dazu ein, der sie auf der Stelle, ohne sie vorher den gesetzgebenden Räthen mitgetheilt zu haben, genehmigte, und mit der Bekanntmachung seines organischen Senatusconsult Bonaparte's Geburtstag (am 15. August) feyerte. "die beyden andern Consuln (hieß es darin) sind es auch lebenslänglich, und der erste ernennt seinen Nachfolger; die Wahlen der Gemeinen geschehen künftig unter der Aufsicht eines von der Regierung bestellten Beamten" u. s. w. So wurden die beyden gesetzgebenden Räthe nach und nach eines Vorrechts nach dem andern beraubt, bis sie endlich leere Figuranten waren; an der ursprünglichen Bestimmung des Senats ward so lange geändert, bis er zu keinem Senatusconsult ohne vorausgegangenen Vorschlag der Regierung mehr berechtiget, und in eine vom ersten Consul abhängige Nulität verwandelt war. Dagegen ward die Macht des ersten Consuls durch fortgehend vermehrte Vorrechte gesteigert, bis zuletzt alle Gewalten des Staats, die ausübende, gesetzgebende, sogar die richterliche in seinen Händen lagen. Noch vor dem Jahr 1803 war Frankreich unter republikanischen Formen eine schreckenreiche militärische Despotie.

Das

1802 Damit es ihr, nach ihrer Vollendung, nicht an äußerem Glanze fehlen möchte, dafür war schon mitten unter dem Abstimmen über das lebenslängliche Consulat (am 15. May 1802) gesorgt worden. Schon damals war der Vorschlag zur Errichtung einer Ehrenlegion an die beyden Räthe gebracht, und troß des kräftigen Widerspruchs, der von einzelnen Gesetzgebern dagegen erhoben wurde, doch am 18. und 19. May im Tribunat und gesetzgebenden Corps durch Stimmenmehrheit angenommen worden, doch mit dem Zusaß, — dem lautesten Bekenntniß der Schwäche, — daß die Vollziehung des Gesetzes noch eine Zeitlang ausgesetzt bleiben möchte. Indessen der Grund zu einem künftigen Adel, der den Despoten umgeben sollte, ward dadurch gelegt.

Wozu dieß alles führen würde, entgieng zwar selbst gemeiner Welterfahrung nicht: aber dennoch mochte, außer den wenigen müthigen Rednern in den beyden gesetzgebenden Räthen, niemand dagegen laut werden. Dem einen verschloß Furcht vor Verhaftung, oder Verbannung nach St. Domingo oder auf eine andere Insel den Mund: den andern entwaffnete die Thätigkeit der neuen Regierung durch die Vortheile, die ihm dadurch zuflossen. Ackerbau, Gewerbe, Handel sah man neu belebt, durch Kanäle, Straßen- und Brückenbau thätig unterstüßt, die Schifffahrt nach den wiedererlangten Colonien befördert, die Wiedereroberung des wichtigen St. Domingo mit Eifer betrieben: eine neue Welt war seit dem Consulat durch ganz Frankreich entstanden. Und wen vielleicht keiner dieser Vortheile an Bonaparte anzog, der vergaß wohl

das

das Drohende in seinen Vorkehrungen, weil er 1802
durch ihn seine Nationaleitelkeit befriediget fand.
Es hallte ja in allen seinen Verordnungen,
Decreten und Proclamationen von der großen
Nation wieder: und das schien kein leerer Name
bey der furchtbaren Größe zu seyn, die er der
Republik durch seine Friedensschlüsse gegeben
hatte. Frankreich ragte seitdem kolossal unter
den europäischen Mächten hervor. Der Amienser
Friede hatte ihm alle seine Besitzungen bis auf
den letzten Felsen zurückgegeben, und der Lüneviller sehr wichtige Länder, (wie das linke Rhein-
ufer, Belgien, Nizza und Venaissin, Savoyen
und Sardinien) in seinem Besitz, und große
Staaten (wie Holland, die Schweiz und die
italienische Republik) in seiner Vormundschaft
gelassen; er hatte alle die Bollwerke weggenommen, wodurch sonst Deutschland und Italien gegen die Angriffe Frankreichs gedeckt worden, und
dagegen die Länder seiner Nachbarn ihm geöffnet.

Der Rhein war zwar noch Schutzwehr von
Deutschland geblieben, aber auch die einzige, und
welche Schutzwehr! Eine Schutzwehr ohne festen
Punct, die bey jeder leichten Berührung niederstür-
zen mußte, da der Lüneviller Friede alle Festungen
in der Nachbarschaft des Rheins geschleift hatte,
und der Uebergang über diesen Gränzfluß an mehreren Orten nicht zu den schweren Kriegsunter-
nehmungen gehört. Die vormaligen Schutzplätze
des nördlichen Deutschlands waren gefallen: Holland fehlte zu einer Provinz von Frankreich nichts als der Name, und die belgischen
Länder jenseits des Rheins waren Frankreich
ein-

1802 einverleibt: vom Mayn bis an die Nordsee hielt daher kein haltbarer Platz, kein schwieriger Posten, kein befestigter Punct ein französisches Heer auf. Die Schweiz, welche bisher das südliche Deutschland gegen Frankreich deckte, hatte den Glauben an ihre Unbesiegbarkeit, ihre Neutralität und Unverletzlichkeit verloren, und wenn sie auch würde aufgehört haben, eine französische Provinz zu seyn, so würden doch ihre Felsen nie ihre vorige Heiligkeit zum Schutz und Schirm für Deutschland wieder erhalten haben.

Sardinien und Piemont waren Frankreich einverleibt; die Pforten von Italien mit ihren unüberwindlichen Festungen standen den französischen Heeren zu jedem Durchzug offen. Die Etsch, die Oesterreich begränzte, war auch zugleich die Gränze Frankreichs: seinen ersten Consul hatte die italienische Republik zum Präsidenten; Genua, Parma und Toscana folgten gern und willig seinen Winken; an allen Hauptpuncten waren militärische Statthalter in Italien aufgestellt, daß es nur eines Befehls aus den Thuillerien bedurfte, um das himmlische Land von den Alpen bis an die Meerenge von Messina für eine französische Eroberung zu erklären.

Und was wäre seit dem Basler Frieden (1795) die Scheidewand der Pyrenäen gewesen? Spanien gehörte ja seit der Zeit zu den Hülfsquellen Frankreichs, zu seinen Waffengefährten und Clienten.

Wie es in einer solchen Lage gewöhnlich der Fall zu seyn pflegt, so maßte sich auch Frankreich

reich an, das Schicksal aller dieser Länder nach 1802
Gefallen zu ordnen, öffentlicher und versteckter,
durch ausdrückliche Vorschriften und die Furcht
vor seiner Uebermacht, wie es jedesmal die Um=
stände wollten. b Selbst der Lüneviller Friede
(am 9. Februar 1801) hatte ihm dazu erwünsch=
ten Spielraum gelassen, und der Amienser hatte
ihm durch Stillschweigen diese Macht wie einge=
räumt, indem er einer kecken Abänderung der Lage
von Italien zwischen den Präliminarien (im
December 1801) und dem unterzeichneten Frie=
den (am 25. März 1802.) nicht widersprochen
hatte.

Wie nach eigener Machtvollkommenheit war
der Zustand von Italien verändert worden. Im
Lüneviller Frieden war Toskana dem Herzog
von Parma bestimmt, aber über Parma und Pia=
cenza nichts ausdrücklich geäußert worden. Un=
ter dem Vorgeben hoher Erkenntlichkeit gegen ei=
nen so treuen Bundesgenossen wie Spanien,
maßte sich der Oberconsul an, im Namen der
französischen Republik, den Schwiegersohn des
dasigen Königs, den Erbprinzen Ludwig von
Parma auf seiner Durchreise durch Paris zum
König zu ernennen, und ihn als König von
Hetrurien im Julius 1801 in Toscana ausrufen
zu lassen. Ein Jahr später ward erst bekannt,
für welchen Preis: dafür, daß der neue König
(am 21. März 1801) in einem geheimen Ver=
trag

b C. L. Posselt's Staatsgeschichte Europa's
  vom Tractat von Amiens bis zum Wiederaus=
  bruch des Krieges.

1802 trag auf Parma und Piacenza, und Spanien auf das unermeßliche Luisiana zum Besten der französischen Republik Verzicht geleistet hatten.

Im Lüneviller Frieden war die cisalpinische Republik als unabhängiger Staat anerkannt; noch war kein Jahr verflossen, so war sie von Bonaparte abhängig gemacht. Als hätte Frankreich dem neuen Staat seine Verfassung zu geben, wurde (im December 1801) eine außerordentliche Consulta derselben nach Lyon berufen, um ihre Constitution unter Talleyrand's Berathung zu entwerfen. Am 11. Januar 1802 kam Bonaparte selbst an ihren Versammlungsort, und ließ sich (am 26. Januar) zum Präsidenten der Republik erbitten, "weil er sich die gebieterische Nothwendigkeit nicht verhehlen könne, die oberste Leitung ihrer Angelegenheiten beyzubehalten, bis Cisalpinien im Stande seyn würde, seine Unabhängigkeit sich selbst zu erhalten." Sie änderte nun ihren Namen und hieß italienische Republik. Niemand widersprach, auch England nicht, ob es gleich auf die fortdauernde Lage der Dinge während der frühern Monate seine Präliminarien abgeschlossen hatte.

Wie Cisalpinien, so ward zu derselben Zeit (am 30. December 1801) auch der Republik Lucca ihre Verfassung von Frankreich vorgeschrieben.

Ueber das von den Franzosen besetzte und durch eine provisorische Regierung verwaltete Sardinien, wegen dessen Rückgabe man auf Großbritanniens Vermittelung gerechnet hatte, war im Amienser Frieden nichts festgesetzt worden. Als nun der unglückliche König, Carl Emanuel, von sei=

seinen Bundesgenossen verlassen und durch den 1802
Tod seiner Gemahlin tief gebeugt, am 4. Jun.
1802 seinen Bruder, Victor Emanuel, die Re=
gierung seiner Staaten freywillig abtrat, erklärte
Bonaparte (am 11. September 1802) Savoyen
mit Frankreich vereiniget, und überstieg dadurch
die Alpen, die er doch, als dessen natürliche
Grenzen, nie zu übersteigen so oft verheißen
hatte. c

Schon durch diese Vereinigung und seine
beyden Schöpfungen, die italienische (vormals
cisalpinische) Republik und das Königreich He=
trurien, war Frankreich die Hauptmacht in Ita=
lien geworden: daher es auch (am 26. Junius
1802) der ligurischen Republik eine neue Ver=
fassung aufdrang, gegen die sich aber die Ein=
wohner so heftig sträubten, daß sie wenige Mo=
nate nachher (im December) wieder abgeändert
werden mußte. Dabey hörten neue Vergröße=
rungen, wo Gelegenheit dazu war, nicht auf.
Am 9. October 1802 starb unvermuthet und
zweydeutig der Herzog Ferdinand von Parma,
in den Bonaparte (seit dem 21. März 1801)
unter allerley Anerbietungen, aber vergebens,
gedrungen hatte, sein Herzogthum zu Gunsten
der französischen Republik abzutreten. Da der
Sohn des Verstorbenen, der neugeschaffene Kö=
nig von Hetrurien, schon seinem Erbherzogthum
entsagt hatte, so erklärte Bonaparte, ohne Be=
rücksichtigung des dem Hause Oesterreich gebühren=
den

c Das Senatusconsult: de Martens Suppl.
T. IV. p. 99—111.

1802 den Anfallsrechts, (am 23. October) Parma,
Piacenza und Guastalla seyen durch den Todes-
fall am 9. October an die französische Republik
heim gefallen. *d* Wie sein Land, so wurde auch
das Privatvermögen des Herzogs, von Bonaparte
eingezogen, und dessen Gemalin, die Erzherzogin
Amalia von Oesterreich, dem Mangel Preis gestellt. Und außerdem — wie mannichfach ward
noch der neue König von Hetrurien beeinträch-
tiget! Livorno blieb von französischen Truppen,
selbst nach dem Abschluß des Friedens mit England, besetzt. Dem König wurde der toscani-
sche Antheil an der Insel Elba abgepreßt und
Frankreich einverleibt. *e* Zwar sollte er durch
Piombino entschädigt werden; das Versprechen
ward aber nicht gehalten, weil Bonaparte es
seinem Familieninteresse gemäßer fand, seinen
Schwager Bacciochi damit zu versorgen.

Und wie arglistig mischte sich Bonaparte
in die innern Angelegenheiten der helvetischen
und batavischen Republiken, um sie, wo nicht
zu seiner Beute, so doch von sich und Frankreich abhängig zu machen! Gegen die Schweiz,
die über ihre Verfassung mit sich selbst im
Streit war, erließ er (am 30. Sept. 1802)
eine übermüthige Proclamation, der zufolge er
Vermittler ihrer Streitigkeiten nach dem Beyspiel früherer Zeiten seyn werde, "aber mit der
Kraft, wie es den großen Völkern zieme, in
deren

d de Martens Suppl. T. IV. p. 114.
e de Martens Suppl. T. IV. p. 97.

beren Namen er spreche" f: und gebot dabey, die 1802
nöthigen Gesandten dazu unverweilt nach Paris
zu schicken. Diesem unerbetenen Vermittelungs=
antrag folgte unmittelbar ein französisches Heer,
das die Schweiz besetzte. Wiederholt ward den
Abgeordneten angegeben, "das wahre Heil ih=
res Vaterlandes würde nur durch seine Verei=
nigung mit Frankreich begründet werden," aber
sie wollten nicht hören. Da Bonaparte endlich sah,
sie würden in diesen Vorschlag nicht eingehen, so
wollte er wenigstens das Ansehen ihres Geset=
gebers haben, und gab ihnen in seiner Vermit=
telungsurkunde (vom 19. Febr. 1803) größten=
theils die Verfassung wieder zurück, die sie vor
dem Jahre 1798 gehabt hatten.

Eben so unermüdet war er in Versuchen,
sich der batavischen Republik als Berather aufzu=
dringen, bis sie ihm gelangen. Bey der Ord=
nung ihrer Finanzen trieb er ein keckes Spiel,
durch das er ihr, (am 14. Januar 1803) eine
ihr vorgeschlagene Finanzveränderung, die Zahlung
der Rescriptionen, die nach dem Frieden er=
folgen sollte, betreffend, anzunehmen verbot. Durch
lange Unterhandlungen drang er ihr und ihrem
Sold (im Februar 1803) zwey französische Halb=
brigaden von 3 — 4000 Mann auf; schon näher=
ten sich zur Verstärkung dieser Besatzung neue
französische Truppen ihren Gränzen unter dem
Vorwand der Einschiffung nach Luisiana; sie
zwang zwar ihren Anführer Montrichard, sein
Haupt=

---

f Die Proclamation und übrigen Acten in de
   Marténs Suppl. T. III. p. 366 — 460. vergl.
    p. 568 — 594.

Eichhorn's Ergänz.   **B**

1802 Hauptquartier zu Breda zu nehmen, aber mußte doch seine Truppen bis zur vorgeblichen Abreise herbergen und nähren. Letztere trat nie ein; Luisiana war ja schon am 30. April an Nordamerica verkauft.

Deutschland endlich ward von Bonaparte, dem klaren Buchstaben des Lüneviller Friedens entgegen, auf das schnödeste mißhandelt, wovon aber die Ländersucht seiner Fürsten, die nur durch Bonaparte's Anmaßungen befriedigt werden konnte, einen großen Theil der Schuld zu tragen hatte. Nach dem Friedensvertrag hatte das deutsche Reich selbst die Entschädigungen seiner Fürsten zu bestimmen, höchstens sollte dabey Frankreichs guter Rath gehört werden, und Frankreich setzte sie nach Willkühr, Gunst und Ungunst fest; Toscana, dem eine vollständige Schadloshaltung in Deutschland versprochen war, erhielt kaum die Hälfte des Verlornen ᵍ; dagegen Oranien, dem keine Entschädigung in Deutschland verheißen war, sollte sie nun auch in Deutschland empfangen: willkührlich wurde Bayern, Würtemberg und Baden das Doppelte, Preußen gar das Zehnfache des Verlornen zugesprochen: Oesterreich dagegen, das zur Theilnahme an den Unterhandlungen zwischen Frankreich und den deutschen Fürsten nicht einmal aufgefordert worden, und vergeblich die Stände des deutschen Reichs zu einem gesetzmäßigen Benehmen ermahnte, wurde als Oberhaupt des deutschen Reichs und wegen Toscana's auf das empfindlichste gekränkt.

Ein

g S. die Convention mit Oesterreich wegen Modena und Toscana in de Martens Suppl. T. III. p. 228.

Ein solches System der Gewaltthätigkeit, des 1802
Angriffs und der Vergrößerung von Seiten Frankreichs dauerte im Frieden, wie im Kriege, fort.
Oesterreich, dem Erholung von seinen Anstrengungen durch die Fortdauer des Friedens unent-
behrlich war, schwieg fürs erste; in Großbritannien dagegen erhoben sich die Stimmen desto lauter. Selbst die unter seinen Staatsmännern, die
den Frieden sogar unter den verwilligten schlechten
Bedingungen nicht tadelten, weil sie ihn nicht für
so schädlich wie den fortdauernden Krieg ansahen,
erkannten bald, daß ein neuer Krieg für ihre Insel weniger verderblich seyn würde, als die Fortdauer eines Friedens bey fortgehender Ausdehnung der französischen Macht durch beständige Angriffe auf die Freyheit der Völker. Und als sie
England zur Sprache brachte, um dagegen Ersatz
zu erhalten, wurde ihm derselbe nicht nur verweigert, sondern, sogar noch vor dem Ende des ersten Friedensjahrs, bestimmt erklärt: die französische Regierung werde sich mit England in keine
Unterhandlung wegen der Angelegenheiten des
festen Landes einlassen, da der König von England kein Recht habe, sich um das Verfahren von
Frankreich zu kümmern, sobald dasselbe nicht unmittelbar die Bedingungen des Friedens von
Amiens betreffe.

Solchen Aeußerungen gleichzeitig wurde nicht
bloß (was niemand auffallend finden konnte) mit
der größten Thätigkeit an der Wiederherstellung
der Marine, der Manufacturen, der Fabriken
und des Handels von Frankreich gearbeitet, sondern auch dem Handel der Engländer jedes denkbare Hinderniß in den Weg gelegt; englische Waa-

1802ren wurden in Frankreich und Holland verboten,
und an der Schelde und Maas strenge militärische
Maaßregeln gegen den Schleichhandel mit englischen Waaren getroffen: es ward eine förmliche
Handelssperre in Holland und Frankreich eingerichtet.   Bey mehreren Gelegenheiten wurden
englische Schiffe und ihre Güter in Beschlag genommen, und die dadurch Beschädigten konnten
weder Antwort noch Gerechtigkeit erlangen. Am
2. Januar 1803 ergiengen an die Reichsstädte
Frankfurt, Nürnberg und Hamburg Warnungen,
es möchten sich die Handelshäuser ihres Gebiets
nicht brauchen lassen zu Kanälen für englische geheime Gelder.   Und während in Frankreich und
den von ihm abhängigen Ländern den Britten der
Genuß des Friedens durch ein überall einge-
schränktes Handelsverkehr geschmählert wurde,
nahm sich Bonaparte heraus, wozu ihn kein be-
sonderer Vertrag berechtigte, Handelsagenten in
die vorzüglichsten Seestädte von Großbritannien
und Ireland zu schicken, zum Theil mit dem geheimen Auftrag, sich das Senkbley der Häfen und
die Risse der Plätze, wo sie residirten, zu verschaffen.   Die häufig dazu gewählten Militärpersonen
verriethen bald ihre Bestimmung; seitdem drang
die englische Regierung auf ihre Zurückberufung,
und ließ andere nicht weiter zu.

Wie hätte nun England unter solchen Anmaßungen Frankreichs die Plätze unbedenklich räumen können, die es zu verlassen im Amienser Frieden versprochen hatte?   Am 17. October 1802
ergieng wegen Frankreichs gewaltthätiger Einmi-
schung in die Angelegenheiten der Schweiz an
Dun-

Dundas die Cabinetsordre, den Holländern das 1802
Vorgebirge der guten Hoffnung nicht zu überlie=
fern; am 9. November weigerte sich der brittische
Befehlshaber auf Goree, die Insel den Franzo=
sen zu übergeben; Malta und Aegypten blieben
vorläufig noch von englischen Truppen besetzt, um
der Alleinherrschaft der Franzosen auf dem Mit=
telmeer, welche die seit dem Amienser Friedens=
schluß veränderte Lage von Italien voraussehen
ließ, vorzubeugen. Gerade um diese zu ver=
hindern, hatte England den Artikel wegen Malta
und seiner Rückgabe an den Johanniterorden in
der Friedensacte dahin bestimmt, daß die Unab=
hängigkeit der Insel von einer europäischen Macht
verbürgt werden müsse. Und diese Gewährlei=
stung wollte sich nirgends finden. Spanien war
bey seiner tief herabgebrachten Marine und seiner
Anhänglichkeit an Bonaparte dazu nicht aufzufo=
dern; Oesterreich und Preußen waren keine See=
mächte, und da doch der Antrag dazu an Preußen
geschah, lehnte es denselben ab; Rußland, das
allein die Garantie hätte leisten können, blieb,
als die verzögerte Räumung zwischen Frankreich
und England zur Sprache kam, bey der allge=
meinen und unbestimmten Aeußerung stehen, daß
es durch seine Gesandten zu London und Paris den
unterhandelnden Mächten gern Beystand leisten
würde. Nun war gar kurz nach dem Frieden die
maltesische Ordenszunge in Spanien, Bayern und
einem großen Theil von Italien aufgehoben wor=
den; zog England unter diesen Umständen seine
Besatzung auf Malta zurück, so fiel Frankreich
wenigstens mittelbar die Herrschaft über Malta zu,
und man sah dann auch bald, wenn nicht etwa
(worauf

1802 (worauf Whitworth in seinem Ultimatum antrug)
der König beyder Sicilien die Insel Lampedusa
an England für eine Entschädigung abtrat, Frank=
reich allein auf dem Mittelmeere herrschen, und
nur seinen Schiffen die Häfen von Mallaga bis
Constantinopel, und von Tanger bis Alexandrien
geöffnet.   Die Anstalten dazu waren schon in
Frankreich getroffen.   Am 16. September (1802)
hatte Sebastiani eine officielle Reise an die nord=
afrikanische Küste angetreten; er hatte, wie sein
am 30. Januar (1803) bekannt gemachter Reise=
bericht nur zu deutlich in seinen Schmähungen auf
England offenbarte; mit dem Dey von Tunis und
Algier in Bonaparte's Namen genaue Freund=
schaft geschlossen, und mit Aegypten und Syrien
verdächtige Verbindungen angeknüpft.   Der erste
Consul selbst machte daraus gegen Whitworth
kein Geheimniß, als er ihm schnippisch sagte:
"die 25,000 Mann nach Domingo hätten eben
so gut nach Aegypten gehen können, in dessen Be=
sitz Frankreich einst doch noch kommen werde."

Desto lauter wurden nun Bonaparte's Kla=
gen gegen England, daß es die Friedensartikel
nicht erfülle.   Allerdings hatte Frankreich, wie
es darin versprochen hatte, seine Truppen aus
Neapel und dem Kirchenstaat zurückgezogen; aber
dagegen wie viele gewaltsame andere Schritte, die
dem Frieden entgegen waren, sich erlaubt : wer
konnte sich des Verdachts erwehren, beyde Staa=
ten seyen nur zum Schein geräumt worden, weil
sie so leicht wieder zu besetzen wären und Bona=
parte nur Frieden behalten wolle, bis er sich ge=
gen das unbesiegte England recht verderblich ge=
rüstet

rüstet haben würde? und gegenwärtig waren seine 1802
Entwürfe erst im Anfang, und St. Domingo
noch nicht erobert. So zog er ja auch nur zum
Schein auf kurze Zeit die französischen Truppen
aus der Schweiz zurück, weil sie in dieselbe leicht
wieder zurückkehren konnten, um England zu Räu=
mungen von Plätzen zu reizen, die, einmahl auf=
gegeben, schwer wieder zu besetzen waren. Den=
noch ließ sich England bewegen, seine Cabinets=
ordre wegen des Caps (am 15. Novemb. 1802)
zu widerrufen; das Cap ward (am 17. Febr.
1803) den Holländern übergeben und Aegypten
am 17. März geräumt: nur Malta blieb ununn=
terbrochen besetzt.

Desto ungebehrdiger nahm sich Bonaparte
deswegen. Gegen England kannte ohnehin seine
Erbitterung keine Gränzen. Die englischen Zei=
tungs= und Pamphletschreiber hatten jeden Schritt
der Anmaßung und Gewalt des lebenslänglichen
Consuls mit dienlichen Bemerkungen begleitet, die
seine Eitelkeit kränkten, und ihn zu Maaßregeln
veranlaßten, die sie nur noch mehr reizten. Er
versuchte die englischen Zeitungsschreiber zu beste=
chen, und machte sie dadurch nur muthwilliger;
er führte gegen sie Klage bey der englischen Re=
gierung, als erlaubte ihr die brittische Verfassung,
die Preßfreyheit einzuschränken, und fand sich
höchst gekränkt, daß auf seine Klage jede Verfü=
gung ausblieb; er ließ den Journalisten mit der
höchsten Erbitterung (am 8. August 1802) ant=
worten, und zog sich nun die ganze Bitterkeit ih=
rer Sarcasmen zu. Um ihre Wirkungen auf das
französische Volk zu hindern, verbot er (in der
Mitte

1802 Mitte des Augufts) alle englifche Journale und
Zeitungen bis auf ein einziges unbedeutendes
Blatt, und reizte dadurch in Frankreich nur noch
mehr die fchadenfrohe Neugier. Er ließ (am 16.
Auguft) durch feinen Gefchäftsträger Otto zu
London auf die Verbannung des verwegenen
Georges Caboudal, der Bourbons und der Ausgewanderten, die ihre Ordenszeichen trügen, (gegen die Gefeze der Gaftfreundfchaft) dringen:
und fand auch damit kein Gehör. Seinen Grimm
auf die englifche Regierung konnte nun nichts
mehr befänftigen. Was half es, daß fie wiederholt ihr Mißfallen gegen die heftigen Ausfälle
der englifchen Blätter bezeugte? was half es,
daß fie (was durch die Umftände nach den Lan-
desgefezen möglich ward) einem ausgewanderten
Franzofen, Peltier, wegen feiner Schmähungen
den Prozeß machen ließ, und er (am 21. Febr. 1803)
für fchuldig erkannt wurde? Bis zur Erkennt-
niß der Strafe, die bis zur nächften Sizung
verfchoben wurde, kam es bey den bald nachher ausgebrochenen Kriegsfeindfeligkeiten zwifchen England und Frankreich doch nicht.

Ueber diefen Gang der Dinge fchüttete nun
Bonaparte felbft feinen ganzen Grimm bey jeder
Gelgenheit aus: zunächft gegen den, der die englifche
Nation bey ihm vertrat, den englifchen Gefand-
ten, Lord Whitworth. Schon fein erfter Empfang
war reich an Ausbrüchen unfchicklichen Uebermuths.
Am 5. November (1802) war er angekommen;
nach vier Wochen erft (am 5. December) die An-
trittsaudienz; während derfelben eine vornehme,
mit Verachtung gegen die Nation, welche ihn
gefen-

gesendet hatte, verbundene Kälte. In zwey an= 1803
dern Unterredungen (am 18. Febr. u. 13. März
1803) ein Uebermuth und Grimm, der sich ge=
gen die englische Nation auf die unanständigste
Weise Luft machte, und in der letzten wegen der
noch immer fortdauernden Besetzung von Malta
sogar mit einer stürmischen Herausfoderung zu ei=
nem neuen Kampf endigte, die er (am 22. Febr.)
in einer den gesetzgebenden Räthen vorgelegten
Darstellung der Lage des Reichs auf gleiche
Weise wiederholte. Mit Ernst und Würde er=
klärte Hawkesbury (am 15. März), als der fran=
zösische Gesandte Andreossy auf eine neue Erklä=
rung wegen Malta drang: "Verträge würden mit
Rücksicht auf den Besitzstand beyder Theile ge=
schlossen; Frankreich habe diesen seit dem Frieden
von Amiens eigenmächtig abgeändert; England
könne sich daher nicht verpflichtet halten, Malta
zu räumen." Damit die Schuld des erneuerten
Kriegs auf England fallen möchte, that Bona=
parte den Antrag zu einer neuen Unterhandlung:
man machte sich (vom 28. März bis 12. May)
Vorschläge hin und her, die zu nichts führen
konnten, weil England nicht gesonnen war, den
militärischen Besitz von Malta aufzugeben, und
Frankreich nicht, seine Fortdauer zuzugestehen.
Am 12. May erhielt Whitworth seine wiederholt
verlangten Pässe, und reiste noch jenen Abend
ab; am 18. erfolgte die englische Kriegserklärung 18 May
und am 20. zeigten die Consuln durch eine Bot=
schaft dem Senate und den gesetzgebenden Räthen
an, daß die Unterhandlungen mit England abge=
brochen wären. h   Sechste

h Jede Regierung hat die für ihre Sache sprechen=
den

Sechste Periode des Kriegs:
mit England,
vom 17. May 1803 bis zum Januar 1805.

Noch während derselben hatte Bonaparte
gedroht und sogar Anstalten getroffen, im Au=
genblick der Kriegserklärung in Georg's III. ge=
liebtes Hannover einzufallen: und er hielt, troß
des Friedens mit dem deutschen Reiche, Wort.
Drohend hatte er von Monat zu Monat seine
Vorbereitungen dazu steigen, am 15. März hatte
er Truppen nach Holland aufbrechen, am 3. Apr.
Vlieſſingen in Belagerungszustand ſeßen, am
am 26. April bey der jeßt noch sogenann=
ten Armee von Holland einen Commiſſaire or-
donnateur zu ihrer Verpflegung und zu Brand=
ſchaßungen anſtellen laſſen. Nun sogleich nach
der Abreiſe des engliſchen Geſandten von Paris,
noch vor der engliſchen Kriegserklärung, brach ſie
unter Mortier am 16. May auf und gieng ſchon
(am 17. May) unter dem Namen der Armee von
Han=

ben Staatsurkunden geſammelt drucken laſſen.
Pièces officielles, relatives aux preliminaires
de Londres et au traité d'Amiens. Paris. Flo-
real an XI. 4.

Liſt of papers, preſented by his Majeſty's com-
mand to both Houſes of Parliament 18 May
1803. Lond. 1803. fol.

Ueber die kriegeriſche Stimmung des engliſchen
Volks beym neuen Ausbruch des Kriegs: The
Antigallican, or Standard of Britiſh Loyality,
Religion and Liberty, including a collection
of the principal Papers, Tracts, Speeches,
Poems and Songs, that have been publiſhed
on the threatened invaſion. Lond. 1804.

Hannover über die Waal. Was half es, daß 1803 der König von England als Churfürst von Hannover zu gleicher Zeit (am 16. May) die strengste Neutralität erklärte, und alle waffenfähige Mannschaft seines Churfürstenthums zur Vertheidigung auf den Fall, daß sie ihm nicht zugestanden würde, aufforderte? Es war einmal beschlossen, Georg III. durch diese Verletzung alles Völkerechts wehe zu thun; Mortier brach vor vollendeter Rüstung ein, und kam nun durch eine Uebereinkunft zu Suhlingen (am 3. Jun.) in den Besitz der Hannöverschen Lande bis auf Lauenburg jenseits der Elbe, wohin sich die Regierung und die Truppen des Churfürstenthums zurückgezogen hatten. i Da nun Georg der III. die Suhlinger Uebereinkunft nicht bestätigte, sondern als Churfürst von Hannover bloß erklärte, er werde nichts, was ihr zuwiderliefe, unternehmen, so sah sich auch Lauenburg zur Capitulation gezwungen; die hannöverschen Truppen legten (nach einer zu Artlenburg geschlossenen Convention) die Waffen nieder, und verpflichteten sich, vor ihrer Auswechselung nicht gegen Frankreich zu dienen. k Den zuerst eingebrochenen halbbekleideten französischen Truppen folgten neue ähnliche Heerhaufen nach, und Hannover mußte ihrer fast

30,000

i Die Convention in de Martens Suppl. III. p. 518.

k Exposé de la situation du Militaire Hannovrien dans les mois de Mai, Juni et July 1803. Hannov. 1806. 8. auch deutsch: Darstellung der Lage, in der sich die hannöversche Armee in den Monaten May, Juni und July 1803 befand. Hannover, 1806. 8.

1803 30,000 herbergen, nähren, kleiden und bezah=
len. Vergeblich rief Georg der III. als Chur=
fürst den Beystand des deutschen Reichs (am 8.
Jul.) an; vergeblich waren vor der Hand an=
dere Unterhandlungen. Rußland gab sich zwar
alle Mühe, den Frieden zwischen Frankreich und
England wieder herzustellen; aber erst im fol=
genden Jahr kam rechter Nachdruck in seine
Unterhandlungen. Preußen, das nie die Be=
setzung eines benachbarten Landes im tiefen Frie=
den mit dem deutschen Reiche hätte zugeben müs=
sen, hatte sich durch sein Neutralitätssystem ver=
leiten lassen, Bonaparte voraus zu versprechen,
daß es sich Hannovers nicht annehmen wolle.
Nun, nach wenigen Monaten verspürte es die
schädlichen Folgen davon in der Lähmung und
Sperrung seines Handels, und machte (am 21.
Jul.) Vorstellugen dagegen, und ward, wie zu er=
warten war, mit leeren Versprechungen hinge=
halten. Als Preußen kurz nachher die große
Zahl der Franzosen in Hannover auch für seine
Staaten bedenklich hielt, erlangte es eine Ver=
minderung der französischen Armee nur unter
dem Versprechen, "es wolle bis zum Frieden
nie zugeben, daß die französischen Truppen in
dem Churfürstenthum von der Seite seiner Grän=
zen auf irgend eine Weise beunruhiget würden."
Hannover mußte sich vor der Hand in sein Schick=
sal fügen.

Dieser Schlag galt nur Georg III. (denn Bo=
naparte wußte wohl, daß ein Angriff auf Han=
nover kein Angriff auf das brittische Reich sey,
und die brittische Macht durch die Besetzung Han=
no=

novers nicht geschwächt werde); England sollte 1803
ein andrer Schlag, die Niederlage seines Han=
dels, treffen. Unmittelbar nach der Besetzung
von Hannover ward in dessen Provinzen aller
Verkehr mit England aufgehoben, und um die=
ser Maaßregel die gehörige Ausdehnung zu ge=
ben, Kurhaven und Ritzebüttel, der Neutralität
des deutschen Reichs zum Hohn, besetzt, und Bre=
men dieselbe Handelssperre geboten. Seit dem
20. Junius wurden den Britten die Häfen von
Frankreich, Italien, Holland, und in allen von
Frankreich abhängigen Ländern geschlossen, und
die Verbote eines jeden Verkehrs mit den verhaß=
ten Insulanern geschärft. England sperrte da=
gegen die Elbe und Weser, die französischen, ita=
liänischen und holländischen Häfen: die mit Bo=
naparte befreundeten Länder seufzten über den
Verlust ihres Handelsverkehrs; Preußen machte
Vorstellungen: was kümmerte dies alles dem
französischen Machthaber? England verlor doch
auch dabey.

Nur der Insel selbst war schwer beyzukom=
men. Um ihrer ausgedehnten Schifffahrt em=
pfindlich zu schaden, wurden durch eine grobe
Verletzung des Völkerrechts alle fremde Schiffe,
ohne Unterschied der Nationen, in den franzö=
sischen Häfen, selbst vor der englischen Kriegs=
erklärung, (am 15. May) mit Beschlag belegt;
es wurden alle in Frankreich und Holland (das
wie eine französische Provinz behandelt wurde
und Antheil an dem Krieg nehmen mußte) — alle
in allen den Ländern, in die Bonaparte's Macht
reichte, anwesende und in Kriegsdienst stehende
Engländer wurden für kriegsgefangen erklärt,

dem

1803 dem Vorgeben nach, um für alle französische
Bürger zu haften, die etwa England festhalten
möchte, in der That aber, um die Nation zu
mißhandeln, die sich kein Joch von Frankreich
auflegen lassen wollte.   Mit großem Geräusch
wurden Anstalten zu einer Landung in England
getroffen.   Schon am 16. April wurde der Befehl zur Aushebung von 120,000 Mann gegeben,
und eine große Armee, die Armee von England
genannt, an den Küsten gesammelt: sie bedeckte
die ganze Nordküste und dehnte ihren linken Flügel von Brest bis an die Mündung der Seine,
und ihren rechten von der Mündung der Maas bis
an den Helder aus.   In allen französischen Häfen wurden platte Fahrzeuge und Kanonenböte in
Menge erbaut, und zu Havre, Calais, Boulogne,
Dünkirchen und Ostende versammelt. Nach dem
Geräusch und dem Ausgang zu urtheilen, war der
ganze Aufwand bloß eine kostspielige Demonstra-
tion, — man schätzte den Kostenaufwand auf 154
Millionen Franken: — aber wahrscheinlich wollte
Frankreich England nur dadurch beunruhigen, es
zu kostspieligen Gegenanstalten nöthigen, und dessen Flotten in Europa beschäftigen, um sie von
der Eroberung französischer Besitzungen in andern Welttheilen abzuhalten.   Das englische Parlament beschloß auch eine allgemeine Bewaffnung,
und das ganze Volk folgte mit Begeisterung
dem Aufruf: in kurzem waren die Vorkehrungen
so vollständig, daß die kleinen Fahrzeuge mit ihrer Mannschaft und ihren Kanonen, wäre auch
ihre Ueberfahrt an die Küste von England gelungen, ihren Untergang unausbleiblich hätten
finden müssen.   Unter diesem Spiel und dem
ernst-

ernsthaften Rüstungen zur See verflossen — Li=
nois Zerstöhrungen der englischen Magazine zu
Pooleben auf Sumatra, und die Aufwiegelungen
der Marattenfürsten in Ostindien durch französi=
sche Emissarien abgerechnet; — volle anderthalb
Jahre ohne ernsthafte Kriegsauftritte. Hingegen
England trieb mit seiner gewöhnlichen Leben=
digkeit den Caperkrieg gegen Frankreich und
Holland, und that Angriffe auf die französischen
und holländischen Colonien, auf einzelne Punkte
der französischen Küste und auf Abtheilungen
der erbauten Landungsfahrzeuge. Den Franzo=
sen wurde St. Lucie, St. Pierre, Miquelon und
Tabago genommen; den Holländern Demerary,
Essequebo, und Berbice: dagegen mißlangen den
Engländern die Angriffe gegen Havre, Dieppe,
Calais, Boulogne und einzelne Haufen von Lan=
dungsfahrzeugen.

Auch entschied der mit England erneuerte Krieg
gleich in den ersten Monaten das Schicksal von
St. Domingo zum Nachtheil Frankreichs.

Gleich nach dem Friedensschluß mit England
(1801) war der General Le Clerc, Bonaparte's
Schwager, mit einer Macht von 25,000 Mann
vom Admiral Villaret nach St. Domingo zur
Rückeroberung der Insel übergesetzt worden.
Auf diesen Angriff gerüstet, leistete der Negerge=
neral Toussaint Louvertüre, so erfolgreichen Wi=
derstand, daß Le Clerc in kurzem überzeugt wurde,
mit den Waffen könne er die Neger nicht bezwin=
gen. Er versuchte es daher durch List, indem
er allen Einwohnern, ohne Unterschied der Farbe,
provisorisch, bis zur Bestätigung der französischen
Regierung, die nicht fehlen würde, Freyheit und
Geich=

1803

Gleichheit verſprach. Chriſtoph, einer der Neger=
generale, ließ ſich dadurch verleiten, für ſich und
ſeine Collegen, Deſſalines und Touſſaint, Am=
neſtie und die Beybehaltung ihres Ranges zu
unterhandeln. Mit Freuden bewilligte Le Clerc
beydes. Doch nur Touſſaint ließ ſich dadurch
überliſten, daß er das Anerbieten annahm und
ſich auch, der Heiligkeit des Verſprechens ver=
trauend, auf ein von ihm ſelbſt gewähltes Landgut
mit ſeiner Familie zurückzog; Deſſalines hinge=
gen lehnte mißtrauiſcher als er jeden Friedensan=
trag ab. Doch wurden die Feindſeligkeiten auf
dem franzöſiſchen Theil der Inſel am 1. May
1802 eingeſtellt, und nur an den Gränzen des
ſpaniſchen Antheils fortgeſetzt.

Während Touſſaint, ein Negerheld, reich an
edlen Characterzügen, in der größten Sicherheit
auf ſeinem Landgut lebte, wird er plötzlich auf
Le Clercs Befehl aufgehoben, und nach Frank=
reich gebracht, wo er nach erlittenen ſchmähli=
gen Mißhandlungen im Kerker zu Beſançon an
Gift ſtarb. Empört über dieſe Treuloſigkeit
traten Chriſtoph und Deſſalines wieder an die
Spitze der Negerarmee, die mit reiſſender Schnelle
zu einer furchtbaren Stärke anwuchs, ſo daß
der Krieg von beyden Seiten mit unmenſchlicher
Grauſamkeit geführt wurde. Darneben raffte
die Franzoſen eine peſtartige Krankheit weg,
unter der zuletzt ſelbſt ihr Anführer Le Clerc er=
lag. Den Oberbefehl über das geſchwächte Heer
übernahm nun Rochambeau; ſah ſich bald von
den wüthend kämpfenden Negern bis zum Cap
François hin= und von deſſen Beſetzung wieder
weg=

weggedrängt, gerade um die Zeit, da der Krieg 1803
zwischen England und Frankreich erneuert wor=
den war. Nun wurde die Lage der noch
nicht durch Schwerdt und Krankheit aufgerie=
benen Franzosen noch bedrängter. Eine gleich
nach der Erneuerung des Kriegs angekommene
englische Flotte schloß sie im Cap François
auf der Seeseite und Dessalines auf der Land=
seite ein, daß sich lange an kein Entkommen den=
ken ließe. Endlich erlaubte ihnen Dessalines,
sich nach Frankreich einzuschiffen; aber bey ihrem
Versuch auszulaufen, fieng sie die brittische
Flotte, die im Hafen lag, auf, und zwang sie,
sich zu Kriegsgefangenen zu ergeben. Seitdem
ist Domingo im Besitz der Neger unter den
beyden Oberhäuptern, Christoph und Dessalines,
die sich wechselseitig bekriegten, geblieben. *l*

Je weniger noch während dieser Zeit von
Frankreich zur See geschah, desto thätiger arbei=
tete Bonaparte im Innern daran, sein lebens=
längliches Consulat in eine Kaiserwürde zu ver=
wandeln, und alle von ihm abhängige Staaten
seinem Kaiserthum einzuverleiben. *m*

Um die Majestät des lebenslänglichen Con=
suls zu erhöhen, wurde nach und nach in den
Thouil=

l Geschichte der Insel Hayti oder St. Domingo,
besonders des auf derselben errichteten Neger=
reichs. Aus dem Engl. des Markus Reins=
ford. Hamb. 1806. 8.
m Die Aktenstücke das in Frankreich eingeführte
erbliche Kaiserthum betreffend in den Euro=
päischen Annalen 1804. St. 8. S. 97.
St. 9. S. 201.

Eichhorn's Ergänz. C

1803 Thouillerien das ganze alte Hofceremoniel und in der Canzley der ganze alte Styl erneuert; der neue Adel der Ehrenlegion zum Glanz des consularischen Hofs vermehrt, und der zur Nullität erniedrigte Senat von dem ersten Consul so abhängig gemacht, daß er ihm zum Werkzeug des unbedingtesten Gehorsams in den Departements dienen mußte. Zu diesem Zweck wurden (am 4. Januar 1803) 31 Senatorien mit 20 — 25,000 Franken jährlicher Einkünfte zur Oberaufsicht über die Präfecten eingerichtet, welche einzelnen Mitgliedern des Senats auf dessen Vorschlag vom ersten Consul lebenslänglich vergeben wurden. Wer Aussicht auf die reiche Pfründe haben wollte, mußte nie sein Mißfallen auf sich geladen haben: wer im Senat hätte nun Vorschlägen zu Abänderungen in der Verfassung widersprechen mögen?

Zwar hatte Bonaparte schon um diese Zeit den Gedanken einer erblichen Monarchie gefaßt, aber es verfloß noch ein ganzes Jahr, ehe er sich getraute, damit hervorzutreten. Wie klein war auch die Zahl der Royalisten, und wie von Herzen ihm abgeneigt, wenn sie gleich eine Monarchie zurück wünschten! und wie laut erklärten sich die reinen Republikaner, sowohl als die Jacobiner für Feinde aller Monarchie!

Anfangs suchte Bonaparte unter einem rechtlichen Schein Nachfolger der frühern Dynastien zu werden, und ließ (am 26. Febr. 1803) bey Ludwig XVIII. zu Warschau darauf antragen, für eine glänzende Schadloshaltung auf den franz

französischen Thron Verzicht zu leisten und auch 1803
die übrigen Mitglieder des bourbonischen Hau=
ses dazu zu bewegen. Mit Würde lehnte Lud=
wig XVIII. selbst (am 28. Febr.) den unwür=
digen Antrag ab, und zwey Monate später (am
23. April) traten die sämmtlichen bourbonischen
in England lebenden Prinzen seiner Erklärung
bey. Auch die übrigen Versuche, Ludwig XVIII.
durch Entführung, Gift und Dolch aus dem
Wege zu räumen, gelangen nicht; doch veran=
laßte ihn ein solcher entdeckter Mordanschlag,
Warschau (im Jahr 1804) zu verlassen.

Da sich zur Besteigung des Throns keine
schicklichere Gelegenheit zeigen wollte, so sollte
eine vorgeblich von der englischen Regierung ein=
geleitete Verschwörung gegen das Leben des er=
sten Consuls dazu führen. Unversehens erschie=
nen aus England zwey unversöhnliche Feinde
desselben, und entschiedene Freunde der Bourbo=
nen, Pichegrü und Georges: jener, ein ver=
dienter General, seit mehrern Jahren von seiner
Gegenparthey aus seinem Vaterlande verbannt,
und auf Bonaparte, der ihm seine Rückkehr
verweigert hatte, während sie seinen Unglücks=
gefährten gestattet war, höchst erbittert; dieser,
wegen seiner Tapferkeit, Unerschrockenheit in
den drohendsten Gefahren und Verdiensten in
den westlichen Provinzen von Frankreich sehr
angesehen, und als Anhänger der Bourbonen
und Todfeind Bonaparte's sehr gefährlich der
gegenwärtigen Regierung. Beyde kamen nach
Frankreich mit dem festen Vorsatz, Bonaparte
zu stürzen, man weiß nicht gewiß, ob auf freyen

Ent=

1803 Entschluß, oder von Bonaparte selbst auf den Boden von Frankreich durch verstellte Freunde gelockt, um diese gefürchtete Stützen der königlichen Parthey aus dem Wege zu räumen. Gewiß ist, daß zwischen Pichegrü und Moreau zwey Unterredungen statt hatten, in denen erster den letzten zur Theilnahme an seinem Plan gegen Bonaparte zu bewegen suchte, aber seine Absicht nicht erreichte; ungewiß hingegen, ob verstellte Emissarien auf Bonaparte's Veranlassung dem General Pichegrü eingegeben haben, Moreau mit sich zu verbinden, damit er davon Gelegenheit hernehmen könnte, diesen seinen dritten Feind mit den beyden andern zugleich zu vernichten. Moreau wenigstens, den Bonaparte lange mit seinem ausgehängten Freyheitsschild getäuscht hatte, war jetzt für den ersten Consul der furchtbarste Mann in der Republik, nicht nur wegen seines großen Kriegsruhms, sondern auch wegen der allgemeinen Achtung, in welcher er wegen seines edeln Characters stand; ein Abgott der Armee, und dabey seit dem Feldzug der sich mit der Schlacht bey Hohenlinden geendigt hatte, voll Verachtung gegen Napoleon wegen seiner Eitelkeit und unbegränzten Herrschsucht, wovon er gar kein Geheimniß machte. Wenn er auch ihm nicht durch Pichegrü eine Falle zu seinem Verderben hat legen lassen, so waren ihm doch die Unterredungen mit ihm höchst erwünscht als Vorwand, ihn eines Einverständnisses mit Verschwornen gegen sein Leben zu beschuldigen und auch ihn bey dieser Gelegenheit zu vernichten.

Um

Um dieselbe Zeit hatte man in Paris Spuren, daß 1804 die englischen Gesandten zu München und Stuttgard Dracke und Spencer Smith, mit den Mißvergnügten in Frankreich, die Bonaparte zu stürzen suchten, in Verbindung standen. *n* Am 17. Febr. (1804) zeigte der Großrichter Regnier der Regierung an: "eine neue von England angesponnene Verschwörung gegen den ersten Consul sey entdeckt; Pichegrü und Georges stünden an der Spitze; auch Moreau sey darein verflochten." Alle drey wurden plötzlich verhaftet. *o*

Ehe sie noch vor Gericht gestellt waren, erscholl durch Europa die Schreckensbotschaft, der Her-

n Actenstücke der vom Großrichter-Justizminister denunciirten Correspondenz des großbrit. Ministers in München Herrn Drake in den europischen Annalen. 1804. St. 5. S. 167. St. 7. S. 22. St. 12. S. 249.

o Für die Regierung geschrieben und voll Beschuldigungen: Mémoire concernant la trahison de Pichegru dans les années 3, 4 et 5, rédigé en l'an 6 par M. R. de Montgaillard et dont l'Original se trouve aux Archives du Gouvernement. Paris an XII. 8. Procès instruit par la cours de justice criminelle et spéciale du departement de la Seine, séante à Paris contre Georges, Pichegru et autres, prevenus de conspiration contre la personne du premier Consul, recueilli par des Stenographes. Paris 1804. 6. Voll. 8. Die Actenstücke der am 17. Febr. 1804 durch den Großrichter-Justizminister denunciirten Verschwörung gegen den ersten Consul (im Sinn der französischen Regierung) stehen gesammelt, und übersetzt in den europäischen Annalen 1804. St. 5. S. 109. St. 10. S. 3.

1804 Herzog von Enghien, der Enkel des großen Condé, sey zu Ettenheim im Badenschen, wo er sich mit Bewilligung der französischen Regierung aufgehalten, durch ein französisches Corps, das in neutrales Land eingefallen (am 15. März) plötzlich aufgehoben, (bis zum 20.) über Straßburg in der größten Eile nach Paris, und von da (am 21.) nach Vincennes geschleppt, daselbst noch in der Nacht seiner Ankunft vor ein Kriegsgericht gestellt, und unter dem Vorgeben, daß er gegen die Republik die Waffen geführt, ohne Beweis der Anklage, ohne Zeugen, ohne Vertheidiger auf Bonaparte's Befehl zum Tode verdammt und noch in derselben Nacht erschossen worden. Er schien unter den bourbonischen Prinzen der talentvollste und furchtbarste zu seyn: schon dieß war für einen Glücksritter, der den bourbonischen Thron zu besteigen im Sinn hatte, zu dem Entschluß, ihn aus den Wege zu räumen, völlig hinreichend: denn eine andere Veranlassung zu seiner Hinrichtung ist nicht bekannt geworden. Ganz Europa empörte diese Mord= und Gräuelthat.

Um sie in den Hintergrund zu bringen, mußten alle Zeit= und Flugschriften von der Verschwörung Englands gegen das Leben des ersten Consuls so allgemein durch ganz Frankreich wiederhallen, daß endlich die Minister in England (im April) glaubten, von der Beschuldigung Kunde nehmen zu müssen. Sie erklärten dieselbe öffentlich in beyden Häusern für eine ehrenrührige Verläumdung, ohne das Einverständniß einiger englischer Gesandten mit den

Miß=

Mißvergnügten in Frankreich zu leugnen; nur 1804 suchten sie es, als dem Völkerrechte nicht zuwiderlaufend, zu rechtfertigen.

Unter diesen Vorfällen und dadurch erregten bedenklichen Symptomen unter dem Volk näherte sich der Prozeß der Verhafteten. Man wagte daher nicht, Pichegrü, der aus Bonaparte's früherem Leben allerley Geheimnisse, bey seiner Kühnheit und seinem Trotz, ohne Scheu hätte entdecken können, vor ein öffentliches Gericht zu stellen; und ließ ihn (am 6. April) von vier Mamelucken in seinem Gefängniß erdrosseln. Mit Moreau, dessen Kriegsthaten noch zu neu waren, und dem die ganze Armee anhieng, ließ sich ohne die gefährlichsten Folgen der Prozeß auf diese Weise nicht abkürzen: man mußte ihn durch eine gerichtliche Verhandlung als einen Schuldigen hinstellen, um die Regierung wegen seiner Bestrafung zu rechtfertigen. p Er wurde daher als Haupt einer Verschwörung zur Wiederherstellung des Throns der Bourbonen angeklagt, und auf Todesstrafe angetragen, die auch gegen ihn (am 9. und 10. Junius) würde ausgesprochen worden seyn, wäre nicht sowohl das Volk aus allen Ständen, als auch die Armee wegen seines Lebens so sichtbar in Bewegung gewesen, daß Richter und Regierung darüber in die größte Verlegenheit kamen. Schon hatten ihn (gegen Bonaparte's bestimmt aus=

p Proscription de Moreau ou relation fidèle du procés du Général Moreau par Mr. Breton de la Martnière. Paris 1814. 8.

1804 ausgedrückten Willen,) sieben seiner Richter gegen fünf für unschuldig erklärt, als aus Furcht vor dem ersten Consul der Vorsitzer des Gerichts und der öffentliche Ankläger die Richter zur Fortsetzung ihrer Berathschlagung durch den Vorschlag bewogen, Moreau zwar für schuldig, aber für entschuldbar zu erklären, dem nun die Mehrzahl beytrat, aber unter dem standhaften Widerspruch dreyer Richter, die nachmals aus Paris verwiesen wurden. Georges, der sich im öffentlichen Gerichte mit der größten Kühnheit gegen Bonaparte äußerte, wurde mit 19 andern zum Tode, Moreau sammt vier seiner Mitbeklagten zu einem zweyjährigen Gefängniß verurtheilt; die übrigen wurden freygesprochen. Doch hielt Bonaparte für rathsamer, Moreau's zweyjährige Haft in eine Verbannung nach Nordamerika zu verwandeln, wohin er (am 24. Jun.) in der größten Stille über Spanien abreiste: doch segelte er erst im nächsten Jahr aus einem spanischen Hafen dahin ab. Sein Vermögen wurde noch durch die großen Prozeßkosten, die er bey der Unvermögenheit der übrigen allein tragen mußte, um ein Bedeutendes vermindert.

Noch war immer auf England, das dem Leben des ersten Consuls nachgestellt haben sollte, nichts gebracht. In der Hoffnung, Beweise dieser Beschuldigung zu finden, wurde am 24. Oct. der englische Gesandte Rumbold auf neutralem hamburgischen Gebiete von französischen Truppen überfallen, verhaftet, und sammt seinen Pa-

Papieren nach Paris geschleppt. q Nach kur= 1804.
zem ward er zwar unvermuthet auf kräftige
preußische Verwendung über Cherbourg nach England zurückgeschickt; aber von seinen Papieren
wurde keines bekannt gemacht, was gewiß geschehen wäre, hätte sich etwas Verdächtiges dar-
unter gefunden.

Doch wozu auch noch ängstliche Beweise?
Die besoldeten Diener Bonaparte's hatten ja
schon an die erste Nachricht von einer Verschwörung (am 15. Febr.) "den Wunsch der Nation,
„die Erblichkeit der höchsten Gewalt in Bona=
„parte's Geschlecht befestiget zu sehen", angeknüpft:
"nur dadurch werde verhindert werden, daß
„Frankreich nicht einer Verschwörung Preisgestellt
„werde.". Durch allerley Kunstgriffe wurde diese
Stimme immer aufs neue wiederholt und verstärkt.
Schon im März ward in dem Senat der Vorschlag gethan, die höchste Gewalt in Bonapar=
te's Familie für erblich zu erklären; und ein An=
trag deswegen an den ersten Consul gebracht. r
Während sich der Senat auf dessen Botschaft,
"sich über den Antrag näher zu erklären," noch
berathschlagen sollte, wollte sich das Tribunat
das Verdienst einer Umänderung der Constitu=
tion

q Actenstücke darüber in den europäischen Annalen. 1804. St. 12. S. 254.

r Recueil des Pièces et Actes relatifs à l'établis-
sement du Gouvernement imperial héréditaire
(en France) impr. par l'ordre du Senat. Paris an XII (1804) 8. von der Adresse am 26.
März bis zur Einführungsurkunde vom 19.
May.

1804 tion (die gar nicht für dasselbe gehörte) zum Besten des ersten Consuls erwerben, und beschloß (am 3. May), auf den (am 30. April) gemachten Antrag des Tribunen Curée (unter dem Widerspruch des einzigen Carnot): "daß die Regierung „der Republik einem Kaiser anvertraut und in „der männlichen Nachkommenschaft Napoleon Bo= „naparte's nach der Erstgeburt vererbt werden „sollte." Als Wunsch des Tribunats ward dieser Vorschlag von vier seiner Mitglieder dem Senat überbracht; als Antwort auf die Botschaft des ersten Consuls gieng er (am 4. May) an Bonaparte: am 18. May erfolgte unter Cambacé= res Vorsitz das organische Senatusconsult, durch welches Bonaparte zum Kaiser der Franzosen und die Erblichkeit der kaiserlichen Würde in seiner Familie erklärt ward. Noch an demselben Tage ward es ihm übergeben, ohne Zögern der Titel von ihm angenommen, "weil ihn der Senat dem Heil der „Nation zuträglich halte; doch unterwerfe er die „Erblichkeit der Bestätigung der Nation," welche denn auch am Tage vor der Krönung dem Kaiser feyerlich überbracht ward. (Nur Sieyes, Gre= goire und Lanjuinais sollen sich im Senat der erblichen Kaiserwürde widersetzt haben.) Am 20. May wurde "im Namen Napoleon's von Gottes „Gnaden und, durch die Verfassung der Repu= „blik, Kaisers der Franzosen" das organische Se= natusconsult bekannt gemacht, und der neue Kai= ser zu Paris feyerlich ausgerufen. s Um den Nimbus von Heiligkeit, der dem neuen Kaiser noch fehlte,

s Der Auszug aus dem Senatusconsult de Mar= tens Suppl. T. IV. p. 83.

fehlte, durch den Glanz des Krönungsfestes zu 1804 erschaffen, wurde der Pabst zur Salbung herbey= gerufen: die Krone setzte sich am Tage derselben (am 2. Dec.) Bonaparte selbst auf.

So war denn das neue Reich der Willkühr und Knechtschaft gegründet. Der Graf von Lille (Ludwig XVIII) hatte gleich bey der ersten davon laut gewordenen Nachricht (am 6. Junius) von Warschau aus gegen diese Usurpation seines vä= terlichen Throns und des Kaisertitels protestirt; Rußland und die Pforte, Schweden und England weigerten sich, sie anzuerkennen: Oesterreich be= sann sich, und erkannte erst, nachdem es sich selbst (am 11. August) den Kaisertitel beygelegt hatte, *t* Napoleon an; die übrigen Mächte beeilten sich, ihre Gesandten mit Anerkennungs= und neuen Beglau= bigungsschreiben zu versehen.

Es war ein Reich der Treulosigkeit, der List und Gewalt, des Lugs und Trugs, und der grän= zenlosesten Willkühr, die sich von seinem Ober= haupt schnell über alle Theile der Verwaltung ver= breitete. *u* Die Verfassung war eine leere Form: Senat,

t Das Patent in de Martens Suppl. T. IV. p. 89.

u De l'état de la France sous la Domination de Napoléon Bonaparte. Par L. A. Pichon. Paris 1814. 8.

Histoire des prisons sous Napolèon Bonaparte Paris.

Schoell recueil de pièces officielles destinées à detromper les François sur le gouverne= ment de Napoléon Bonaparte.

1804 Senat, Tribunat und gesetzgebender Rath hatten ihre Bestimmung verloren und waren bloß passive Werkzeuge in der Hand des Beherrschers. Der zweyte Consul, Cambacérès, ward Reichskanzler, der dritte, Lebrun, Erzschatzmeister; die Policey kam in Fouché's Meisterhände; und wer von den übrigen Ministern, schon gewohnt, demüthige Diener der Willkühr zu seyn, schien nicht für sein Amt die rechte Tauglichkeit zu haben? Nur Chaptal, dem bisherigen Minister des Innern, mangelte sie: er hatte bisher zuweilen zu widersprechen gewagt, und mußte daher billig seinen Platz dem bisherigen Gesandten am Wiener Hofe, Champagny, räumen.

6. Kaiserliche Regierung,

vom 2. December 1804 *v* bis 11. April 1814. *w*

Kaum trug Napoleon eine Krone, so gelüstete ihn schon nach einer zweyten. Am 30. December war den Abgeordneten der italienischen Republik in einer feyerlichen Audienz aufgegeben worden, "mit der Staatsconsulta einen Plan über das künftige Schicksal von Italien zu entwerfen"; und Tags darauf (am 31. Dec.) verkündigte Champagny in der

---

v Journal: mit 1805 beginnen die Zeiten, oder Archiv für die neueste Staatengeschichte und Politik, von C. D. Voß. Weimar und nachher Halle. 8.

w Staatsgeschichte Europa's von der französischen Consulargewalt in eine erbliche Kaiserwürde bis zum Preßburger Frieden. Tübingen 1806 ff. 8. De la Monarchie française sous Napoléon. Par M. de Montlosier. Paris 1814. 3 Voll. 8.

der Schilderung der Lage des Reichs dem aufhor= 1804
chenden Europa: "die italienische Republik ver=
„lange eine schließliche Einrichtung, die dem gegen=
„wärtigen und den künftigen Geschlechtern die Vor=
„theile des gesellschaftlichen Vertrags sichere."
Nach einem Harren von fast drey Monathen (am
17. März 1805) erklärte Melzi d'Exiles, stellver=
tretender Präsident, im Namen der Staatsconsulta
und der Abgeordneten der verschiedenen Behörden,
dem Kaiser zu Paris: "die Lyoner Verfassung
„sey nicht auf die Dauer berechnet gewesen: der
„allgemeine Wunsch der Republik sey eine Monar=
„chie, und deren Bedingung der Kaiser." Der
Kaiser ließ sich erbitten, der erste König der ita=
lienischen Republik zu werden, und "vorläufig die
„Krone zu behalten, weil die Trennung Italiens
„von Frankreich zu gefährlich sey; doch sehe er
„dem Augenblick mit Verlangen entgegen, wo er
„sie auf ein jüngeres, von seinem Geiste beseeltes
„Haupt werde setzen können." x Auf sein eigenes
Haupt setzte er die eiserne Krone (am 16. May.)
zu Mayland mit den nachdrucksvollen Worten:
„Gott hat sie mir gegeben, wehe dem, der sie
„berührt." Die Verfassung ward der von Frank=
reich gleichförmig eingerichtet, und des Königs
Stiefsohn, Eugen Beauharnois (am 5. Jun.)
zum Vicekönig ernannt. y Die Anerkennung von
den übrigen europäischen Mächten ward nicht ver=
langt; wohl eilten Neapel und die Schweiz, Spa=
nien, Holland und vier Churfürsten des deut=
schen

x Das constitutionelle Statut in de Martens
Suppl. T. IV. p. 136.
y de Martens Suppl. T. IV. p. 137.

1804 schen Reichs, sie von freyen Stücken als eine Huldigung darzubringen.

Um den Tag, an welchem Talleyrand dem französischen Senat die auf seinen Kaiser gefallene Wahl zum König von Italien unter Lobpreisung der beyspiellosen Mäßigung des Kaisers bekannt machte, den 18. März, durch eine Majestätshandlung auszuzeichnen, vergab Napoleon an ihm das erste Lehn — das Fürstenthum Piombino an seine Schwester Elise, vermählte Bacciochi, als erbliches Eigenthum unter französischer Hoheit. z

Nach seiner Ankunft zu Mayland, um sich krönen zu lassen, wandelte (wie die öffentliche Sage wollte) die ligurische Republik plötzlich eine ungeduldige Sehnsucht nach einer Einverleibung in Frankreich an. Kaum hatten ihre zur Krönungsfeyerlichkeit abgeordnete Gesandten, der Doge Durazzo und mehrere Senatoren, die erste Audienz gehabt, als drey Senatoren der Gesandtschaft nebst Salicetti (am 23. May) nach Genua zurückeilten und noch am Morgen ihrer Ankunft (am 25. May) den ligurischen Senat versammelten, der noch an demselben Tage zu der lebendigsten Ueberzeugung kam: "die ligurische Republik könne „nur als wesentlicher Bestandtheil des französi-„schen Reichs glücklich seyn." Das Volk wird zum Abstimmen darüber zusammen gerufen, und ist auch plötzlich von der Nothwendigkeit dieser Vereinigung zu seinem Heil durchdrungen. Der Kaiser

z Die Acte in de Martens Suppl. T. IV. p. 155.

Kaiser wird daher (am 4. Junius) mit dem 1804 einstimmigen Wunsch der Genueser durch eine feyerliche Gesandtschaft nach Mayland überrascht, und er gewährt ihn in einer pomphaften Rede in Gnaden, „weil die Republik nur durch die „Vereinigung mit (dem marinelosen) Frankreich „gegen das neue Seerecht der Engländer und „die Beeinträchtigung der Barbaresken geschützt „werden könne." *a* Am 8. Junius kam Champagny nach Genua, um die Organisation der neuen Verfassung zu beginnen; am 30. Junius folgte Napoleon nach; verschwand aber kurz darauf unter Champagny's Namen, und setzte 80 Stunden lang seine Reise in der größten Eile fort, um Fontainebleau zu erreichen. Ungläubige wollten die Eile für eine Flucht vor dem Angriff des erbitterten genuesischen Volks auslegen.

Es gehörte nach diesen Vorgängen kein großer politischer Scharfblick dazu, um den neuen Plan der Napoleonischen Herrschsucht zu durchschauen. Es war der Plan eines Föderativsystems, dessen Centralstaat Frankreich werden sollte; auch wurde es mit angestrengter Betriebsamkeit in aller nur möglichen Schnelle zur Ausführung gebracht.

Wen konnte es daher Wunder nehmen, daß auch die kleine Republik Lucca nach einem Fürsten verlangen mußte? Gonfaloniere Bellomini schlug (am 4. Jun.) dem Rath der Alten zu Lucca vor, sich unter den Schutz des Kai=

---

a de Martens Suppl. T. IV. p. 120.

1804 Kaisers und Königs von Frankreich zu begeben; der Vorschlag wird (am 14. Jun.) vom großen Rath und Volk angenommen; Abgeordnete tragen dieses Verlangen (am 23. Jun.) dem Kaiser und König zu Bologna vor, und er verspricht, es durch einen mit ihm nahe verwandten Fürsten zu erfüllen. Pasquale Felix Bacciochi, Fürst von Piombino, wird zum Fürsten von Lucca, und das Fürstenthum unter französische Hoheit gesetzt. Das zweyte französische Lehn in Italien, das im folgenden Jahre (1806) noch durch Massa und Carrara vergrößert wurde. *b*

Um die neue Umkehrung von Italien zu vollenden, mußte auch noch Parma, Piacenza und Guastalla eine Veränderung treffen. Zu Frankreich gehörten die Fürstenthümer schon, waren aber noch nicht einverleibt. Napoleon eilte damit gleich nach seiner Rückkehr aus Italien; und ohne die Farce zu wiederholen, daß das Volk darüber stimmen sollte, wurden die Fürstenthümer Parma und Piacenza (am 21. Jul.) für einen wesentlichen Theil des französischen Reichs erklärt, und den französischen Gesetzen und Steuern unterworfen. *c* (Guastalla ertheilte Napoleon durch ein Decret (vom 30. März 1806 *d*) seiner Schwester Pauline, vermählte Borghese. So war nun der Name Republik aus der italienischen Staatscanzley verschwunden.

Sollten

b de Martens Suppl. T. IV. p. 139—157.
c de Martens Suppl. T. IV. p. 115—135.
d de Martens Suppl. T. IV. p. 260.

Sollten alle Republiken, wie die Musterre= 1804
publik Frankreich monarchisch werden, so durfte
die bisherige Verfassung der batavischen Repu=
blik nicht unverändert bleiben. Die Umkehrung
wurde durch Klagen vorbereitet. Schon (am 30.
December 1804) bedauerte Champagny in der
Darstellung der Lage des Reichs, "daß Bata=
„vien unter einer oligargischen Regierung ohne
„Einheit in ihren Absichten, ohne Macht, ohne
„Vaterlandsliebe seufze." Hierdurch sollte eine
Verhandlung über das Schicksal der batavischen
Republik mit dem Gesandten Schimmelpennink
eingeleitet werden, und dieselbe ward auch auf
diesen Grund unverweilt begonnen. Kaum war
Schimmelpennink mit den zu Paris beliebten An=
trägen in Holland angekommen und der Antrag
mit den Berathschlagungen darüber gemacht, als
von dem Kaiser eine Geldanleihe von 50 Millionen
Gulden von Batavien verlangt ward, die nach=
her in eine Vermögenssteuer, drey vom hundert,
verwandelt wurde. Man brachte das Opfer,
bloß um die Selbstständigkeit des Staats zu
retten. Doch war dadurch allen Veränderungen
in der Verfassung nicht vorgebeugt. Die Re=
publik sollte nach einem ihr (am 15. März) mit=
getheilten Entwurf ihre Verfassung der monar=
chischen Regierungsform dadurch näher bringen,
daß die höchste Gewalt zwar einem gesetzgeben=
den Corps von 19 Abgeordneten aus den acht
Provinzen, (die nun nach dem hinzugekomme=
nen Brabant gezählt wurden) unter dem Namen
der Hochmögenden und einem Rathspensionär ge=
meinschaftlich, die vollziehende Gewalt aber al=
lein dem Rathspensionär anvertraut würde. So

Eichhorn's Ergänz. D brauchte

brauchte der Kaiser nur auf Einen zu wirken, um Batavien nach seinem Willen zu regieren, bis er es auch dem Namen nach monarchisch machen konnte. Diese gebotene Verfassung ward zwar durch eine vorgebliche Stimmenmehrheit, aber mit Verdruß angenommen; ein Trost war es noch für die Patrioten, daß das schwere Loos des ersten Rathspensionärs Schimmelpenninck traf, der sein Amt mit der Festigkeit und Rechtlichkeit eines Patrioten verwaltete.

Frankreich und was ihm angehörte, war nunmehr monarchisch, und Napoleon im Haupt- und in den Nebenreichen der einzige Beherrscher. Bis er letztere zur Höhe des Glücks erhob, von ihm unmittelbare Befehle zu erhalten, hielt er sie mit Strenge zur Vermehrung seiner Kriegsmacht, zur Ernährung, Kleidung und Bezahlung seiner Truppen, und zum Waffendienst gegen England an, neben dem bis zum Ende des August 1805 kein anderer Staat im Krieg mit Frankreich war. Als die Nebenländer ihn zum Oberherrn bekamen, waren sie schon daran gewöhnt, nur Napoleon ihr Hab' und Gut zu opfern. Die Schweiz war erst von französischen Besatzungen geräumt worden, nachdem sie durch den Abschluß eines Schutzbündnisses (am 27. Sept. 1803) an Frankreich gefesselt war, und in einer Kriegscapitulation 16,000 Schweizer in französischen Sold zu geben versprochen hatte. *e* Der italienischen Republik war (am 27. August 1803) befohlen wor-

e Der Tractat in de Martens Suppl. T. III. p. 568.

worden; ihre Truppen bis auf 60,000 Mann 1805
zu bringen, und einen Theil derselben zur Ar=
mee von England nach Frankreich zu schicken.
Spanien hatte sich zwar, (da ihm England in
einer besondern Convention (1804) Neutralität
zugestanden hatte) Anfangs geweigert, die (am 19.
August 1796) in einem besondern Schutzbünd=
niß versprochene Hülfsarmee zu stellen; und beyde
Staaten hatten deßhalb einander mit militäri=
scher Macht gedroht: den Ausbruch der Feindse=
ligkeiten hatte endlich zwar der russische Ge=
sandte von Markoff vermittelt, aber doch nur
dadurch, daß er Spanien vermochte, statt der
Hülfstruppen monatlich 4 Millionen Franken
Hülfsgelder zu bezahlen, was ihm nun unver=
meidlich (1805) einen neuen Krieg mit England
zuzog, f der dem französischen Tribut ein Ende
machte. Auch Portugal kaufte sich um dieselbe
Zeit, unter der Vermittlung Rußlands und
Preußens, mit 16 Millionen Franken von der
vertragsmäßigen Truppenstellung los und erlangte
von Napoleon die Einwilligung in seine Neu=
tralität. Italien war am schmählichsten mit=
genommen worden. Parma und Toscana, ob=
gleich keine Theile der französischen Republik,
hatten wie französische Provinzen steuern, die ita=
lienischen Staaten überhaupt hatten über 100,000
Mann französischer Truppen nähren, kleiden und
bezahlen müssen. Neapel, obgleich zur vollkom=
mensten

f Die Actenstücke, dem Parlament darüber in
  London 24. Januar 1805 vorgelegt, s. in den
  europ. Annalen 1805. St. 6. S. 205. St.
  7. S. 12. St. 8. S. 114.

1805 mensten Neutralität bereit, war keine Neutralität zugestanden worden; es hatte zugeben müssen, daß Abruzzo und Apulien von französischen Truppen auf seine Kosten besetzt wurden, froh darüber, daß nur Neapel und Calabrien unbesetzt blieben. Doch den größten Nachtheil von dem zwischen Frankreich und England ausgebrochenen Krieg hatten Ligurien und Batavien gehabt. Genua, Frankreich nunmehr einverleibt, hatte ihm seine ganze Seemacht überlassen müssen, was die Vernichtung seines ganzen Handels durch England nach sich zog. Der batavischen Republik, der England Neutralität angeboten hatte, ward nicht gestattet, von dem Anerbieten Gebrauch zu machen, sondern sie mußte, (am 20. Junius) als französischer Bundesgenosse England den Krieg erklären, was den Verlust ihrer meisten Kauffahrer, die von England aufgebracht wurden, zur Folge gehabt hatte. Außerdem war sie von Frankreich zu dem Vertrag (zu Paris am 25. Junius 1803) gezwungen worden, eine beträchtliche Zahl Kriegsschiffe und 16,000 Mann zum gemeinschaftlichen Gebrauch zu stellen, und 18,000 Franzosen zu unterhalten und zu bezahlen.

Wie seit dem Amienser Frieden, so ward auch während der Landungs-Farce nach dem wieder erneuerten Krieg die Wiederherstellung der französischen Seemacht in allen Häfen, besonders zu Rochefort, Toulon, Brest und Boulogne mit Eifer fortbetrieben: im Anfang des Jahrs 1805 war sie wieder zu der Stärke gediehen, daß Napoleon daran denken konnte, seinem angenommenen Kaiser- und Königstitel dadurch

durch Ehre zu machen, daß er England nicht 1805. mehr wie bisher durch Drohungen mit einer Lan=dung, sondern mit ausgerüsteten Flotten bekriegte.

Siebente Periode des Kriegs:
mit England, Oesterreich, Rußland, (Preußen) und Neapel.
vom Januar bis 30. Decemb. 1805.

Der Seekrieg zwischen Frankreich und Eng=land nahm im Januar 1805 einen drohenden An=fang.

Die Flotte von Rochefort unter Missiessi hatte zwischen dem 11. Januar bis 20. May die Inseln Dominique, St. Kitts und Montferrat, freylich nur auf kurze Zeit, weggenommen, und den in St. Domingo (auf der Insel desselben Namens) von Dessalines geängstigten General Ferrand mit Mannschaft und Kriegsbedürfnissen versehen, und war am 30. May ohne erlittenen Unfall wieder nach Rochefort zurückgekehrt.

Die am 18. Januar aus Toulon ausgelaufene Flotte war, durch einen Sturm stark beschädigt, schon am 21. Januar gezwungen worden, wieder nach Toulon einzulaufen. Ausgebessert verließ sie am 30. März, unter Villeneuve, mit Landungs=truppen unter dem General Lauriston den Hafen wieder, und vereinigte sich (am 9. April) zu Cadir mit einer spanischen Flotte unter dem Admiral Gra=pina. Nach ihrer Vereinigung segelten die Flot=ten nach Martinique; giengen aber, ohne etwas Bedeutendes unternommen zu haben, auf die Nach=richt von der Annäherung Nelson's, der sie längst auf=

1805 aufgesucht hatte, nach Europa zurück. Sie schlugen sich am 22. Jul. mit dem englischen Admiral Calder bey Capo Finis = terrà, nicht unrühmlich, liefen darauf in Vigo, dann in Corunna, und zuletzt mit dem spanischen Geschwader von Ferrol, 35 Linienschiffe stark, in Cadix wieder ein, wo sie von nun an von der weit schwächern englischen Flotte unter Calder und Collingwood beobachtet wurden, bis Nelson mit der seinigen dazu stieß. Er hatte die vereinigte spanisch = französische Flotte längst vergeblich aufgesucht; jetzt, da er sie in Cadix wußte, eilte er dahin, und lockte sie endlich durch verstellte, Zurückziehung andeutende, Bewegungen aus dem Hafen heraus. Er traf sie darauf bey dem Vorgebirge Trafalgar 33 Linienschiffe stark (am 19. Octob.), und griff sie mit seinen 25 Linienschiffen (am 21. Octob.) an: nach einer Schlacht von drey Stunden war die vereinigte Flotte nicht mehr — ein Sieg, gleich dem bey Abukir. g Gravina kehrte mit 10 stark beschädigten Schiffen nach Cadix zurück; 19 feindliche Linienschiffe waren von den Engländern theils genommen, theils zerstört. Der französische Admiral, Villeneuve, war gefangen. Der Gegenadmiral, Dümanoir, war zwar mit 4 Schiffen entkommen, aber auf der Höhe von Ferrol von dem englischen Admiral erreicht und gezwungen worden, auch sich zu ergeben. Der größte Theil der neuen französischen Seemacht war vernichtet: leyder aber hatte der Seeheld Nelson mitten in der mörderischen Schlacht durch einen Musketenschuß von dem Mastkorb

---

g Die Berichte darüber sind gesammelt in den europäischen Annalen 1806. St. 1. S. 41.

korb eines feindlichen Schiffs seinen Tod gefun= 1805
den. *h*

Mit der Flotte zu Brest lief der Admiral Gan=
theaume, 22 Linienschiffe stark, am 27. März
aus, kehrte aber am 30. März schon wieder dahin
zurück.

Zu Boulogne wurde diese ganze Zeit über die
Landungsfarce fortgesetzt und seit dem März (1805)
dem Schein nach recht eifrig betrieben. Die An=
stalten zur Landung schienen um diese Zeit beendigt;
die an der Küste liegenden Truppen wurden zusam=
mengezogen und eingeschifft — der Angabe nach,
auf 1700 Fahrzeugen 150=200,000 Mann. Der
August schien zur Ausführung bestimmt. Am 3.
August kam Napoleon selbst im Lager bey Boulogne
an und mit ihm der Seeminister Decrès, die Ge=
nerale Berthier, Soult und Lannes. Im Texel
hatte sich Marmont mit seinen Truppen und Unter=
befehlshabern eingeschifft. Die Brester Flotte
(eine vereinigte französisch=spanische) erschien vor
dem Texel. Man erwartete das Signal zum Auf=
bruch nach England. Plötzlich ergieng von Na=
poleon (am 27. August) der Befehl, die Truppen
wieder auszuschiffen, und wenige Stunden nach=
her brachen schon die ersten Colonnen von ihnen zu
ihrer neuen Bestimmung auf. In Eilmärschen
gieng es an den Oberrhein. Nach 7 Tagen verei=
nigten sich daselbst 100,000 Mann der Küstenar=
mee mit den Truppen, die sich dahin aus dem In=
nern von Frankreich und Holland gezogen hatten,
und

h) Authentische Darstellung des Verhältnisses zwi=
schen England und Spanien, von Friedr.
Gentz. St. Petersb. 1806. 8.

1805 und Bernadotte brach mit der Armee von Hanno=
ver durch Hessen in das Reich auf. Die ganze
Armee war (seit dem 30. August) in sieben Heer=
haufen unter Bernadotte, Marmont, Davoust,
Soult, Lannes, Ney und Augereau getheilt, und
Murat die Anführung der Reuterey übertragen.
Der Krieg auf dem festen Lande war wieder ausge=
brochen. *h*

Durch die häufigen Uebertretungen des Lüne=
viller Friedens und andere Gewaltschläge ward
endlich auch Rußlands und Oesterreichs Geduld er=
schöpft. Zwey volle Jahre hatte sich Rußland
alle Mühe gegeben, den Frieden auf dem festen
Lande zu erhalten, und den mit England bereits
wieder ausgebrochenen Krieg durch Vermittelung
wieder zu endigen, und erndtete dafür von Frank=
reich nichts als Verletzungen, Anzüglichkeiten und
Hohn. Statt auf die Vorschläge, die auf Mäßi=
gung antrugen, zu hören, klagte Bonaparte Ruß=
land eines geheimen Einverständnisses mit dem Ca=
binet von St. James an. Er verhaftet einen ruf=
fischen Gesandtschaftsrath Christin, und der Ge=
sandte verlangt vergeblich seine Freyheit; zuletzt
behandelt Bonaparte den russischen Gesandten Mar=
koff in einer Audienz eben so schmählig, wie einst
den englischen vor dem Ausbruch des neuen Kriegs.
Ob nun gleich nach einem solchen Auftritt Markoff
Paris verlassen mußte, so brach Alexander doch
noch nicht die Unterhandlungen ab, sondern ließ zu
ihrer

h Ueber Frankreichs Hülfsquellen, und die Mittel,
seine Finanzen seit der Revolution aufrecht zu er=
halten. Von Franz d'Ivernois. Aus dem
Franz. Berlin, 1805. 8.

ihrer Fortsetzung einen Herrn von Oubril als Ge= 1805
schäftsträger zurück.   Auch die Mißhandlungen
anderer ruſſiſcher Diener und Unterthanen brachen
ſie nicht ab: ſo unermüdlich war Alexanders Nach=
ſicht aus bloßer Liebe zum Frieden.

Erſt durch die empörende Ermordung des Her=
zogs von Enghien ward ſie erſchöpft.   Der ruſſi=
ſche Geſandte zu Regensburg forderte das deutſche
Reich auf, ſich mit Rußland zu vereinigen, um
für die verübte Verletzung des Völkerrechts Genug=
thuung zu verlangen. Das Protocoll darüber ward
zwar (am 18. Junius 1804) eröffnet; aber außer
Oeſterreich, Hannover und Schweden erklärte ſich
kein deutſcher Staat, und der Antrag gewann auf
dieſem Wege keinen Fortgang.   Es blieb daher
Rußland nur übrig, durch ſeine Geſchäftsträger in
Paris ſeinen Ernſt zu zeigen.   Dieſer hatte ſchon
(am 12. May) im Namen ſeines Kaiſers Bona=
parte aufgefodert: "eine Ordnung der Dinge in
„Europa aufhören zu laſſen, die für die Sicherheit
„der Staaten, und die ihnen gebührende Unabhän=
„gigkeit ſo beunruhigend ſey", und erhielt darauf
(am 16. May) von Talleyrand die trotzige Ant=
wort: "der erſte Conſul müſſe mit Bedauern ſe=
„hen, daß der Einfluß der Feinde Frankreichs in
„dem ruſſiſchen Cabinet die Oberhand gewonnen.
„Der erſte Conſul wolle den Krieg nicht; werde ihn
„aber immer einer Herabwürdigung Frankreichs
„vorziehen." Mit Ernſt und Würde erwiederte
Rußland: "es verlange nichts als Erfüllung frü=
„herer Uebereinkunft: die Räumung von Neapel
„und die Anerkennung ſeiner Neutralität, gemein=
„ſchaftliche Feſtſtellung der Grundſätze über die
„ſchließ=

1805 „schließliche Ordnung der italienischen Angelegen-
„heiten, Entschädigung des Königs von Sardi-
„nien, Räumung von Norddeutschland und Ach-
„tung der Neutralität des deutschen Reichs"; und
mußte sich in einer Antwort voll Anschuldigungen
(am 28. Jul.) entgegnen lassen: "Frankreich sey
„zum Krieg bereit." Oubril, der russische Geschäftsträger, erklärte (am 28. August) darauf:
"sein Kaiser sehe sich gezwungen, alle Verhältnisse
„mit Frankreich abzubrechen; ob Krieg entstehen
„solle, werde von letzterem abhängen," und reiste
nach erhaltenen Pässen am 31. August aus Paris
ab, wie der französische kurz darauf aus Petersburg. *i* — Gleich Rußland, hatte sich auch der
König von Schweden als Garant der deutschen
Reichsverfassung über Napoleons Einfall in Baden und über Enghien's Ermordung zu Regensburg (am 14. May 1804) mißbilligend geäußert;
wofür er von Bonaparte pöbelhaft mißhandelt
wurde *k*: auch die beyderseitigen Geschäftsträger
verließen im September ihre Höfe. Um so weniger war daran zu denken, daß Bonaparte, der
mittlerweile Napoleon, Kaiser der Franzosen, geworden war, von Rußland und Schweden dafür
werde erkannt werden; beyde waren auch zum
Krieg

---

i Notes du Chargé d'affaires de Russie. Paris
(in Norddeutschland). 1804. 8. Es sind die
in Zeitungen unterdrückten Noten von Oubril
vom 16. Jul. und 28. August.

k Das Actenstück übersetzt aus dem Moniteur zu
lesen in den europäischen Annalen 1804.
St. 7. S. 18.
vergl. Böß's Zeiten. B. IX. März 1807. April,
October.

Krieg bereits entschlossen; nur seinem schnellen 1805.
Ausbruch stand ihre geographische Lage entgegen.
Oesterreich war zwar eben so erbittert; aber es
verbiß noch seinen Groll, um noch eine etwas län-
gere Zeit zur Sammlung seiner Kräfte zu gewinnen. Doch ließ es schon am Ende des Jahrs
Truppen nach Italien aufbrechen, dem Vorgeben
nach, um an der Etsch wegen einer in Ligurien
ausgebrochenen Seuche einen Cordon zu ziehen.

Um diese Zeit war Pitt, der bereits am 15. May
1804 aufs neue an die Spitze des englischen Ministeriums getreten war, in voller Thätigkeit, eine neue
Coalition gegen Frankreich troß der schweren Hin-
dernisse, die er zu besiegen hatte, zu Stande zu
bringen. Ganz Europa erblickte sie schon in ihrer
Annäherung aus den Zeichen der Zeit. Um nun
die öffentliche Meinung für seine friedfertige Gesinnungen zu gewinnen, sandte Napoleon am 2. Januar (1805) einen Brief an Georg III, der ihn
zum Frieden einladen sollte — aber in einer Form
voll Hohn und Troß, der unmöglich dazu führen
konnte. Indessen, worauf es abgesehen war, das
erfolgte: auf seine Anzeige des geschehenen Schritts
an den Senat (am 4. Febr.) hallte das Lob seiner
friedfertigen Gesinnungen in allen deßhalb gehal-
tenen Reden wieder. Doch England verbarg auch
seine bereits angefangenen Unterhandlungen nicht.
Lord Mulgrave, durch den der König seine Einladung
zum Frieden an Talleyrand beantworten ließ, erwiederte: "daß der König von England ohne vor-
„läufige Abrede mit den Mächten des festen Lan-
„des in die gemachte Eröffnung nicht näher einge-
„hen könne." Und diesesmal gieng der Plan Englands

1805 lands nicht bloß auf die Befreyung seiner Insel von den beständigen Drohungen, die fortgehende Anstrengungen kosteten, sondern auf die Befreyung von ganz Europa. Ein Concertvertrag ward deshalb zu Petersburg zwischen Rußland und England (am 11. April 1805) dahin abgeschlossen: "in einem allgemeinen Bund vereinigen sich die eu=„ropäischen Staaten, mit einer halben Million „Streiter, Frankreichs Uebermacht zu zertrümmern, „das zerstörte Gleichgewicht von Europa wieder „herzustellen, Norddeutschland von den Franzosen „zu befreyen, der batavischen sowohl als der hel=„vetischen Republik Unabhängigkeit zu versichern, „Italien dem französischen Einfluß zu entziehen, „und die Selbstständigkeit aller europäischen Staa=„ten auf eine gerechte Ordnung der Dinge zu „gründen; Oesterreich stelle 250,000, Rußland „180,000 Mann, die übrigen Staaten nach ih=„ren Kräften." [l] Preußen, bey seiner Neutrali= tät beharrend, lehnte den Beytritt ab; Oester= reich that Schritte, welche ihn hoffen ließen, wenn es ihn gleich noch nicht erklärte. Schon im May wurde die österreichische Macht in Italien beträcht= lich verstärkt; es wurden vier große Lustlager zu= sammengezogen, die sich leicht in Kriegslager ver= wandeln ließen, eines zu Pettau in Steyermark, eines zu Kaschau in Oberungen, eines bey Krakau, eines bey Simmering ohnweit Wien. Dagegen hatte auch Napoleon schon (am 5. May) ein be= trächt=

[l] Abdruck des Vertrags in de Martens Suppl. T. IV. p. 160. in Voß's Zeiten. B. V. St. 1. Num. 3. B. VI. St. 4. Num. 3. u. 7. (März 1806.)

trächtliches Heer bey Marengo und Castiglione 1805 versammelt.

Indessen, um die Friedenseinladung Napoleons zu erwiedern, sollte der Freyherr von Novosilzov von Petersburg nach Paris gehen. Preußen vermittelte die Pässe. Schon am 22. May waren sie in Berlin; in der Mitte des Junius kam Novosilzov daselbst an, um sie in Empfang zu nehmen. Er erhielt sie und reiste dennoch nicht weiter. Endlich gab er am 10. Jul. die französischen Pässe der preußischen Regierung mit der merkwürdigen Erklärung zurück: "die Vereini-„gung der ligurischen Republik mit Frankreich, „dieser neue Bruch des Friedens von Lüneville, „zeige nur zu deutlich, wie wenig es Bonaparte „mit wahrhaft friedlichen Gesinnungen ein Ernst „sey." In Paris nahm man die Nachricht von Novosilzov's Zurückbleiben mit Schmähungen auf. Der Krieg mit Rußland war entschieden.

Oesterreich zeigte immer größere Neigung, dem Concertvertrag beyzutreten: die Verwandelung der italienischen Republik in ein Napoleonisches Königreich, die Einverleibung der ligurischen Republik, Parma's, Piacenza's und Guastalla's in Frankreich waren zu verwegene und gefährliche Schritte. Und wie gebieterisch verlangte Napoleon durch seinen Gesandten in Wien (am 1. Jul.) die Einstellung der österreichischen Rüstungen, die doch Oesterreich als eine Vorsichtigkeitsmaaßregel innerhalb seiner Gränzen, während Frankreich in einem Lande, das ihm nicht zugehöre, eine Armee versammelt habe, so treffend vertheidigte! wie gebieterisch verlangte er (am 10. Jul.) die Auflösung des

Cor=

1805 Cordons an der Etsch, "wenn er nicht der Be=
„hauptung Englands, daß Oesterreich mit ihm
„im Bündniß stehe, Glauben beymessen solle." m
Nur Oesterreich verzögerte immer seinen Beytritt,
"weil es die halbe Million Streiter noch nicht bey=
„sammen sehe, die man nothwendig den 500,000
„Kriegern Napoleons müsse entgegenstellen kön=
„nen." Rußland aber drang (am 16. Jul.) auf
Beschleunigung, weil sich Napoleon im Frieden
nur mehr befestige. So trat denn Oesterreich
dem Concertvertrag am 9. August zwar bey n;
aber unter Anerbietung seiner schon am 5. und 7.
August eingeleiteten Vermittelung zwischen Ruß=
land und Frankreich. Letzteres lehnte sie (am
13. August) höflich ab, um am 15. August durch
ein Schreiben Talleyrands nach Wien, und (am
25. August) durch eine Erklärung des französi=
schen Gesandten Bacher's zu Regensburg mit dem
Krieg zu drohen, wenn Oesterreich seine Rüstun=
gen nicht einstelle, und nicht seine Neutralität
erkläre. Als Oesterreich (am 12. Sept.) seine
Bereitwilligkeit zur Vermittelung zwischen Frank=
reich, England und Rußland noch einmal wie=
derholte, und Frankreich zu Gemüth führte, daß
es, im Fall der Krieg ausbreche, durch seine Ver=
letzungen des Lüneviller Friedens daran Schuld
sey, hatte der Kampf bereits begonnen: denn am
8. Sept. war die österreichische, nach Süddeutsch=
land bestimmte Armee über den Inn gegangen.
Ruß=

m Die zwischen Frankreich und Oesterreich gewech=
selten Noten s. in den europ. Annalen
1805. 1806. St. 2. S. 150.
n Die Acten in de Martens Suppl. T. IV.
p. 169.

Rußland trat nun an drey verschiedenen Orten 1805 mit seinen Hülfsheeren auf, in Oesterreich, Norddeutschland und Neapel.

Preußen fuhr fort auf seiner Neutralität zu bestehen, und schlug daher an der Gränze von Preußen und Pommern den Russen den Durchzug ab. Bayern hingegen, Würtemberg und Baden verließen die Sache von Deutschland und schlossen sich mit ihrer Macht an Napoleon an. Wiederholt hatte zwar der Churfürst von Bayern mit den stärksten Worten dem Kaiser von Oesterreich seine Vereinigung mit ihm zugesagt; er hatte sich bloß, bis sein Sohn, der Churprinz, der sich damals in Frankreich befand, gerettet sey, eine scheinbare Neutralität ausgebeten. Dieser heiligen Versicherung ohnerachtet entfloh er in der Nacht vom 8. auf den 9. September nach Würzburg, und erklärte sich für Napoleon, so bald sich Abtheilungen der französischen Armee an den Gränzen seines Churfürstenthums zeigten.

Napoleon trat mit seiner ganzen Macht auf. Auf seine pomphafte Rede über den Anfang des neuen Kriegs (am 23. September) beschloß der Senat eine neue Aushebung von 80,000 Mann zum auswärtigen Dienst und die Errichtung von Nationalgarden zum Dienst im Innern, zur Bewachung der festen Plätze, der Küsten und Gränzen. Murat, Lannes, Ney, Soult, Davoust und Vandamme giengen mit französischen Heerhaufen, und Marmont mit der batavischen Armee an verschiedenen Punkten bey Straßburg, Durlach, Speyer, Mannheim und Mainz, zwischen dem 25. und 26. September, über den

Rhein=

1805 Rhein; Bernadotte zog um dieselbe Zeit mit der Armee von Hannover durch Hessen nach Würzburg, wo er mit Marmont zusammentraf, und die Bayern unter Deroi und Wrede vereinigten sich mit ihm am 2. Oct. Am 1. Oct. besetzten Ney und Düpont Stuttgardt mit Gewalt; am 2. Octob. hatte schon der Churfürst von Würtemberg ein Bündniß mit Napoleon geschlossen, durch das er sich anheischig machte, für die Unabhängigkeit und den Besitz seiner Staaten 10,000 Mann zu den französischen Heeren stoßen zu lassen; und am 1. und 10. Octob. versprach Baden für die Unabhängigkeit und den Besitz seiner Staaten 4000 Mann zu stellen. Der Hauptschauplatz des Kriegs ward von Napoleon nach Süddeutschland verlegt.

Oesterreich hatte diesen in Italien vermuthet und dahin seine stärkste Macht gezogen. Der Erzherzog Carl hatte 120,000 Mann an der Etsch versammelt; der Erzherzog Johann Tyrol besetzt; und nur 80,000 Mann waren unter dem Erzherzog Ferdinand und dem General Mack an dem Inn zusammen gezogen worden. Zu Neapel sollten 30,000 Russen von Corfu aus, vereinigt mit den Engländern aus Malta, landen, und 50,000 Russen, Engländer und Schweden sollten in Norddeutschland eindringen.

Die österreichische Vermuthung trog. Napoleon machte Italien zum Nebenschauplatz des Kriegs: Massena ließ er daselbst nur mit einer unbedeutenden Macht stehen, und befahl St. Cyr, Neapel, das er mit 15,000 Mann besetzt hatte, freywillig nach der Abschließung eines Neutralitätsvertrags zu räumen, durch den sich

der

der König (am 21. Sept.) verpflichtete, keinen 1805
fremden Truppen eine Landung zu gestatten.

Demnach war die österreichische Macht in
Deutschland schon der Zahl nach der französi=
schen nicht gewachsen; noch weniger, bey der
militärischen Unfähigkeit seines ersten Feldherrn
Mack, der Kriegserfahrenheit der französischen
Heerführer und Napoleon's, der aus Frankreich
herbey eilte. Von Mack's 80,000 Mann waren
Abtheilungen in Eilmärschen über den Inn, den
Lech durch Bayern und Schwaben bis in das
Würtembergische gedrungen, als Mack plötzlich
Befehle zum Stillstand, darauf zum Rückzug
gab. Er wich hinter die Iller zurück und stellte
sein Heer zwischen Ulm und Memmingen auf,
wo er es unbeweglich stehen ließ, als schon je=
dem einsichtsvollen Officier, der von den Bewe=
gungen des französischen Heers unterrichtet war,
müßte klar gewesen seyn, Napoleon wolle die
Oesterreicher nordwärts umgehen, um ihnen vom
Lech her in den Rücken zu fallen, und sie von
den, von Lemberg und Gallizien her, nachrücken=
den russischen Heerabtheilungen abzuschneiden.
Lannes, Soult, Ney und Murat standen schon zu
diesem Zweck bey Nördlingen, Davoust in ihrer
Nähe bey Oettingen, und brachen zu ihren Be=
stimmungen auf. Bernadotte, Marmont und die
Bayern sollten sich eiligst ihrer Stellung nähern.
Der kürzeste Weg für letztere führte durch An=
spach; und ohne auf Gränzpfähle, Manifeste und
Vorstellungen zu achten, zogen (zwischen dem
3. und 6. October) drey Tage lang 100,000
Mann durch das neutrale preußische Gebiet. Die

1805 Oesterreicher waren von der Uebermacht umgangen und bis zum 8. October war ihnen von Murat durch die Besetzung von Zusmarshausen auf dem Wege von Ulm nach Augsburg der Rückzug bereits abgeschnitten. Erst jetzt merkte Mack, daß er von allen Seiten bedroht sey, und veränderte seine Stellung. Nach und nach hatte die ganze französische Armee die Südseite der Donau gewonnen; Mack zog sich daher durch Ulm auf das linke Ufer derselben, und nahm eine Stellung bey dem Flüßchen Blau. Bis zum 14. October war Ulm von drey Seiten so eingeschlossen, daß nur gegen Nordosten noch ein Rückzug möglich schien; daher die österreichische Generalität auch auf einen unverweilten Rückzug dräng. Aber in dem Wahne, daß die französische Armee im Rückzug begriffen sey, blieb Mack stehen: nur der Erzherzog Ferdinand und der General von Schwarzenberg brachen mit einem Theil der Armee, meist Reuterey, in der Nacht zum 15. auf, um sich, wo möglich, noch mit dem Werneckischen Heerhaufen bey Heidenheim zu vereinigen. Am 15. wurden die verschanzten Anhöhen von Ulm erstürmt; Ulm selbst aufs engste eingeschlossen, und am 16. zur Uebergabe aufgefordert. Noch wollte Mack die Stadt aufs äußerste vertheidigen, und schloß doch mit Berthier (am 17.) die Uebereinkunft, die Stadt seiner Gewalt und die Besatzung zu Kriegsgefangenen zu übergeben, wenn sich bis zum 25. October kein Heer zur Entsetzung nähere. Ja, am 19. ließ er sich durch die bloße Versicherung Berthier's, daß keine Entsetzung zu erwarten sey, zu einer neuen Uebereinkunft bewegen,

durch

durch die er die Stadt und die Besatzung von 1805 25,000 Mann kriegsgefangen übergab. Den Erzherzog Ferdinand verfolgte Murat (seit dem 16. Octob.) auf seinem Rückzug über Nürnberg und Bayreuth, durch den er sich doch unter beständigen Gefechten mit 6000 Mann, meist Reuterey, nach Eger in Böhmen (bis zum 22. Octob.) rettete. Ein andrer Theil der Reuterey unter Kinski und Wartensleben schlug sich durch Schwaben und die Oberpfalz glücklich nach Böhmen durch: die übrigen Abtheilungen, die sich zu retten suchten, wurden theils aufgerieben, theils sich zu ergeben gezwungen.

Von Ulm brachen nun die Franzosen unter Murat, Davoust, Marmont und Lannes nach Wien auf, und erreichten es nach mannichfaltigen Gefechten, die meistentheils zu ihrem Vortheil ausfielen, am 11. November. Die Stadt, von jeder Besatzung entblößt, überreichte Murat ihre Schlüssel, worauf er (am 13. Novemb.) seinen Einzug daselbst hielt; Napoleon aber sein Quartier zu Schönbrunn nahm. Der Kaiser Franz hätte gern seiner Residenz diese Last erspart, und hatte (am 7. Novemb.) den Grafen Giulay mit Friedensvorschlägen nach Linz zu Napoleon gesendet. Da dieser aber zur vorläufigen Bedingung eines Waffenstillstandes die Entfernung der Russen, die am 16. October bey Braunau zu den Oesterreichern gestoßen waren, die Entlassung des ungarischen Aufgebots und die Räumung von Tyrol und Venedig verlangte, so zog Oesterreich eine muthige Fortsetzung des Kampfes vor.

E 2 Die

1805　　Die Lage war auch noch lange nicht verzweif=
lungsvoll.　Nur etwa 80,000 Mann des öster=
reichischen Heers war theils geblieben, theils zer=
streut, theils gefangen: noch war die größere Ar=
mee des Erzherzogs Carl in ungeschwächter Stärke
übrig, und näherte sich; der russische Bundesge=
nosse zog neue Heerhaufen herbey, und Nord=
deutschland konnte gegenwärtig den Franzosen
gefährliche Diversionen machen.

In Italien war dem General Massena vom
14. October, wo die Feindseligkeiten ihren An=
fang genommen hatten, bis zum November je=
der Angriff mißlungen.　Da nun nach dem Un=
glück bey Ulm Italien nicht mehr der Waffenplatz
seyn konnte, so konnte der Erzherzog Carl seinen
Rückzug in der Nacht des 1. Nov. mit allen
Ehren antreten, und er bewirkte ihn auch, wenn
gleich langsam, doch ohne großen Verlust über
Görz, Laubach und Cilli.　Nach seiner Ver=
einigung mit dem Erzherzog Johann und dem
General Hiller, zog er der Donau zu, wo jetzt
die Heere sich miteinander messen mußten.

Preußen hatte seinen Feldzug gegen Napo=
leon am 15. December zu eröffnen versprochen,
weil die 100,000 Mann, die früherhin an die
russische Gränzen gesendet waren, um den Rus=
sen den Durchzug zu verwehren, ihrer Eilmär=
sche ohnerachtet, nicht früher ankommen konnten. o
Die

o (Lombard's) Materialien zur Geschichte des
Jahrs 1805 — 1807. Frkfrt. und Leipzig.
1808. 8.

Die sogar höhnische Verletzung seines neutralen 1805
Gebiets in Franken, hatte endlich Friedrich Wil=
helm die Augen über seinen vorgeblichen Freund
geöffnet, und in gerechter Empfindlichkeit darü=
ber erklärte er, daß er sich aller frühern Ver=
pflichtungen gegen Frankreich für entbunden halte,
und seinen Armeen die Stellung geben werde,
welche die Sicherheit seines Staats erfordere.
Nun eilten die Russen, denen bisher der Durch=
marsch durch Preußen verweigert gewesen war,
auf kürzern Wegen in neuen Heerhaufen herbey;
die preußischen Heere sammelten sich.   Der Kai=
ser Alexander und der Erzherzog Anton eilten
nach Berlin, um des aufgebrachten Königs Schritte
zu beschleunigen, und bewogen ihn (am 3. Nov.)
durch eine Uebereinkunft, "der Verbindung zur Auf=
rechthaltung des Lünneviller Friedens" beyzu=
treten: „wenn Napoleon seine Vermittelung ei=
„nes allgemeinen Friedens ausschlage, so werde
„er zu den Waffen greifen."   Um seinen Wor=
ten Kraft zu geben, sammelte sich die preußische
Hauptarmee unter dem Herzog von Braunschweig,
dem Fürsten Hohenlohe, den Generalen Rüchel
und Blücher; eine zweyte in Westphalen unter
dem Grafen Kalkreuth; die dritte, zu der noch
Hessen stoßen sollten, unter Schmettau.

Auch in Norddeutschland fielen nun die Hin=
dernisse weg, die bisher im Wege gestanden hat=
ten.   Russen sollten, nach dem verabredeten
Kriegsplan, in Pommern landen, und mit ih=
nen sollten die für englische Subsidien in Pom=
mern aufgestellten Schweden gemeinschaftlich han=
deln:

1805 deln: *p* die letztern standen fast ein halbes Jahr müssig da, weil Preußens Versprechen an Frankreich, "dessen Truppen in Hannover von Seiten seiner Gränzen nicht beunruhigen zu lassen," sie nicht vorwärts kommen ließ. *q* Durch den Durchzug durch Anspach waren Preußens frühere Verpflichtungen aufgehoben; es setzten sich nun 15,000 Russen unter Tolstoi mit dem schwedischen Hülfskorps in Bewegung und giengen (am 10. Nov. 1805) über die Elbe, um das nördliche Dentschland von den Franzosen zu befreyen: auch englisch = deutsche Truppen waren an der Weser zu erwarten; Napoleon, dieß voraussehend, hatte auch bereits (am 8. Nov.) die Errichtung einer Nordarmee auf den Gränzen von Holland unter seinem Bruder Ludwig befohlen.

Unglücklicher Weise fielen die letzten Schläge auf Oesterreich früher, als diese neuen Hülfsheere in Thätigkeit waren. Auch Preußen hatte sich die Besetzung der Residenzstadt Hannover vorbehalten, welches unter den stärksten Freundschafts = Versicherungen in einer Proclamation (vom 4. Dec. 1805) angekündigt ward. Die Diver=

---

p Nach dem engl. Subsidientractat vom 31. Aug. 1805 in de Martens Suppl. T. IV. p. 177 Vergl. 183.

q Darneben auch Gustav's IV. Eigensinn; Historik Tafla af f. d. Konung Gustav IV. Adolfs. sednaste Regerings-ärmed bilagor. Stockh. 1810. 8. (zum Theil deutsch im politischen Journal 1810. Jun. S. 522.) vergl. Voß's Zeiten 1810. B. 24. Nov. S. 184.

Diversion zum Besten des nördlichen Deutsch= 1805
lands fiel daher so gut wie weg.

Nach der Ankunft der Franzosen vor Wien
zog sich das russisch = österreichische Heer auf
dem linken Ufer der Donau nach Mähren zu=
rück, daß daher vor allem nöthig gewesen wäre,
die Hauptmacht der Franzosen von dem Ueber=
gang über die Donau abzuhalten. Es wurde
auch ein österreichischer Heerhaufe unter dem
Fürsten Auersberg an der Donaubrücke bey
Wien zurückgelassen, um sie nöthigenfalls zu
zerstören; aber von Murat und Lannes durch
Vorspiegelungen des bevorstehenden Abschlusses
des Friedens getäuscht, unterließ es der Fürst,
und ward seine Täuschung nicht eher gewahr,
als bis er selbst von den Franzosen, die ruhig
über die Brücke zogen, sammt seinen Truppen
(am 13. Nov.) gefangen war. Andere franzö=
sische Heerhaufen giengen (am 15. Nov.) bey
Stein über die Donau. Die russisch = österrei=
chische Armee, nun von beyden Seiten von
Feinden bedrohet, setzte ihren Rückzug bis Ol=
mütz fort, das sie am 19. Nov. erreichte, daß
daher beyde Heere zwischen Brünn und Olmütz
einander gegenüberstanden. Dennoch verzog es
sich mit der nun unvermeidlichen Schlacht bis
zum 2. Dec., und Napoleon hatte Zeit genug,
alles, was sich zusammenbringen ließ, vor der
Schlacht zusammen zu ziehen, um seinen Geg=
nern, den Oesterreichern und Russen, auch der
Zahl nach gleich zu werden, was ihnen aber,
da er eine sehr zusammengedrängte Stellung
nahm, unbekannt blieb. Desto muthiger griffen
die Oesterreicher und Russen die Franzosen am

2. Dec.

1805 2. Dec. bey Austerlitz an. Unglücklicher Weise verließen die Russen, um mit desto stärkerer Macht den rechten feindlichen Flügel zu bedrängen, die Anhöhen bey Pratzen, welche das Schlachtfeld beherrschten, die nun Soult unverweilt besetzte, und dadurch den linken Flügel des Feindes unter Buxhöveden vor dem Mitteltreffen und dem rechten Flügel abschnitt, und dieser in Verein mit Davoust bald von allen Seiten einschloß. Darauf ward das Mitteltreffen der Russen unter Kutusow, wo meistens neugeworbene österreichische Truppen standen, durch Bernadotte und Lannes gebrochen und auf den rechten Flügel unter dem Großfürsten Constantin und Dolgoruki geworfen. Der rechte Flügel stand am längsten. Endlich aber zwangen die Verwirrungen unter dem gesammten übrigen Heere und die vortheilhaften Stellungen der Franzosen auch ihn zum Rückzuge." 30,000 Todte und Verwundete lagen auf dem Wahlplatz.

Zwey Tage nach der Schlacht (4. Dec.) wurde bey einer persönlichen Zusammenkunft Napoleons und des Kaisers Franz, zu Saroschitz ein Waffenstillstand verabredet, und am 6. Dec. gegen die Einräumung von ganz Oesterreich, Steiermark, Kärnthen, Krain, Görz, und Istrien, Tyrol, Venedig, dem größten Theil von Mähren, und einen Strich von Ungern und Böhmen abgeschlossen. Am 7. Decemb. wurden schon die Friedensunterhandlungen zu Nikolsburg zwischen Oesterreich und Frankreich angefangen; am 8. Decemb. trat schon das russische Heer in drey Colonnen über Krakau, Kaschau und Tyrnau seinen Rückmarsch an: nur eine Abtheilung blieb unter

unter Bennigsen im preußischen Schlesien, eine 1805 andere unter Tolstoi in Norddeutschland zur Verfügung des Königs von Preußen zurück, (die erst im folgenden Jahr im Februar nach Rußland zurückkehrten); mit unbegreiflicher Eile ward der Friede geschlossen. Denn weit entfernt, daß jetzt schon alles verloren gewesen wäre, ließ sich vielmehr eine Aufrichtung der gesunkenen guten Sache noch hoffen. Am 3. Decemb. waren neue 12,000 Russen unter dem General Essen angekommen; an demselben Tag hatte der Erzherzog Ferdinand die Bayern, die in Böhmen eingefallen waren, bis an die Gränze zurückgeschlagen; am 7. December war der Erzherzog Carl mit der italienischen Armee nur noch einige Tagemärsche von Wien entfernt; das ungrische Aufgebot war nächstens unter Waffen; nach wenigen Tagen, am 15. December, hatte das ungeschwächte Preußen versprochen, den Feldzug gegen Napoleon zu eröffnen. Wer hätte unter diesen Umständen nicht eine muthige Fortsetzung des Kampfs erwarten sollen?

Preußen kam durch die hastige Betreibung des Friedensgeschäftes in die äußerste Verlegenheit. Schon in der Mitte des Novembers war der Graf Haugwitz nach Wien abgegangen, um Napoleon die letzten Vorschläge zu überbringen, ehe der Krieg erklärt würde. Er konnte aber vor der Schlacht bey Austerlitz zu keiner Audienz kommen. Als sie ihm endlich am 9. Dec. zu Brünn ertheilt ward, hatten sich die Umstände wesentlich geändert: der Waffenstillstend war abgeschlossen, die Friedensunterhandlungen waren angefangen, die Russen hatten sich bereits

von

1805 von den Oesterreichern getrennt, und waren auf dem Rückmarsch. Seine Aufträge der Vermittelung litten in der gegenwärtigen Lage der Dinge keine Anwendung mehr: statt daß Preußen Bedingungen vorschreiben wollte, schrieb sie ihm nun Napoleon vor, und ließ Preußen nur die Wahl zwischen ihrer Annahme und dem Krieg. Zu Wien, wohin Haugwitz dem Sieger bey Austerlitz folgen mußte, ward daher ihm (am 13. Decemb.) der Vertrag vorgeschrieben: "Preußen „tritt mit Frankreich in ein Bündniß, giebt an Bay„ern Anspach und an Frankreich zu beliebiger Verfü„gung Cleve und Neufchatel ab, und bekommt da„gegen von Bayern ein Gebiet von 20,000 „Einwohnern zur Abrundung von Bayreuth, und „von Frankreich die sämmtlichen deutschen Staa„ten des Königs von England. Preußen garantirt „Frankreich zum voraus seine Erwerbungen durch „den Frieden mit Oesterreich, und Frankreich wieder „Preußen seine alten und neuen Besitzungen und „beyde Contrahenten der Pforte alle ihre Besitzun„gen." Mit diesem gebotenen Vertrag reist Haugwitz (am 16. Dec.) nach Berlin zurück. Unterwegs begegnete ihm der General Pful mit neuen, nach der gegenwärtigen Lage der Dinge eingerichteten Aufträgen an Bonaparte, der aber nun bis zu ihm seine Reise nicht fortsetzt, sondern umkehrt.

In Berlin empfand man das Demüthigende dieser Vorschriften: aber da nur zwischen ihnen und dem Krieg zu wählen war, sollte man den Vertrag zurückweisen? Zwar waren schon vorher der Großfürst Constantin und der Fürst Dolgoruki zu Berlin angekommen, um dem König von Preußen die Unterstützung der russischen Heere

Heere anzubieten: aber wird Rußland in dem 1805
gegenwärtigen Augenblick seine ganze Macht für
Preußen aufbieten wollen? An den schlesischen
Gränzen stand schon die französische Armee,
Schlesien war ohne militärische Bedeckung, Süd=
preußen zum Aufstand geneigt, und Oesterreich
entschlossen den Krieg nicht fortzusetzen. Die
Gefahren schienen größer als die Nachtheile des
Vertrags, und er ward mit einigen Abänderun=
gen, die verlangten Abtretungen betreffend, an=
genommen.

Mittlerweile wurden die in Nikolsburg zwi=
schen Talleyrand und den Grafen Stadion an=
gefangenen, und darauf von dem Fürsten von
Lichtenstein und dem Grafen Giulay übernom=
menen und zu Brünn fortgesetzten Friedensun=
terhandlungen am 26. Dec. geendiget, und der
daraus entstandene Friedensvertrag am 27. zu
Schönbrunn von Napoleon und am 30. zu Ho=
litsch vom Kaiser Franz bestätiget.[r] Er kostete
Oesterreich den im Frieden zu Campo Formio er=
haltenen Theil der venetianischen Staaten, so=
wohl in Italien als in Dalmatien und am adriati=
schen Meer, Tyrol und mehrere andere Provinzen,
mit einer Volksmenge von 2,635,851 Seelen. An
das Königreich Italien wurde Venedig, an Bay=
ern ganz Tyrol, die sieben vorarlbergischen Herr=
schaften,

[r] Die Friedens= und dazu gehörigen Acten in de
Martens Suppl. T. IV. p. 210. 212. ff. und
in G. T. von Halem und C. B. R. Runde's
Sammlung der wichtigsten Actenstück zur neue=
sten Zeitgeschichte, (vom Presburger Frieden
26. Dec. 1801 bis zum Posner. Dec. 1806.
Oldenburg 1807. 2 Th. 8. Th. 1. S. 1.

1805 schaften, die Markgraffchaft Burgau, das Fürften-
thum Eichftädt, ein Theil von Paffau, das Gebiet von Lindau, Augsburg und andere kleine
fchwäbifch = öfterreichifche Befitzungen, an Baden
ein anderer Theil der letztern, der Breisgau,
die Ortenau und Bondorf, an Würtemberg die
Graffchaft Hohenberg, die Landgraffchaft Nel-
lenburg, die Landvogtey Altorf, ein Theil des
Breisgau und fünf Donauftädte abgetreten. Dafür wurden Salzburg und Berchtolsgaden Defter-
reich einverleibt, der bisherige Befitzer von Salzburg (vormals Großherzog von Toskana) durch
Würzburg entfchädigt, und dem bisherigen Landgrafen vom Breisgau (dem Erzherzog Ferdinand)
eine vollftändige Entfchädigung, und das Hoch-
meifterthum des deutfchen Ordens einem öfterreichifchen Prinzen zum erblichen Befitz verfprochen.
Napoleon ward als König von Italien anerkannt,
und daffelbe feinem künftigen, von ihm zu be-
ftimmenden Nachfolger verfprochen, die Chur-
fürften von Bayern und Würtemberg wurden zu
Königen erklärt, der Churfürft von Baden für
vollkommen unabhängig, (doch fo, daß alle drey
dem deutfchen Bunde angehörig blieben.) Defter-
reich entfagte allen Anfprüchen und jeder Ober-
lehnsherrlichkeit auf fämmtliche zum bayerfchen,
fchwäbifchen und fränkifchen Kreife gehörende
Staaten und Länder; erhielt Frankreichs Garantie aller feiner Länder in dem Zuftande, wie fie
in dem Frieden beftimmt worden; erkannte dagegen die Unabhängigkeit der Schweiz und der
batavifchen Republik. Binnen zwey Monaten
nach der Ratification des Friedens follten die
fämmtlichen öfterreichifchen Staaten von den
Fran-

Franzosen geräumt werden, die Festung Brau= 1805
nau ausgenommen, welche einen Monat länger
von ihnen besetzt bleiben sollte: (ihre Räumung
erfolgte erst am 10. Dec. 1807.)

Unverzüglich ward nun Rache an Neapel
genommen, das einer russisch=englischen Armee
die Landung (am 20. Nov. 1805) zugestanden,
und die Fremdlinge mit den neapolitanischen
Truppen verstärkt hatte. Zu diesem Schritt
hatten den König von Neapel erst nach dem An=
fang des Kriegs seine Gemalin, die Erzherzo=
gin Marie Caroline von Oesterreich, und sein
Minister Acton bewogen, weil sie die neue Coa=
lition für so stark hielten, daß ein glücklicher
Ausgang nicht fehlen könne. Der König hatte sich
sogar vor dem Ausbruch des Kriegs von Napoleon
Neutralität auszuwirken gesucht, und sie in einem
Vertrag (vom 21. Sept. 1805) von ihm zuge=
standen erhalten. s Und nun nahm er doch 34,000
Mann russische und englische Truppen mit Freu=
den bey ihrer Landung auf. Um sich zur Rache
freyen Raum vorzubehalten, lehnte Napoleon
alle Anträge Oesterreichs, Neapel in den Preßbur=
ger Frieden mit einzuschließen, ab. Voraus er=
klärte seine Proclamation (aus Schönbrunn
am 27. December): "die gegenwärtige Dynastie
„von Neapel, der dreymal Verzeihung bewilli=
„get worden, habe das viertemal keine Ansprüche
„mehr darauf, und höre hiemit auf zu seyn.
„Ein französisches Heer unter Joseph Bona=
„parte und Massena werde dieses Strafgericht
„voll=

---

s Der Vertrag in de Martens Suppl. T. IV.
    p. 186.

1805 „vollſtrecken." Die gelandeten Truppen waren den
franzöſiſchen Heerhaufen an Zahl nicht gewach=
ſen und ſchifften ſich (im Anfang des Jahrs
1806) ein; die Geſandten der Königin wurden
weder zu Rom von Joſeph Bonaparte, noch
zu Paris von Napoleon gehört: um das Kö=
nigreich war es geſchehen. Als ſich St. Cyr
mit der franzöſiſchen Armee Abruzzo näherte,
floh der König von Neapel (am 25. Januar)
nach Sicilien; als alles verloren ſchien, ſchiffte
ſich auch die Königin (am 11. Februar) nach
Sicilien ein: Joſeph Bonaparte hielt (am
24. Febr.) in Neapel ſeinen Einzug, und ward
(am 31. März) von ſeinem Bruder Napoleon
zum erblichen König beyder Sicilien erklärt; worauf
das Reich nach dem Muſter des franzöſiſchen or=
ganiſirt wurde. Doch begann der heftigſte
Kampf erſt nun. Zum Beſitz von Sicilien, das
von England vertheidigt wurde, kam der
Napoleoniſche König nie; ſelbſt das feſte
Land ward ihm durch die dem bisherigen Kö=
nig von Neapel treu gebliebene neapolitaniſche
Armee an den Ufern des Silo bey Lauria un=
ter dem General Damas ſtreitig gemacht, und
die Feſtung Gaeta von dem tapfern Prinzen
Ludwig von Heſſen=Philippsthal muthig ver=
theidiget. Doch am 9. März ſchlug Regnier
den rechten Flügel der neapolitaniſchen Armee,
worauf ſich der Kronprinz (am 20. März) mit
ihren Ueberreſten zu Reggio nach Sicilien ein=
ſchiffte. Gaeta, das italieniſche Gibraltar,
vertheidigte der heldenmüthige Prinz von Heſ=
ſen=Philippsthal, von der Seeſeite durch Sid=
ney Smith trefflich unterſtützt, gegen Maſſena,
der

der ihn belagerte, bis er, (am 11. Jul.) schwer 1806
verwundet, gezwungen war, den Oberbefehl nie=
derzulegen, worauf erst die Festung sich (am
18. Jul.) auf eine ehrenvolle Capitulation er=
gab. *t* In Calabrien begann aufs neue der wilde
Kampf (am 1. Jul.), durch 10,000 Engländer
unter Stuart unterstützt. Der Sieg blieb auf
Stuarts und der Calabresen Seite, bis Massena,
nach dem Fall von Gaeta, mit der Belagerungs=
armee herbeykam, deren Uebermacht den britti=
schen Feldherrn nöthigte, sich nach Sicilien mit
seinen Truppen einzuschiffen. Die Calabresen
wurden nun zwar von Verdier (am 22. August)
auf der Ebene von Cocozza geschlagen; aber die
Niederlage endigte den Krieg nicht: er wurde
nur grausamer mit der höchsten Erbitterung ge=
führt. Dörfer und Städte rauchten; die mit
den Waffen in der Hand gefangenen Calabre=
sen wurden haufenweise erschossen: Sieger und
Besiegte gaben einander keine Gnade.

Italien war nun bis auf den Kirchenstaat und
Hetrurien in Frankreich versunken; denn der Kö=
nig von Neapel ward durch das Gesetz (vom
31. März 1806), das den jedesmaligen Kaiser der
Franzosen zum Oberhaupt seiner Familie er=
klärte, dem Beherrscher von Frankreich unter=
worfen: *u* die übrigen Theile der Halbinsel
be=

t Die Capitulation in de Martens Suppl. T.
  IV. p. 302.
u Das Familienstatut in de Martens Suppl. T.
  IV. p. 267. Die Acten über die übrigen hier
  berührten Regierungsveränderungen in Italien
  ibid. p. 237—266. p. 263. 264.

1806 beherrschte der Kaiser als König von Italien dessen Gebiet durch den Preßburger Frieden mit 712 Quadratmeilen und nahe an zwey Millionen Einwohnern vergrößert worden war. Denn seit dem 30. März war (wie am 1. May bekannt gemacht wurde) das Herzogthum Venedig, das venetianische Istrien, Dalmatien, Poglizza und der Golf von Cattaro dem Königreich Italien einverleibt. Die Republik Ragusa, ein Staat von etwa 56,000 Einwohnern, wurde (am 27. May) von den Franzosen besetzt, "weil ihre Regierung Frankreichs Feinde begünstige" mit der ausdrücklichen Erklärung: "sie werde nicht eher herausgegeben werden, bis die Russen Albanien, Corfu und die übrigen vormals venetianischen Provinzen würden geräumt und ihre Kriegsschiffe von der dalmatischen Küste zurückgezogen haben." v Die Fürstenthümer Benevent und Ponte Corvo wurden zu unmittelbaren Lehen des französischen Reichs erhoben, "weil sich auf diese Weise die Streitigkeiten zwischen den Höfen zu Rom und Neapel über beyde Fürstenthümer am kürzesten beylegen ließen. Beyde Höfe sollten dafür entschädigt werden (was aber nachher vergessen wurde.) Benevent erhielt der Minister Talleyrand, der Marschall Bernadotte Ponte Corvo, als unabhängige Fürstenthümer, die aber im Erlöschungsfall ihrer männlichen Nachkommen an die Krone heimfallen sollten. Doch mußten die sogenannten unabhängigen Fürsten Napoleon schwören, "ihm als gute und getreue Unterthanen zu dienen."

Das

v S. die Actenstücke in Voß's Zeiten. B. VII. 1806. Sept. S. 330 ff.

Das große Werk, seine Brüder mit Thro= **1805**
nen unter seiner Obhut zu versorgen, setzte
Napoleon mit Ludwig fort, dem zum Besten die
batavische Republik in ein Königreich ver=
wandelt wurde. Schon im Anfang des Jahrs
1806 erhoben sich daselbst gewonnene Stim=
men nach einer festen Ordnung der Dinge, wie
man sie nur von der Weisheit Napoleon's er=
warten könne. Der dringenden Vorstellungen
ohnerachtet, die von einzelnen Städten und Pro=
vinzen gegen eine monarchische Verfassung bey
den Generalstaaten eingiengen, wurde doch der
Admiral Verhuel, mehr Franzose als Holländer,
mit andern Bevollmächtigten an Napoleon gesen=
det, die Wünsche und Vorschläge der batavischen
Nation an seinen Thron zu bringen. Am 24.
May wurde zu Paris zwischen Talleyrand und
den Abgeordneten der Vertrag dahin abgeschlos=
sen, "daß Napoleon seinen Bruder Ludwig er=
mächtige, nach dem ausdrücklichen Verlangen der
Stellvertreter des batavischen Volks, der Gene=
ralstaaten, die erbliche Krone von Holland an=
zunehmen." Am 5. Jun. brachten die Abgeord=
neten die Bitte an Ludwig; und er versprach,
sie zu gewähren. An demselben Tag legte der
Großpensionär Schimmelpennink seine Stelle nieder.
Einige Tage später (am 10. Jun.) ward die Ver=
fassung des neuen Königreichs festgesetzt, die mit
wenigen Abänderungen die französische war. Ver=
huel handhabte nun die höchste Gewalt, durch eine
strenge Polizey bis zur Ankunft des Königs, der am
23. Jun. seinen Einzug in Amsterdam hielt. *w* Um
Frank=

w Die Acten in de Martens Suppl. T. IV. p.
280. 284.

1806 Frankreich gravitirten nun Itälien und die Nie=
derlande.

Der Kriegsschauplatz ward jetzt auf kurze
Zeit auf dem festen Lande leer. Preußen, in
der Hoffnung, daß seine Abänderungen in dem
Wiener Vertrag zu Paris würden genehmiget
werden, setzte seine Armee auf den Friedens=
fuß: auf sein ausdrückliches Verlangen, weil es
Norddeutschland mit seinen Truppen decken werde,
zogen die Russen und Engländer (im Januar
1806) aus Norddeutschland in ihre Heimath,
die Schweden nach Mecklenburg und Pommern mit
Zurücklassung einer kleinen Besatzung in Lauenburg.

Preußen hatte wohl erkannt, wenn es nach
dem Inhalt des Wiener Vertrags die deutschen
Lande des Königs von England annehmen
würde, so mache es sich eines Raubs schuldig;
der Glaube an seine Rechtlichkeit gehe unwider=
bringlich verloren, und ein Krieg mit England
und die Störung seiner Schifffahrt, seiner Ge=
werbe und seiner Handlung sey unvermeidlich.
Es änderte daher den Wiener Vertrag dahin
ab: "Hannover werde es gegen Anspach, Cleve
„und Neufchatel nur austauschen, wenn Napo=
„leon die Abtretung Hannovers im Frieden be=
„wirkt habe; jetzt werde es dasselbe bloß mili=
„tärisch besetzen." Haugwitz gieng mit dem so
abgeänderten Vertrag nach Paris ab, und
überreichte ihn; Napoleon schwieg: man legte
sein Schweigen für Bestätigung der gemach=
ten Abänderungen aus und nahm (am 27. Ja=
nuar 1806) Hannover bis zum Frieden in vor=
läufi=

läufigen kriegerischen Besitz *x* und in Verwal=   1806
tung, ohne auf die Protestationen des Hanno=
verschen Ministeriums (vom 30. Januar und
3. Febr. 1806) zu achten.

Nachdem erst die preußische Armee in ihre
Standquartiere zurückgekehrt war, erklärte Na=
poleon, der Wiener Vertrag sey von Preußen
gebrochen: "Bayern brauche daher Baireuth
nicht zu vergrößern; die Länder müßten gegen=
seitig sogleich abgetreten und den englischen Schif=
fen die Mündungen aller Flüsse der Nordsee ge=
sperrt werden." Mit diesem neuen Vertrag (vom
15. Febr.) eilte Lucchesini nach Berlin; aber ohne
zu warten bis darüber die preußische Erklärung
eingegangen wäre, besetzte Bernadotte (am 24.
Febr.) Anspach mit 40,000 Mann für Bayern,
wogegen Bayern (am 15. März) das Herzog=
thum Berg an Frankreich abtrat, das Napo=
leon, mit Cleve vereinigt, noch an demselben
Tage als ein erbliches Herzogthum an seinen
Schwager Joachim Murat, so wie (am 30.
März) Neufchatel an seinen Kriegsminister Ber=
thier als Fürstenthum unter der Bedingung ver=
gab, daß er ihm schwöre, als guter und ge=
treuer Unterthan ihm zu dienen. Und Preußen
ließ

---

x Für Preußens bisheriges Benehmen: Ueber die
   Preußische Verwahrung und Verwaltung Kur=
   braunschweigischer Staaten, während des drit=
   ten Coalitionskriegs gegen Frankreich. Nord=
   deutschland im Febr. 1806. 8
Ueber die Vereinigung des Kurfürstenthums Han=
   nover mit der Preußischen Monarchie. Hamb.
   1806. 8. auch für Preußen.
Einige Actenstücke: Voß's Zeiten. B. VII. 1806.
   Num. I.

1806 ließ sich unbegreiflicher Weise dieses Alles gefallen. γ Denn am 28. März erklärte es die Häfen und Flüsse der Nordsee für gesperrt; am 1. Apr. nahm es von Hannover als einem von Napoleon nach den demselben zustehenden Eroberungsrechten an ihm abgetretenen Lande, bürgerlichen Besitz, z und schritt zur Umänderung seiner Verfassung nach preußischer Form; am 23. April wurden die schwedischen Truppen gezwungen, Lauenburg zu räumen. England nahm deshalb unverzüglich Genugthuung. Am 5. April wurden alle preußische Schiffe in England mit Beschlag belegt, die Mündungen der Ems, der Weser und Elbe von England und die Häfen der Ostsee von Schweden und England gemeinschaftlich gesperrt: über 400 preußische Schiffe waren in kurzem in England aufgebracht.

Preußen's, von allen Mächten verlassen, nahm sich nun Rußland an. Des Rückzugs seiner Truppen ohnerachtet nach der Schlacht bey Austerlitz hatte Rußland zu keinem Frieden mit Frankreich Anstalten getroffen, sondern war mit ihm in feindlichem Verhältniß geblieben, und hatte an dem einzigen Puncte, wo es Frankreich berührte, in dem Winkel von Dalmatien bey

γ Die hierüber erlassenen Patente s. in Voß's Zeiten. B. VIII. 1806. Octob. Novemb. de Martens Suppl. T. IV. p. 244.

z Das Preußische Patent s. in von Halem's und Runde's Sammlung merkw. Actenstücke Th. I. S. 146. Die Reclamation des Schutzes des deutschen Reichs dagegen. S. 178.

bey den Boccche di Cattaro den Krieg zu Was= 1806
ser und zu Lande fortgesetzt. Was war na=
türlicher, als daß sich Preußen an den mäch=
tigen Feind seines in Gewaltschlägen immer
weiter gehenden Gegners anschloß? Schon am
30. Januar (1806) gieng der Herzog von
Braunschweig nach Petersburg ab, wahrschein=
lich um einen Kriegsplan zu verabreden, weil
gleich nach seiner Rückkehr (am 24. März) ein
großer Theil der preußischen Armee auf den
Kriegsfuß gesetzt wurde. Den Krieg selbst be=
schleunigte nun die gewaltsame Zertrümmerung
der deutschen Reichsverfassung, damit auch seine
Staaten um Frankreich gravitiren möchten.

Es ist demüthigend zu sagen, wie leicht
ihm Feigheit und Ländersucht diese Umkehrung
machten. Ohne die Sache verfassungsmäßig
vorher an den Kaiser zu bringen, ernannte der
Chur= Erzkanzler nach einem Wink von Napo=
leon, dessen Oheim, den Cardinal Fesch, im Ju=
nius (1806) zu seinem Coadjutor; a ohne
Preußen die mindeste Kunde davon voraus zu
geben, ward am 12. Julius mit 16 süddeut=
schen Fürsten der Rheinbund zu Paris abge=
schlossen, b und außer ihnen auch noch andern,
die

---

a Die Acten s. in Voß's Zeiten. B. VIII Nov.
1806. S. 180.

b Die deutschen Fürsten waren: die Könige von
Bayern und Würtemberg, der Fürst Primas
(ehedem Churerzkanzler), der Churfürst von
Baden, der Herzog von Berg (Murat), und
der Landgraf von Darmstadt (als Großherzoge),
die

1806 die etwa Luſt haben möchten, Napoleon unter dem Titel eines Beſchützers zum Oberherrn an-zunehmen, der Beytritt offen gehalten. Am 19. Jul. erklärte Bacher der Reichsverſamm-lung zu Regensburg, daß ſein Herr forthin kein deutſches Reich anerkenne, aber dagegen die

die Fürſten von Naſſau = Weilburg und Uſin-gen, letzterer als Herzog, die Fürſten von Ho-henzollern = Hechingen und Siegmaringen, Salm Salm und Salm Kyrburg, Iſenburg-Birſtein, Lichtenſtein, Ahremberg, der Fürſt von der Leyen (vormals Graf, Schweſterſohn des Churerzcanzlers).

Actenſtücke : Europ. Annalen 1806. St. 9. de Martens Suppl. T. IV. p. 292 ff.

Statiſtik der Rheinbundsſtaaten von J. A. Da-mian. Frankf. 1812. 2 B. 8.

Handbuch der Geſchichte der ſouverainen Staa-ten des Rheinbundes von K. H. L. Pölitz. Leipz. 1811. 2 B. 8.

Collection des Actes, réglemens, ordonances, et autres pièces officielles relatives à la confédération du Rhin. Paris 1808. 2 Voll.

Der rheiniſche Bund, eine Zeitſchrift von P. A. Winkopp. Frankf. von 1806. an 8. worin auch eine Ueberſicht der Literatur zu finden iſt.

Germanien, eine Zeitſchrift für Staatsrecht, Po-litik und Statiſtik von Deutſchland, herausg. von D. A. F. W. Crome und D. Karl Jaup. Gieſſen. 1808. 8.

Archiv des rheiniſchen Bundes; herausg. von Paul Oeſterreicher. Ohne Druckort 1807 ff. 8.

Die rheiniſche Conföderationsacte, oder der am 12. Julius 1706 zu Paris abgeſchloſſene Ver-trag (nebſt Urkunden und Actenſtücken) von P. A. Winkopp. Frankf. 1808. 8. auch in von Halem's und Runde's Samml.

die deutschen Fürsten als unabhängige europäi= 1806
sche Mächte, mit denen daher sein Herr in Zu=
kunft in dieselben Verhältnisse treten werde, wie
mit den übrigen europäischen Staaten. Der
Kaiser von Oesterreich und Preußen fanden es
zwar unabwendbar, den rheinischen Bund anzu=
erkennen: aber Oesterreich legte unverzüglich
(am 6. August) die deutsche Krone nieder: sollte
sich nun Preußen ohne Aeußerung seiner Un=
zufriedenheit gefallen lassen, daß Napoleon sein
Reich bis an die Gränzen des seinigen erwei=
terte? Preußen wollte endlich die noch nicht zu
dem rheinischen Bunde übergetretenen deutschen
Staaten in einen nordischen Bund sammeln.
Auch diesem widersetzte sich Napoleon; er erklärte,
die drey Hansestädte dürften nicht in den Bund
gezogen werden, und bot jedem deutschen Staate,
der nicht zu dem nordischen Bunde treten wolle,
seinen Schutz an.

Diese neuen Anmaßungen waren in die
Zeit gefallen, wo durch Fox, der nach Pitt's
Tod an das Staatsruder in England gekom=
men war, im Oppositionsgeiste gegen seinen Vor=
weser Friedensunterhandlungen mit Frankreich an=
geknüpft waren, die auch Rußland veranlaßten,
den Staatsrath Oubril unter dem Vorwand,
die russischen Gefangenen zu unterstützen, nach
Paris zu schicken, und mit einer Vollmacht zu
einem Vertrag zu versehen, der zu einem allge=
meinen Frieden führen könnte. Dem General
Clarke ward von Napoleon aufgetragen, mit Ou=
bril den Vertrag zu verabreden, der aber Ruß=
lands Erwartungen so wenig befriedigte, daß
Alex=

1806 Alexander seinem Volk (am 11. September) erklärte, die Friedensunterhandlungen wären ab-
gebrochen. *c* Mit England hatten sie nur bis
zu For's Tod (am 13. Sept.) einen günstigen
Fortgang, der zur Folge gehabt hatte, daß Lord
Lauderdale, For's Freund, sie in Paris fortzusetzen befehliget worden war. Nun aber glaubte
man Täuschungen entdeckt zu haben, mit denen
man England hintergehen wollte, und auch diese
Unterhandlungen wurden am 30. Sept. abgebrochen. *d* Aus der Erklärung der englischen
Regierung über die abgebrochenen Unterhandlungen ersah ganz Europa, worüber Preußen schon
früher von London her Gewißheit hatte, daß
Napoleon dem König von England seine deutschen Staaten zur Friedensförderung angeboten
habe, die er doch an Preußen bereits abgetreten hatte. Diese neue Treulosigkeit Napoleons
brach endlich Friedrich Wilhelm's Geduld und
entschied ihn für den Krieg unter dem Zujauchzen
der ganzen preußischen Nation. Rußland stand
schon mit seinen Truppen an den Gränzen des
preußischen Polens ihm zum Beystand bereit;
England kehrte schon am 25. Sept. zu seinen
freundschaftlichen Verhältnissen gegen Preußen
zurück durch die Aufhebung der Sperre der Weser und Elbe; mit Schweden war schon (am
20. August) das gute Vernehmen hergestellt.

Die

c de Martens Suppl. T. IV. p. 305.
d Actenstücke über die Friedensunterhandlungen
  zwischen Frankreich und England vom 20. Febr.
  bis 30. Dec. 1806, in den europ. Annalen
  1806. St. 3. S. 278. 1807. St. 4. S. 15.
  St. 5. S. 201. oder in Voß's Zeiten. B.
  XII. Octob. 1807 — B. XIV. 1808.

Die Bewegungen in der preußischen Armee 1806 seit dem Ende des Augusts veranlaßten auch in Frankreich Kriegsanstalten. Es zogen sich französische Truppen in ein Lager bey Meudon, und in Holland bey Zeyst zusammen. Am 12. Sept. ergieng an die ersten der Befehl, mit den Garden an den Rhein aufzubrechen und am 21. Sept. an die Fürsten des Rheinbundes die Auffoderung, sich zu bewaffnen. Die bevorstehende Ueberschwemmung Deutschlands durch französische Heere bewog den Bruder des Kaisers von Oesterreich, den Churfürsten von Würzburg (am 25. Sept.), und Napoleons Uebergang über den Rhein (am 1. Oct.), Hessen-Darmstadt dem Rheinbunde beyzutreten.

Noch immer war von keiner Seite der Krieg ausgesprochen. *e* An dem Tage, da Napoleon über den Rhein gegangen war (am 11. Oct.) überbrachte ihm noch der General Knobelsdorf Vorschläge zur Erhaltung des Friedens: — Räumung Deutschlands von französischen Truppen, keine Hinderung Frankreichs bey der Bildung eines nördlichen Bundes in Deutschland, der alle in der ersten Urkunde des Rheinbundes nicht aufgeführte deutsche Staaten begreifen sollte, Wesel's Trennung von Frankreich, Essen's, Elten's und Werden's Rückgabe an Preußen, welche Striche sich der Großherzog von Berg zugeeignet hätte — der 8. October werde über Krieg und Frieden entscheiden. Am 6. October erhielt Napoleon

e Die gewechselten Noten und andere Actenstücke in den Europ. Annalen 1806. St. 10. S. 83. 1807. und 1808. oder in Voß's Zeiten. B. IX. 1807. vom Febr. an.

1806 poleon zu Bamberg die letzte Erklärung Preus=
sens; am 7. benachrichtigte Napoleon den Senat
zu Paris von dem Wiederausbruch eines Kriegs,
dessen Ursachen von Seiten Preußens ihm ein
wahres Räthsel wären, in welcher Sprache auch
Talleyrand in zwey Berichten an den Senat vom
3. und 6. October davon gesprochen hatte; am 8.
October erschien die preußische Kriegserklärung
aus dem Lager bey Erfurt, welche eine lange
Reihe von Beleidigungen, Kränkungen und Ge=
waltthätigkeiten, die Preußen von Frankreich habe
erfahren müssen, als Ursache anführte. An dem=
selben Tage fiengen auch schon die Feindseligkei=
ten an.   In drey Abtheilungen brach (am 8.
Octob.) das französische Heer gegen Preußen auf:
der rechte Flügel unter Soult und Ney mit einem
Theil der Bayern von Nürnberg und Bamberg
gegen Hof; der linke Flügel unter Lannes und
Augereau über Schweinfurt und Coburg nach
Saalfeld; der rechte Flügel unter Murat, Ber=
nadotte und Davoust, bey dem auch Napoleon
mit den Garden sich befand, über Bamberg und
Kronach nach Gera — alle zogen voll frohen
Muths wie zu gewissen Siegen.

Achte Periode des Kriegs:
mit England, Preußen, Rußland, Schweden,
vom 8. Oct. 1806 — 12. Jul. 1807.

Der Kampf war allerdings sehr ungleich. Den
ersten Anfall mußte Preußen allein aushalten:
denn was für eine Kraft ließ sich von Sachsen
erwarten, das sich ungern und bloß durch seine
geographische Lage gezwungen an Preußen an=
schloß?

schloß? Die Russen standen noch an der Gränze 1806 von Polnisch = Preußen; die Hessen in ihrer Hei= math, weil ihr Churfürst, um den Erfolg erst abzuwarten, eine bewaffnete Neutralität ergrif= fen hatte. Die preußische Macht war der fran= zösischen weder an Zahl noch an Kriegsübung ge= wachsen. So sehr sich auch der Kern der preußi= schen Armee im Anfang des Revolutionskriegs der Schule Friedrichs II würdig betragen hatte, so war doch ihr größerer Theil völliger Neuling im Krieg; es zeigte sich zwar, daß auch diese den ausgelernten und sieggewohnten Schaaren Napoleon's mit Heldenmuth Widerstand zu lei= sten verstanden; aber abgesehen davon, daß sie letztern in Zahl nicht gleich kamen, so standen sie unter uneinigen, mit sich selbst entzweiten Feld= herren, während die französischen der Wille und das Machtgebot eines Einzigen zur strengen Er= füllung ihrer Pflicht anhielt. Und an der Spitze der uneinigen Befehlshaber stand ein Greis von 72 Jahren, der Herzog von Braunschweig, den das Alter zu raschen Unternehmungen zu schüch= tern machte; doppelt gefährlich, für die Armee, über die er den Oberbefehl hatte, da ihm gegen= über unter einen riesenhaft kühnen Oberanführer lauter Feldherrn in den kraftvollsten Jahren stan= den, die mit Sturm vorwärts zu schreiten ge= wohnt waren. Zwietracht und Eifersucht ward nun die letzte Ursache der unglücklichen Stellung, in der das preußische Heer den Kampf begann. ƒ

Statt

ƒ Kritik des Feldzugs in Deutschland im J. 1806. o. O. 1808. 8.

Der

1806 Statt die einzelnen französischen Heerhaufen, so wie sie sich näherten, mit überlegener Zahl anzugreifen, und dem Fürsten von Hohenlohe, der den Vortrab anführte, seinen Wunsch zu gestatten, mit seiner Armee in das südliche Deutschland vorzudringen, wo der General Tauenzien die Truppen vor Baireuth gesammelt hatte, erhielt er plötzlich Befehl, über Altenburg und Gera nach Jena und Saalfeld zu ziehen. Mochte auch sein Generalquartiermeister, der Obrist von Massenbach, in dem Kriegsrath zu Erfurt am 5. und 6. Oct. noch so deutlich beweisen, man müsse dem drohenden Angriff des Feindes begegnen, so wurde ihm

Der Feldzug der Franzosen und alliirten nordischen Völker. 1806 u. 1807. Herausg. von Fried. von Cölln. Leipz. 1809. 8.

Bericht eines Augenzeugen von dem Feldzuge unter dem Fürsten Hohenlohe; v. L. (Rühl von Lilienstern.) Tübing. 1807. 8.

Materiaux pour servir à l'histoire des années 1805. 1806. 1807. (von Lombard), Berlin 1808. 8.

Tableau historique et politique de l'an 1806. Paris. May 1807.

Die Feldzüge von 1806 u. 1807. in einer historisch-politisch-militärischen Darstellung nebst den officiellen Actenstücken. o. O. 1809. 2 Th. 8.

Aus mehreren Schriften zusammengetragen: das wichtigste Jahr der preußischen Monarchie, aus officiellen Berichten mit historischer Treue dargestellt von einem Neutralen. Berlin, 1808. 8.

Geschichte der Feldzüge Napoleons gegen Preußen und Rußland. Zwickau 1809. 2 Th. 8.

Geschichte des Kriegs zwischen Frankreich und dessen Bundesgenossen gegen Preußen und dessen Verbündete. o. O. 1808. 8.

ihm zwar von Lucchesini und dem Herzog von 1806
Braunschweig nichts entgegengestellt, als was
bescheidene Politik anrathen mochte, "Napo=
leons Staatsvortheil erfordere, nicht als Angrei=
fer zu erscheinen", aber doch dabey beharret, ob
gleich landkundig bescheidene Politik Napoleons
Sache nicht war! mochte auch Massenbach be=
weisen, man müsse sich links hinziehen und auf
das rechte Saalufer sich begeben, um Preußen,
Sachsen, und die Magazine dem Feinde nicht Preis
zu geben, wenn das Heer ein Kriegsunglück
treffe, so ward doch darauf nicht geachtet, weil
dieß nicht der Plan des Oberfeldherrn, sondern
des Anführers der Vortruppen, des Fürsten von
Hohenlohe, war.   Es ward also beschlossen:
mit den beyden Flügeln den Thüringer Wald
zu umgehen, während das Mitteltreffen durch
denselben ziehe, und so den Feind auf allen
Puncten zugleich anzugreifen, den man an der
fränkischen Saale zu treffen hoffte.   Als schon
der Herzog von Weimar sich durch den Thürin=
ger Wald in Bewegung gesetzt hatte, erhielt
man mit Schrecken die Gewißheit: Napoleon
suche das preußische Heer auf und gehe an=
griffsweise.

Die ersten Angriffe fielen nun alle zum
Nachtheil der Preußen aus.   Am 8. October
wurde die schwache Abtheilung, welche den Ue=
bergang über die Saale bey Saalburg verhin=
dern sollte, ohne große Schwierigkeit vertrieben;
am 9. mußte Tauenzien, der getrennt von
der Hauptarmee bey Schleiz mit 9000 Mann
stand, sich entweder Murat und Bernadotte er=
geben,

geben, oder durchschlagen; er wählte letzteres, und rettete sein Heer, aber unter starkem Verlust. Am 10. wurden 30,000 Mann unter Lannes und Augereau von dem Prinzen Ludwig von Preußen, der den Vortrab der Armee des Fürsten von Hohenlohe, 8,000 Mann stark, anführte, aus leidenschaftlicher Begierde, sich mit den Franzosen zu messen, angegriffen, ob ihm gleich jedes Gefecht untersagt war; der Prinz fand auf dem Schlachtfelde seinen Tod, und wer von seinem Heerhaufen nicht blieb, gerieth in Gefangenschaft. Nun folgte der Hauptkampf am 14. October: Davoust hatte Naumburg mit seinen großen Magazinen von Lebensmitteln und Kriegsbedürfnissen eingenommen und am großen Schlachttag die engen Päße von Kösen zu behaupten; Augereau stand bey Kahla; Lannes rückte bis Jena, wohin ihm Napoleon mit den Garden folgte, und die Höhen um Jena mit Geschütz besetzte; Ney gieng nach Roda, im Rücken und in den Zwischenräumen zwischen Lannes und Augereau; Soult deckte die Straßen von Naumburg und Jena; Bernadotte bekam seine Stellung bey Dornburg, um den Feind in den Rücken zu fallen, falls er gegen Naumburg oder Jena vordränge. — Das Heer des Königs von Preußen unter dem Herzog von Braunschweig stand bey Auerstädt; Hohenlohe und Rüchel standen bey Jena und Vierzehnheiligen.

Bey Auerstädt ward gleich im Anfang der Schlacht der Herzog von Braunschweig so schwer verwundet, daß er den Oberbefehl nicht weiter führen konnte. Eine Zeitlang setzte noch sein Heer

Heer ohne Befehl und Führer den Kampf fort: 1806
endlich ward der linke Flügel umgangen und
wich; ihm folgte der rechte und dann das ganze
Heer: Davoust hatte durch seine unerschütterliche
Vertheidigung der engen Pässe von Kösen entschieden.   Von Auerstädt gieng der Rückzug unter
dem verwundeten Möllendorf gegen Weimar,
unter Wartensleben gegen Buttstädt.

Gegen Hohenlohe und Rüchel führte Napoleon selbst den Oberbefehl.   Ob gleich Rüchel mit seinem in Eile herbeygerufenen Heerhaufen nicht erschien, so kämpften doch die vereinigten Sachsen und Preußen unter Hohenlohe
vom frühen Morgen bis gegen Mittag mit wah-
rem Heldenmuth, ohne zu weichen, trotz des mörderischen Feuers des an Zahl überlegenen Feindes.   Als sie aber um Mittag plötzlich im Rüken und in der Flanke von zwey feindlichen Kolonnen angegriffen wurden, so wichen sie auch plötzlich.   Rüchel erschien nun, aber statt, wie ihm
Hohenlohe befohlen hatte, den Rückzug zu dek-
ken, fieng er die Schlacht von neuem an, und
ward auch geschlagen und schwer verwundet.
Hohenlohe's Heer schlug den Weg nach Weimar ein, so daß Preußen und Franzosen fast
zu gleicher Zeit daselbst eintrafen; Rüchel's und
Tauenzien's Heerhaufen gegen den Ettersberg.
Man rechnete, daß dieser einzige Tag Preußen
gegen 50,000 Mann an Todten und Verwundeten gekostet habe, und bey ihrer tapfern Gegenwehr den Franzosen eher eine größere als
kleinere Zahl.

Groß

1806 Groß war der preußische Verlust am Tage der Schlacht, noch größer nach demselben. Die einzelnen Abtheilungen des geschlagenen und zerstreuten Heers eilten nach Magdeburg, um sich dort wieder zu sammeln, und dann unter ihren Anführern die Oder zu erreichen, wohin der König mit den 12,000 Mann des Grafen Kalkreuth vorausgegangen war: aber die meisten Heerhaufen traf auf den Marsch Vernichtung. Mit der größten Schnelligkeit wurden sie verfolgt: Ney eilte geradeswegs vor Magdeburg, Davoust und Lannes der Elbe zu, um sich Berlins zu bemächtigen; jener setzte bey Wittenberg über die Elbe, dieser bey Dessau, und eilf Tage nach der Schlacht bey Jena, war schon die Hauptstadt von den Franzosen besetzt; am 24. Octob. zog Napoleon in Potsdam ein: am 25. Davoust in Berlin, worauf auch Napoleon am 27. seinen feyerlichen Einzug daselbst hielt. Murat und Soult verfolgten die Flüchtigen über Blankenburg und Halberstadt. Bis an die Oder ward das Königreich unaufhaltsam von dem Feinde überschwemmt. Schon am 18. Octob. hatte Bernadotte die Reservearmee unter dem Prinzen von Würtemberg bey Halle überfallen und sie nach Magdeburg gejagt. Unverzüglich brach nun mit den Trümmern der preußischen Armee, die dort auf den verschiedensten Wegen angekommen wären, der Fürst von Hohenlohe an die Oder auf und übertrug Blücher, die Haufen, die sich später an dem allgemeinen Versammlungplatz einfinden würden, nachzuführen. Murat und Lannes folgten dem Fürsten auf dem Fuße nach, und da sie ihm auf der geraden

Straße

Straße voraneilen konnten, die Preußen aber 1806
in Krümmungen den Weg dahin zurücklegen
mußten, so sahen sich zuerst einzelne Haufen,
zuletzt Hohenlohe selbst, der mit seinen 17,000
Mann nur Stettin zu gewinnen suchte, bey Prenzlau von Murat und Lannes am 28. Octob. um-
ringt und gezwungen sich zu ergeben, so wie am
29. Octob. 6,000 Mann Reuterey bey Pasewalk. Schon war auch Blücher mit einem neu-
gesammelten Heerhaufen an die Oder aufgebrochen. Als er unter Wegs Hohenloh's Schicksal erfuhr, beugte er plötzlich nach Mecklenburg
ein, um die französische Macht von der Oder zu
entfernen, und den Preußen Zeit zu verschaffen,
die Oderfestungen in Vertheidigungszustand zu
setzen. Vereint mit den Truppen, die der Herzog von Weimar durch den Thüringer Wald hatte
führen sollen, und er nach dem unglücklichen Tag
bey Jena ohne Unfall an die Elbe gebracht, aber an
seinen Ufern, um in sein Land zu dessen Sicherung
zurückzukehren, an den General Winning und
dieser an den Herzog von Braunschweig-Oels
abgegeben hatte — mit diesen Truppen vereinigt,
aber von drey Abtheilungen des französischen Heers
unter Bernadotte, Murat und Soult verfolgt,
entkam er unter beständigen Gefechten und den
mühseligsten Anstrengungen am 5. November bis
Lübeck, und nachdem die drey französischen Heerführer nach einer verzweifelten Gegenwehr der
Preußen die Stadt mit stürmender Hand genommen hatten, mußte sich Blücher mit seinen noch
übrigen 10,000 Mann zu Ratkau und noch eine
Abtheilung unter den Generalen Pellet und Use-

dom

1806 dom bey Reinsdorf dem vierfach ihnen überlegenen Feind ergeben.

In diesen Unglückstagen wurden auch die reichlich versorgten und mit ansehnlichen Besatzungen versehenen Festungen durch die Nichtswürdigkeit und Feigheit ihrer Befehlshaber den Franzosen übergeben: am 25. Octob. Spandau ohne Widerstand, am 29. Octob. Stettin von Romberg, am 31. Octob. Küstrin von Ingersleben, am 8. Novemb. das mit 20,000 Mann besetzte und mit allen Bedürfnissen reichlich versehene Magdeburg vom General Kleist zum großen Mißvergnügen der Besatzung; am 19. Novemb. Hameln von Lecoq und Schöler, am 25. Novemb. Nienburg und zu gleicher Zeit das Fort Plassenburg bey Kulmbach, (Erfurt nicht gerechnet, das in keinem Vertheidigungszustand war, und Möllendorf vier Tage nach der Schlacht bey Jena (am 18. Octob.) übergab.) g Bis an die Oder waren nun alle preußischen Provinzen in französischem Besitz: um sie durch Brandschatzungen und Erpressungen kaiserlich zu nützen, wurden sie am 1. Novemb. in vier Departements getheilt und unter die Oberaufsicht Darü's als Generalintendanten gestellt, und alle Beamten dem französischen Kaiser verpflichtet. Am 9. November wurde Preußen bloß als Brandschatzung 160 Millionen Franken aufgelegt; die namenlosen andern Forderungen nicht gerechnet.

Deiser reißende Fortgang des französischen Waffenglücks, die Folgen einer einzigen Schlacht, unter-

g Die Capitulationen vom 18. Octob. — 8. Nov. in de Martens Suppl. T. IV. p. 367.

unterwarfen vollends die letzten Reste des freyen 1806
Deutschlands der Herrschaft Napoleons. Der
Churfürst von Sachsen beugte sich unter dieselbe
durch einen Friedensschluß. Noch vor der un=
glücksreichen Schlacht, am 10. Octob., hatte
Napoleon aus Ebersdorf einen Aufruf an die
Sachsen erlassen, doch nicht für einen fremden
Vortheil zu kämpfen; am Tage nach der Schlacht
erhielten die gefangenen Sachsen sogleich die
Freyheit gegen das Versprechen, nicht ferner ge=
gen Frankreich zu dienen. Nachdem ihr Vater=
land erst durch eine Brandschatzung von mehr
als acht Millionen Thaler ausgeplündert war,
erhielt ihr Churfürst (am 11. Dec.) zu Posen
Frieden, *h* gegen das Versprechen, im gegenwär=
tigen Kriege 6000, in Zukunft 20,000 Mann
Hülfsvölker zu stellen, keine Durchmärsche durch
sein Land zu gestatten, und dem Rheinbunde
beyzutreten: wogegen er von Napoleon mit dem
Königstitel begnadiget ward, der auch am 20.
Dec. in dem neuen Königreich feyerlich erklärt
wurde. Die sächsischen Herzoge wurden nach dem
Verhältniß ihrer Länder mit größern oder klei=
nern Brandschatzungen belegt (deren Bezahlung
nur Gotha erlassen ward), und gezwungen, in
den rheinischen Bund zu treten. *i* Aus Furcht
vor Vernichtung traten ihm auch (am 18. Apr.
1807) die Fürsten von Anhalt, Schaumburg=
Lippe und Detmold, Schwarzburg und Waldek
bey.

h Friedensacte in de Martens Suppl. T. IV.
    p. 384.
i Die Actenstücke in de Martens Suppl. T. IV.
    p. 387. in Voß's Zeiten. B. X. May 1807.

1806 bey. *k* Die übrigen deutschen Länder, die sich nicht unter das Joch seines Beschützers beugen wollten, wurden militärisch besetzt. In einem von Berlin aus erlassenen Kriegsbericht (vom 31. Octob.) wurden zwey deutsche Fürsten, der Herzog von Braunschweig und der Prinz von Oranien, als Hauptanstifter des Kriegs für abgesetzt und ihrer Länder verlustig erklärt. Ein französischer Heerhaufen hatte bereits Braunschweig überschwemmt und den schwer verwundeten Greis, seinen Herzog, gezwungen nach Ottensen bey Altona zu entfliehen, wo der Tod seinem Leiden bald ein Ende machte. Der Churfürst von Hessen, dem doch von Napoleon Neutralität angeboten und zugesagt war, wurde am 1. Novemb. unversehens von Mortier in Cassel überfallen, aus seinem Lande gejagt, und dasselbe von den Franzosen in Besitz genommen. Am 12. November ward Hannover (das schon am 22. October die preußische Regierungscomission verlassen hatte), besetzt, (worauf sich Hameln und Nienburg, jenes mit 9000 Mann preußischer Besatzung am 20. Nov., dieses mit 2000 Mann am 25. Nov. ergaben); bis zum 28. Nov. wurden die Hansestädte (Lübeck am 6., Hamburg am 19., Bremen am 20. Novemb.) und Meklenburg (am 28. Nov.), und bis zum 6. Decemb. noch Sachsen-Koburg, Oldenburg, Delmenhorst, Varel und Kniphausen, jedes Ländchen unter einem besondern Vorwand, von den Franzosen besetzt: außer Holstein seufzte nun ganz Norddeutschland unter der Zwangherrschaft Napoleon's.

Den

k de Martens Suppl. T. IV. p. 391. 396. 398. 481. 483.

Den allgemeinen Vorwand dazu gab die Han- 1806
delsverbindung mit England.   Um dieses endlich
zu verderben, erließ Napoleon zu Berlin (am 21.
Novemb.) das berüchtigte Decret, welches die brittischen Inseln zu Wasser und zu Lande in Blokadezustand erklärte; eine Maaßregel, die England weder verdarb noch zum Frieden zwang, sondern zuletzt nur zur Verarmung des festen Landes führte.
Sie hatte schon vor dem preußischen Krieg damit
angefangen, daß in allen von den Franzosen besetzten Städten die englischen Güter und Waaren
angegeben werden mußten: wollten sich nicht die
Eigenthümer ihrer beraubt sehen, so mußten sie dieselben loskaufen.   Jetzt ward "aller Verkehr mit
„den brittischen Inseln verboten; alle englische Un-
„terthanen in jedem mit französischen Truppen be-
„setzten Lande für kriegsgefangen und jedes brit-
„tische Eigenthum für verfallen erklärt; die Hälfte
„des Werths sollte zur Entschädigung der Kauf-
„leute verwendet werden, die durch Wegnahme
„ihrer Schiffe von den englischen Kreuzern gelit-
„ten hätten; allen Fahrzeugen, die geradezu aus
„England oder dessen Colonien kämen, sollte das
„Einlaufen in irgend einen Hafen der Franzosen
„oder der von ihnen besetzten Länder verboten
„seyn, und erschlichen sie sich durch falsche Anga-
„ben dasselbe, so wären sie sammt dem englischen
„Eigenthum verfallen."   Die Erfahrung lehrte
bald, daß durch dieses Decret nicht jeder Aus-
flucht vorgebeugt sey;   und machte manche neue
Einschränkungen und Erläuterungen nothwendig.

Sobald die Hauptübergänge über die Oder
durch die beschriebenen Unfälle des preußischen
Heers

1806 Heers von allen Schwierigkeiten befreyt waren, ward auch mit Eifer an einem Aufstand der Polen gearbeitet. Schon am 1. November erschien unter Kosciusko's Namen (der aber keinen Antheil daran hatte) von Dombrowsky und Wibiky ein Aufruf an die polnische Nation, zu den Waffen der Freyheit zu greifen, "da Napoleon, der unüberwindliche, mit 300,000 Mann zur Befreyung des polnischen Vaterlandes da stehe": worauf Napoleon selbst (am 3. Nov.) einen Aufruf zur Empörung an die Polen ergehen ließ. Sie brach auch zu Kalisch (am 16. Novemb.) aus; und verbreitete sich mit reißender Schnelle über das ganze Land. Dombrowsky ordnete die Aufgestandenen in Regimenter und stiftete eine Conföderation, die er Napoleon's Leitung unterwarf.

Um diese Zeit war für Preußen an keinen Frieden mehr unter billigen Bedingungen zu denken; seine Lage sollte so verschlimmert werden, daß, um nur seine gänzliche Vernichtung zu verhindern, Rußland und England zum Frieden bewogen werden sollten. Vergeblich hatte Friedrich Wilhelm (am 15. Octob.) von Somröda aus, vergeblich am 18. durch Lucchesini, und gleich darauf durch den General Zastrow um einen Waffenstillstand nachgesucht: erst (am 26. Octob.) erklärte sich Napoleon zur Grundlage eines Friedens durch Düroc geneigt, wenn sich Preußen zu angemessenen Aufopferungen verstehe. Preußen räumte ein, was Düroc foderte, und unterzeichnete. Mittlerweile hatte Schlag auf Schlag die Trümmer der preußischen Armee getroffen, und war Festung auf Festung feig gefallen: nun verweigerte Napo=

Napoleon die Unterschrift der Friedensbasis, und 1806 ließ dagegen einen Waffenstillstand vorschlagen, unter Bedingungen, die dem König seinen letzten Beystand, den Kaiser von Rußland, und jede Hoffnung zur Wiederaufrichtung seiner gesunkenen Lage geraubt haben würde. Er verwarf daher einen solchen Waffenstillstand standhaft *l* und zeigte seiner Nation (am 1. Decemb.) die Fortsetzung des Kriegs an. Zugleich sprach er Entehrung über die Commandanten aus, welche die Festungen ohne Schwerdtstreich übergeben hätten, und Tod und Schande über die, welche künftig ihre Pflichten vergessen würden. Der Kampf begann von neuem.

Alle Hoffnung eines günstigen Erfolgs war auf Rußlands Beystand gebaut; und selbst Napoleon erkannte, daß man dessen Kräfte theilen müsse, damit es nicht im Stande wäre, sie in ihrer ganzen Fülle Preußen zuzuwenden. Da sich Frankreich um diese Zeit schon wieder Einfluß auf die Pforte erschlichen hatte — am 5. Jun. 1806 hatte sie durch eine eigene feyerliche Gesandtschaft Napoleon für Kaiser der Franzosen anerkannt — so war es ihm nicht schwer, sie zu einem Krieg gegen Rußland aufzuwiegeln. Die Pforte konnte Rußland eine ganze Reihe von Vorfällen nicht vergessen, daß es sie zur Abtretung der Krim gezwungen; daß es den seiner Hoheit unterworfenen sieben Jonischen Inseln (1803) eigenmächtig eine neue, aristocratische Verfassung gegeben; daß es sie zur Wiedereinsetzung

---

l de Martens Suppl. T. IV. p. 381.

1806 setzung der Hospodare der Walachey und Mol=
dau genöthiget hatte; und nun die Servier in
ihrem Unabhängigkeitskampf gegen die Pforte
insgeheim unterstützte und auf dem schwarzen Meere
die freye Schifffahrt viel weiter ausdehnte, als
es die Verhandlungen darüber gestatteten. Se=
bastiani bewog daher die Pforte ohne große
Schwierigkeit zu Kriegsrüstungen. Ihre Absicht
blieb Rußland nicht verborgen: und noch ehe der
Kampf für Preußen in Polen seinen Anfang ge=
nommen hatte, ja selbst vor aller Kriegserklärung an
die Pforte, hatte Alexander den General Michel=
son über den Dniester dringen lassen, der (seit
den 29. Nov. 1806) eine türkische Festung nach
der andern, ohne bedeutenden Widerstand nahm,
so daß noch vor dem Ende des Jahrs Chozim, Ben=
der, Mohilow, Jassy und Bucharest in russischem
Besitze waren. Desto muthiger ward der Kampf
für Preußen begonnen und fortgesetzt.

Die französischen Heere waren schon an die
Weichsel aufgebrochen; Napoleon folgte ihnen (am
24. Nov.) nach Posen nach, und verhieß (am
27.) den Polen ihre Unabhängigkeit. Unmitelbar
darauf (am 28.) erschien die russische Kriegser=
klärung. Am 26. November 1806 begann der
Kampf und dauerte bis zum 13. Jun. 1807: hart=
näckiger und mörderischer vielleicht als während
des ganzen Revolutionskriegs; er erschöpfte auch
wiederholt beyde Heere, daß sie zweymal Pausen
der Waffenruhe, unverabredet, aus bloßem bey=
derseitigen Gefühl der Ermattung eintreten lassen
mußten. Durch sie zerfiel er bis zum Tilsiter
Frieden in drey Acte.

Erster

Erster Act. Nach den ersten Gefechten (seit 1806 dem 26. Novemb.) zogen sich die Russen durch Warschau über die Weichsel zurück an den Bug, um aus dem innern Rußland Verstärkung zu erwarten, denn noch stieg ihre Zahl auf nicht mehr als 73,000 Mann unter Bennigsen, die zwar nur noch durch vorhandene Trümmer der preußischen Armee unter Kalkreuth und Lestocq verstärkt waren, aber durch Trümmer, die des alten preußischen Namens würdig waren, voll hohen Muths und ausdauernder Kraft. Nach wenigen Tagen (schon am 3. December) rückten die erwarteten Russen unter dem Feldmarschall Komenskoy und dem General Burhöveden heran. Am 6. Dec. vereinigte Komenskoy das russische Heer bey Pultusk, und bedrohte die Stellung der Franzosen an der Weichsel.

Sie waren den durch Warschau gezogenen Russen auf dem Fuße gefolgt: am 28. Novemb. war Murat, am 29. Davoust in Warschau eingezogen, worauf unverweilt das polnische Freyheitsspiel begann. Radzyminsky ließ (am 2. Dec.) einen begeisterten Aufruf zum Freyheitskampf erschallen, der auch die Polen schnell unter die Fahnen sammelte. Napoleon nahm das neue polnische Heer unter seinen Oberbefehl. Mittlerweile waren Davoust nnd Augereau über die Weichsel gegangen, jener bey Warschau (am 2. Dec.), dieser zwischen Zakroczym und Utrata (am 10. Dec.); jener hatte bereits Thorn (am 6. Dec.) besetzt, und mit diesem alle Uebergangspuncte durch starke Brückenköpfe und verschanzte Lager gesichert. Am 19. Dec. eilte Napoleon

aus

1806 aus Posen nach Warschau; denn die Russen hatten sich Warschau wieder bis auf acht Meilen genähert: der Hauptkampf mußte nun beginnen.

Er dauerte vom 23 — 26. December: Napoleon versprach seinem Heer Tage wie bey Austerliz und Jena; aber sie kamen nicht. Russen und Preußen kämpften mit bewunderungswürdiger Tapferkeit; und wenn sie auch der größern Zahl wichen, so geschahe es immer erst nach wahren Mordgefechten. Vom 23 — 25. December führte Kamenskoy den Oberbefehl; am 26. übernahm ihn Bennigsen. Am 23. traf der Angriff Ostermann bey Zarnowo, Lestocq bey Gurzno und Biezun, am 24. Kamenskoy bey Nasiesk; am 26. Lestocq bey Soltau: wenn sie endlich sich zurückzogen, so geschah es immer in Schlachtordnung, wie sich kein geschlagenes Heer zurückzieht, sondern man nur der Uebermacht weicht. Noch griffen Lannes und Augereau bey Pultusk und Golymin die Russen unter Bennigsen an: beyde kämpften einander so gleich, daß sich beyde den Sieg zuschrieben. Doch zogen sich die Russen auf ihre Verstärkungen nach Ostrolenka zurück. Beyde Heere hatten nach diesen Anstrengungen Erholung nöthig und beschlossen ihren Kampf für dieses Jahr. Das russisch = preußische Heer nahm seine Stellung an dem Niemen.

Zweyter Act. Die Festungen, Graudenz, Colberg und Danzig wurden seit kurzem bedroht; um sie zu entsetzen, wollte Bennigsen an die untere Weichsel und die Oder vordringen. Es zog daher der größte Theil des russisch = preußischen Heers

Heers nach Ostpreußen, um von da aus die Fran= **1807**
zosen zwischen der untern Weichsel und dem Flusse
Narew zu umgehen. Bernadotte errieth die Ab=
sicht, und mit Ney vereinigt hielt er die Russen
und Preußen so lange auf, bis Napoleon mit dem
größten Theil seiner Armee aus Warschau her=
beykam. Sie setzte sich am 1. Febr in Bewe=
gung, und kam am 6. bis nach preußisch Eylau,
ohnweit Königsberg. Am nächsten Tage kam es
zu der mörderischen Schlacht, in der zwey Tage
lang (am 7. und 8. Febr.) mit der größten Er=
bitterung von beyden Seiten gekämpft wurde.
Die Russen wurden von den Höhen bey Eylau
von Soult vertrieben und mußten am Abend des
7. Febr. den Ort selbst nach einer mörderischen
Vertheidigung räumen. Soult und Augereau
lagerten sich nun vor demselben und auf seinen
beyden Seiten. Nun suchte Davoust durch künst=
liche Bewegungen den linken, und Ney den rech=
ten Flügel des an Zahl schwächern russischen Hee=
res zu umgehen, welches aber die unerschütterliche
Tapferkeit der Russen und Preußen vereitelte.
Am 8. Febr. erneuerte sich der Kampf mit ver=
doppelter Erbitterung. Vergeblich versuchte Na=
poleon mit Augereau's Heer und seinen Garden
den Mittelpunct der russischen Schlachtlinie zu
durchbrechen; die Russen standen unerschütterlich
und streckten den Kern der französischen Garden
schaarenweise nieder: gegen Abend waren endlich
die beyden Flügel des russischen Heeres von
Davoust und Ney halb umgangen: da stellte
sich ihrem weiteren Vordringen Lestocq's Ankunft
mit seinem Heerhaufen mit unerschütterlichem Hel=
denmuth entgegen, und half ihnen ihre Stellung
behaup=

1807 behaupten. Keine der kämpfenden Armeen wich vom Schlachtfeld; beyde schrieben sich den Sieg zu. Ein dritter Schlachttag würde wahrscheinlich den Russen und Preußen den vollständigsten Sieg zugewendet haben: aber die Ermattung der Truppen und Mangel an Kriegsbedürfnissen erlaubte keinen neuen Angriff. Am 9. Febr. kehrte Bennigsen nach Königsberg und am 16. das französische Heer in seine vorige Stellungen zurück. Die Entsetzung der eingeschlossenen Plätze war vereitelt.

Es folgte eine viermonatliche Waffenruhe der Hauptarmeen nach diesem Riesenkampf. Während derselben ward die Belagerung der drey Festungen, Danzig, Graudenz und Colberg, in dem Rücken der Franzosen, die ihnen durch ihre zahlreichen Besatzungen gefährlich werden konnten, mit Eifer betrieben. Graudenz hielt sich unter dem Greis Courbiere bis zum Tilsiter Frieden; Colberg, von Schill mit allen Bedürfnissen versorgt, und seit dem 29. April von dem Obristen Gneisenau vertheidiget, schlug alle Stürme glücklich ab, und hielt sich, selbst nach der Verwüstung der Stadt durch ein zerstöhrendes Bombardement, gleichfalls bis zum Tilsiter Frieden. Nur Danzig war nicht so glücklich. Die Festung war zwar durch ihre Besatzung von 18,000 Mann, die sich noch von der Seeseite her verstärken ließ und durch ihre Werke in furchtbarem Zustand; man hatte nur versäumt, die sie auf der Süd- und Südwestseite umgebender Hügel gegen feindliche Angriffe zu sichern. Bis zur Schlacht bey Eylau ward sie nur von wenigen

wenigen polnischen Truppen unter Dombrowsky 1807 beobachtet; nach derselben wurden diese durch Franzosen, Badener und Sachsen verstärkt und das Belagerungsheer dem Marschall Lefebüre untergeben. Am 19. März ward Danzig enger eingeschlossen und von aller Verbindung mit Pillau abgeschnitten; die Besatzung der Stadt ward noch mit 7000 Russen verstärkt und ihre Vertheidigung dem Grafen Kalkreuth übertragen. Am 23. April fieng das Bombardement derselben an. Unglücklicher Weise gelang den Belagerern die Verbindung der Stadt mit dem Holm durch dessen Eroberung aufzuheben. Vergeblich suchte Kamenskoy von der Weichselmünde her, vergeblich eine andere russisch-preußische Abtheilung von der frischen Neerung her nach Danzig vorzudringen. Der Kriegsbedarf gieng aus, und Kalkreuth war zu einer Capitulation gezwungen. Die Besatzung erhielt freyen Abzug unter der Bedingung, ein Jahr lang nicht gegen Frankreich und dessen Verbündete zu dienen. *m*

Außerhalb Polens gab es noch andere Kampfplätze der Preußen hinter dem Rücken der französischen Armee. Zum Angriff von Schlesien waren Bayern und Würtemberger dem Hieronymus Bonaparte und Vandamme untergeben. Patrio-

m Die Belagerung von Danzig im Jahr 1807. Aus den Originalpapieren des Grafen von Kalkreuth. Posen und Leipzig 1809. 8. Andere Flugschriften s. in der Hallischen Lit. Zeitung 1809. Num. 276. Capitulation in de Martens Suppl. T. IV. p. 420.

1807 Patrioten, wie der Graf Pückler, so lang er lebte, und nach ihm der Fürst von Anhalt-Pleß, boten, was in ihren Kräften stand, zur Vertheidigung des Landes auf. Aber von den Commandanten der Festungen verlassen, endete jener aus Verdruß sein Leben durch selbst gewählten Tod, und verließ dieser zuletzt das Land, in dem zu keiner ernsthaften Vertheidigung zu kommen war. Das mit allem versehene Glogau wurde nach einer Einschließung von wenigen Wochen, noch ehe es förmlich belagert war, (am 2. Dec.) unter heftigem Widerspruch des Majors Puttlitz von dem General Reinhardt an Vandamme übergeben, der nun Muße hatte, Breslau, das der Fürst von Anhalt-Pleß zum Mittelpunct der Landesbewaffnung machen wollte, schnell (schon am 6. Dec.) zu berennen. Als dieser Patriot dennoch durch einen plötzlichen Angriff seiner Reuterey die Bayern und Würtemberger zum Weichen gebracht hatte, so ward er nicht durch einen Ausfall aus der Festung gehörig unterstützt, und mußte nach Schweidnitz zurückweichen und Breslau ward am 5. Januar 1807 nach einer Beschießung von mehreren Tagen den Belagerern übergeben. [n] Das schlecht versehene Brieg ward am 11. Jan. eingeschlossen und ergab sich am 16.; und Schweidnitz nach einer Belagerung von fünf Wochen und Beschießung von drey Tagen am 7. Febr., obgleich eine der ersten Festungen und mit allem zu einer längern Vertheidigung

[n] Capitulation in de Martens Suppl. T. IV. p. 413.

gung verſehen: a dagegen hielten ſich Koſel und 1807 Neiſſe durch eine Vertheidigung, des preußiſchen Namens würdig. Naumann vertheidigte Koſel mit kaum 4000 Recruten gegen eine angeſtrengte Belagerung vom 23. Januar bis zum 18. Junius: endlich nöthigten ihn zwar Mangel an Lebensmitteln und Meutereyen zu einer Capitulation unter der Bedingung, die Feſtung zu übergeben, wenn bis zum 16. Jul. keine Hülfe erſcheine. Der Tilſiter Friede überhob ihn der Uebergabe. Neiſſe, vom 2. März an belazert, hielt unter dem General Steenſen mit ſeiner Beſatzung von 5000 Mann, die für die ausgedehnten Feſtungswerke viel zu ſchwach war, eine Belagerung von 114 Tagen aus; und nur Mangel an allen Bedürfniſſen bewog endlich ſeinen Commandanten zur Capitulation. p Glatz ergab ſich aus Mangel an Kriegsbedürfniſſen. q So war nach und nach der größte Theil von Schleſien in die Hände ſeiner Feinde gefallen. r

In Pommern that Schill ſeit dem Januar 1807 kühne Streifzüge zum großen Verdruß der Franzoſen. Den General Victor hob er auf; Colberg verſorgte er mit allen Bedürfniſſen z

o Capitulation in de Martens Suppl. T. IV. p. 417.

p Capitulation in de Martens Suppl. T. IV. p. 424.

q Capitulation in de Martens Suppl. T. IV. p. 427.

r Heinr. Freyherr von Lüttwitz Beytrag zur Geſchichte des Krieges in Schleſien in den Jahren 1806. 1807. Bresl. 1809. 8.

1807 nissen; zur Bewaffnung und Ausrüstung seiner kleinen Schaar erbeutete er die nöthigen Gelder. Keinem französischen Feldherrn gelang es, ihn zu bemüthigen.

Schweden mit Preußen zu dem Kampf gegen Frankreich verbunden, trat in seinem Pommern auf, und beunruhigte Napoleon im Rüken. Gern hätte er daher Schwedisch-Pommern Neutralität zugestanden: wenn sie nur der persönlich erbitterte Gustav hätte annehmen wollen. Er troßte auf sein stark befestigtes Stralsund und dessen Besaßung von 10,000 Mann. Mortier, dem der Krieg gegen ihn anvertraut war, fieng seine Unternehmungen am 28. Januar an, ohne bedeutende Fortschritte zu machen. Die Belagerten thaten bis zum 18. April zwey Ausfälle, wovon der leßte zu einem Waffenstillstand zu Schlachtkow mit einer Aufkündigung von 30 Tagen führte, durch den die Peene und Trebel zur Scheidungslinie beyder Armeen festgesetzt wurden. "Den Franzosen wurden die „Inseln Usedom und Wollin eingeräumt; dabey „erhielten sie von Schweden das Versprechen, „weder nach Danzig noch Colberg Verstärkung „zu senden, überhaupt den Feinden Frankreichs „keine Hülfe zu verstatten." s Der König von Schweden war mit dem Waffenstillstand höchst unzufrieden; er kam selbst und kündigte eine englische Landungsarmee (der Sage nach von 30,000 Mann) an, um den Franzosen im Rüken von Stralsund aus eine kräftige Bewegung zu

s de Martens Suppl. T. IV. p. 465.

zu machen. Preußen unter Blücher sollten mit 1807
wirken. Brüne trat zur Führung des Kampfs
an die Stelle von Mortier und erhielt Verstär=
kung. Noch hatte er aber nicht begonnen, als
die Botschaft vom Tilsiter Frieden einlief. Blü=
cher zog sich nach Usedom und Wollin zurück;
die auf der Insel Rügen gelandeten Engländer
rüsteten sich zum Abzug (sie waren eigentlich
zur Belagerung von Copenhagen bestimmt); die
Schweden waren plötzlich sich allein überlassen.
Sie müssen sich nach Stralsund zurückziehen;
die Belagerung beginnt. Wenige Tage darauf
(am 20. Aug.) räumte der König die Stadt und
zog sich (auf dringende Vorstellungen, wie er
sagte) auf die Insel Rügen zurück; und räumte
auch diese, nach einer Uebereinkunft mit Brüne,
nach 20 Tagen. † Auch Schwedisch=Pommern
war in dem Besitz der Franzosen: Stralsund
seit dem 24. August, Rügen seit dem 5. Sep=
tember.

Während dieser blutigen Monate bot Oester=
reich (am 8. April) Friedensvermittelung an.
Alle kriegführende Mächte erklärten sich zwar
zum Frieden bereit; nur wünschten Rußland
und Preußen vor allem die Grundlagen zu wis=
sen, auf welche Napoleon unterhandeln wolle.
Napoleon hatte doch Bedenken, damit hervorzu=
treten: und aus der Friedensvermittelung ward
nichts. Bald darauf wollte Napoleon mit dem Kö=
nig von Preußen allein unterhandeln, und sandte
ihm Vorschläge durch den General Bertrand. Ge=
wohnt,

---

† Die Capitulation der Insel Rügen in de Mar=
tens Suppl. T. IV. p. 467.

1807 wohnt, sein Wort aufs pünctlichste zu halten, wollte der König ohne Rußland nicht in Unterhandlung treten; und der blutige Kampf wurde erneuert.

Dritter Act. Während der viermonatlichen Waffenruhe hatten zwar beyde Theile neue Kräfte gesammelt; Napoleon aber in überlegenem Maaße, weil er nach der Uebergabe von Danzig die ganze Belagerungsarmee von Danzig hatte an sich ziehen können und weil er Zeit gewonnen hatte, alle Uebergangspuncte über die Passarge und die Weichsel zu befestigen. Am 4. Junius griffen die Russen den Brückenkopf bey Spanden an, und am 5. wird der Angriff auf alle Puncte ausgedehnt, ein mörderischer Kampf! Er ward mit der größten Hartnäckigkeit vom 5 — 13. Junius fortgesetzt; die Russen wichen zwar meistentheils zurück, aber immer erst nach einer verzweifelten Gegenwehr und in Ordnung; zuweilen aber behielten sie auch die Oberhand. Der Hauptkampf erfolgte am 14. Jun. bey Friedland. Schon Tags zuvor hatte Davoust die Straße nach Eylau besetzt, um die Russen von Königsberg abzuschneiden, und Napoleon Friedland, zu dem er mit den Garden und dem übrigen Heer aufgebrochen war, von Lannes mit seiner Reuterey besetzen lassen: auch war schon der größte Theil des russischen Heers über die Alle gegangen, um Lannes wieder aus Friedland zu vertreiben. Am Tage der Schlacht (den 14.) behaupteten sich Lannes, Mortier und Oudinot nur mit Mühe gegen die wiederholten Angriffe der Russen. Schon hielten diese den Sieg

für

für sich entschieden, und hatten sich zum Theil 1807 in der Gegend umher zerstreut, als Ney, Victor und die Garden auf dem Schlachtfelde ankamen. Ney brachte durch einen heftigen Angriff zuerst den linken Flügel der Russen und deren Garden zu einem unordentlichen Rückzug über die Alle durch Friedland; einige Stunden später wurde der rechte Flügel der Russen durch Lannes und Mortier über den Fluß gejagt: gegen Mitternacht war der schreckliche Kampf ganz zum Vortheil der Franzosen geendiget. Am 15. Junius verließen die Preußen und Russen Königsberg und zogen sich gegen Tilsit und an den Niemen zurück; am 16. zogen die Franzosen in Königsberg ein. Am 19. kam Napoleon zu Tilsit an, und schloß am 21. mit den Rußen und am 25. mit den Preußen einen Waffenstillstand auf vierwöchentliche Aufkündigung. *u* An demselben Tage kam er mit Alexander und Tags darauf auch mit Friedrich Wilhelm auf dem Niemen zusammen. Tilsit ward für neutral erklärt, damit auch der Kaiser von Rußland und der König von Preußen dahin kommen möchten, den Frieden mit Napoleon zu unterhandeln. Am 7. Jul. war er schon mit Rußland, am 9. mit Preußen geschlossen; auf jenen folgte zwey, auf diesen drey Tage später (am 9. und 12. Jul.) die Bestätigung und Auswechselung des Friedensinstruments. *v* Das Einzelne des schrecklichen Friedens hat die Zeit

u Die Acten in de Martens Suppl. T. IV. p. 432.

v Die Friedensacten in de Martens Suppl. T. IV. p. 436. 444.

1807 Zeit wieder vernichtet: es mögen daher bloß die allgemeinen Resultate desselben hier stehen, Preußen mußte beynahe auf die Hälfte seiner Länder Verzicht thun, auf ganz Südpreußen, einen Theil von Westpreußen, ganz Neu = Ostpreußen, und die Provinzen auf dem linken Elbufer: davon kam der Biallystocker Kreis mit 335,638 Einwohnern an Rußland, *w* das dafür die Herrschaft Jever mit einer Volksmenge von 14,580 Seelen an Holland abtrat und den Franzosen die Jonischen Inseln mit ihren 166,000 Seelen einräumte, so daß Alexander weder an Menschenzahl noch Länderumfang etwas Bedeutendes gewann; die andern preußisch = polnischen Provinzen und der Cotbuser Kreis, wurden zu dem für den König von Sachsen neugeschaffenen Herzogthum Warschau geschlagen; die Provinzen zwischen der Elbe und dem Rhein zu dem Königreich Westphalen, das nächstens für Hieronymus Napoleon errichtet werden sollte; Danzig mit einem Gebiete von zwey Stunden im Umkreise sollte unter dem Schutze von Preußen und Sachsen zu seiner republikanischen Verfassung zurückkehren; Sachsen aber eine Kriegsstraße durch die preußischen Staaten nach Warschau erhalten. Die Herzoge von Sachsen = Koburg, Mecklenburg und Oldenburg traten wieder in den Besitz ihrer Länder zurück, deren sie, der erstere, wegen seiner russischen Kriegsdienste, die beyden andern wegen ihrer Verwandtschaft mit Rußland beraubt werden sollten. Dagegen wurden die bonapartischen Könige von

Neapel,

w Besitznahme in Voß's Zeiten 1812. B. 29. S. 86.

Neapel, Holland und Westphalen, und der Rhein= 1807
bund in seinem gegenwärtigen und künftigen Be=
stand von Rußland und Preußen anerkannt;
alle Häfen des festen Landes den Engländern ge=
schlossen, die Kriegsgefangenen von allen Thei=
len in Masse zurückgegeben.

Nach einer besondern Uebereinkunft (vom
12. Jul.) flossen alle Einkünfte der dem König
von Preußen gebliebenen Länder von dem Tage
der Auswechselung der Bestätigungen des Frie=
dens an, in die Casse des Königs, vorausgesetzt,
daß die bis dahin fälligen Brandschatzungen be=
zahlt seyen; von da an sollte auch das Land
von den Franzosen nach und nach geräumt wer=
den. Tilsit am 21. Jul., Königsberg am 25.;
das Land bis an die Passarge am 1. August,
Altpreußen bis an die Weichsel am 25.; der
Rest von Altpreußen bis an die Oder am 5.
September, Schlesien und ganz Preußen bis an
die Elbe am 1. Octob.; doch der Theil des
Herzogthums Magdeburg am rechten Elbufer,
so wie Prenzlau und Pasewalk erst am 1. Nov.,
und Stettin gar in einer erst zu bestimmenden
Frist. x

Neunte Periode des Kriegs:
Krieg um Beherrschung aller Reiche von Europa,
und durch sie der Welt,
vom October 1807 — 11. April 1814.

Durch die drey letzten siegreichen Jahre und
durch die sie erkämpfte Lage glaubte Napoleon,
sich

x Die Convention über Räumung, Contribution u.
s. w. in dé Martens Suppl. T. IV. p. 452.

1807 sich den Weg zur Beherrschung von Europa ge-
bahnt zu haben, wenn er ihn nur mit kräfti-
gem und festem Schritt verfolge. Der Norden stand ihm nicht mehr im Wege. Preußen,
dessen Kriegserfahrenheit ihm bis zur Schlacht
bey Jena, heimliche Sorgen gemacht hatte, war
von ihm in Ohnmacht niedergeworfen, und es
stand in seiner Macht, durch fortgesetzten Druck die
Rückkehr aus derselben zu verhindern. Rußlands
Alexander hatte den Biallystocker Kreis von ihm
angenommen und sich mit ihm verbunden: er
rechnete daher auf seinen Beystand, so lang er
ihn bedürfe, wenn er, (da er allem, was von
ihm herkam, großen Werth beylegte) nur von
Zeit zu Zeit, ähnliche Kleinigkeiten seiner Beute
mit ihm theile. Vor den übrigen Mächten des
Continents war er nicht in Furcht. Da Oesterreich schon das vorige Mal, wo es doch bloß
Rußlands Macht verstärken sollte, nur schüchtern
in den Kampf getreten sey, so werde es in seiner gegenwärtigen isolirten Lage um so weniger einen
neuen wagen, da er Rußland hinter ihm zum
Kampfgehülfen habe. Und was war von Deutschland zu befürchten? Der größte Theil seiner
Fürsten gieng schon in Napoleons Fesseln: den
rheinischen Bundesfürsten hatte er sie durch die
Bundesacte und seine Protectorat des Bundes
angelegt; die sich dessen weigerten, die hatte
er zum Theil bereits aus ihren Fürstenthümern
weggetrieben, und diese entweder gehorsamern
Vasallen zugetheilt oder in unmittelbarem Besitz
zu künftiger Vertheilung behalten; von den übrigen im deutschen Norden, die noch nicht zum
rheinischen Bund gehörten, konnte er voraussehen,

sehen, auch sie würden nächstens noch aus Furcht 1807
unter sein Protector=Joch ihre Nacken beugen.
Getrosten Muths begann daher sein Ehrgeiz
einen neuen Lauf. Was nun seine unmittel=
bare oder mittelbare Herrschaft in Europa noch
nicht anerkannte, das sollte ihr in den näch=
sten Jahren unterworfen werden: wen er errei=
chen konnte, schnell, durch Heeresmacht; wen
diese nicht erreichen konnte, langsamer durch
vernichtende Decrete. In letzterm Fall war
England.

Nachdem Hannover von Preußen in bürger=
lichen Besitz genommen worden, waren die Mün=
dungen der Ems, der Weser und Elbe von Eng=
land gesperrt, und kurz darauf durch eine Er=
klärung vom 16. May (1806) alle Küsten und
Häfen von der Elbe bis nach Brest in Bloka=
destand gesetzt worden; doch war nur über die
Häfen und Küsten von Ostende bis zur Mün=
dung der Seine eine strenge Blokade verhängt,
der übrige Theil der Küste hingegen nur für sol=
che Schiffe für blokirt erklärt, die mit Conter=
bande, oder mit feindlichem Gute befrachtet, oder
von einem dieser Häfen nach einem andern feind=
lichen Hafen bestimmt waren, oder welche in ei=
nem dieser Plätze mit einer Ladung einlaufen woll=
ten, die sie in einem feindlichen Platze eingenom=
men hatten. Der übrige Handel war Neutralen
nicht verboten. Doch nahm Napoleon von die=
ser englischen Erklärung die Rechtfertigung seiner
Decrete her, durch die er, da ihm die Insel
England unerreichbar war, seine Maaßregeln
gegen die Engländer steigern und den Krieg ge=
gen

1807 gen ihre einzelne Individuen, die sich unter dem
Schuß der Gastfreundschaft in den Ländern des
Continents befanden, besgleichen gegen ihren Handel und ihre Industrie auf dem festen Lande an-
fangen wollte. So wie der im Anfang des neuen
Kriegs (1803) alle in Kriegsdiensten stehende
Engländer in Frankreich und den von ihm abhängigen Ländern für kriegsgefangen erklärt hatte,
so nun in einem zu Berlin gegebenen Decret
(vom 21. Nov. 1806) überhaupt alle englische
Unterthanen von jedem Stande, die in irgend einem von den französischen Truppen oder deren
Verbündeten besetzten Lande angetroffen würden;
so wie er schon seit derselben Zeit, um vom Handel mit England zurückzuschrecken, von den mit
seinen Truppen besetzten Städten die Angabe
englischer Güter und Waaren, die sich hinter ihren Mauern befanden, sich erzwungen, und sie
darauf den Eigenthümern weggenommen hatte,
wenn sie nicht dieselben loskauften, so erklärte er
nun "alle englischen Unterthanen gehörende Kauf-
güter und sonstiges Eigenthum, folglich alle aus
englischen Fabriken und Colonien herrührende
Waaren für verfallen: die Hälfte des Ertrags
aller dieser Confiscationen sollte zur Entschädigung der Kaufleute dienen, welche durch die Wegnahme ihrer Schiffe von englischen Kreuzern ge-
litten hätten: Allen Fahrzeugen, die geraden
Wegs aus England oder von dessen Colonien kommen, oder seit der Bekanntmachung dieses Decrets dort gewesen seyn möchten, ward das Einlaufen in irgend einen von ihm abhängigen Hafen untersagt: sollten sie es dennoch durch falsche Declarationen versuchen, so seyen sie gleich
dem

dem englischen Eigenthum verfallen." γ Dieses 1807 Decret ward die Grundlage des berüchtigten Continentalsystems, zu dessen Annahme er alle europäische Mächte zu bewegen, und nöthigenfalls auch durch Gewalt zu zwingen suchte. Ward es durchgesetzt, so litt allerdings Britannien einen heftigen Stoß, aber lange keine solche Erschütterung, die seinen Wohlstand vernichtete, oder es nöthigte, sich Napoleons Herrschaft durch einen nachtheiligen Frieden zu unterwerfen. Der Handel mit dem Continent von Europa war ja nur eine von den Quellen seiner Blüthe; da durch Frankreichs unweise Maaßregeln die meisten Seemächte bis auf die wenigen Neutralen von den Meeren verschwunden waren, so standen der englischen Industrie und Handlung andere Weltgegenden offen, in denen sie den Abgang des Continents sich mehr als ersetzen konnten. Um nun die wenigen Neutralen zu gleicher Sperre der Schifffahrt, des Handels und der Industrie zu bewegen, mahlte Napoleon die Grundsätze, welche England gegen sie befolge, als eine tyrannische Neuerung, und als Verletzung aller völkerrechtlichen Gewohnheiten aus, ob sie gleich bey den in Seekriegen gebräuchlichen Maaßregeln aller Seemächte allgemein zum Grunde lagen. Auch England hatte bisher noch den Grundsatz gelten lassen: "freyes Schiff mache freyes Gut,

γ Eine sehr vollständige Sammlung der hieher gehörigen Actenstücke in de Martens Suppl. V. (nov. Rec. I.) p. 433-549. einige Hauptstücke auch in Voß's Zeiten. B. 27. 1811. August. S. 33.

1807 Gut, Conterbande ausgenommen." Um aber
Betrügereyen zu hindern und sich zu überzeugen,
daß die Neutralen seinen Feinden keine Conterbande zuführen, durfte es sich das Visitations-
recht der neutralen Schiffe nicht nehmen lassen:
war dieses, worüber man Klage führte, wirklich
übermüthige Beeinträchtigung der Freyheit der
Meere? war es nicht nothwendige Bedingung
des Grundsatzes in jedem Land = und Seekrieg,
seinem Feinde Vortheile gegen sich abzuschneiden,
um sich selbst zu erhalten? war nicht die Be-
schwerde, die der Schifffahrt der Neutralen daraus erwuchs, ein von Zeiten der Seekriege un-
zertrennliches Uebel? stand es nicht jedem Schiffe
frey, sich von den Käufern der zugeführten Gegenstände entschädigen zu lassen? war der Schaden der Neutralen durch die Confiscation nicht
selbst verwirkt? war, um allen gerechten Klagen
vorzubeugen, etwas weiter nöthig, als Uebereinkunft über den Begriff der Conterbande, und
genaue Bestimmung desselben? Allerdings machte
Napoleon's Decret allen Handel der Neutralen
mit Britannien und seinen Colonien unmöglich;
es kündigte dem gegenwärtigen Culturzustand von
Europa einen förmlichen Zerstörungskrieg an z:
wer aber sonst hatte davon die Schuld zu tragen,
als der Urheber des Decrets, Napoleon?

Die Repressalien, die von England zu erwarten waren, erfolgten schon in einer Cabinetsordre

z Ueber das Continental=System und den Einfluß
desselben auf Schweden, von A. W. Schlegel.
S. l. 1813. 8.
Das Continentalsystem. Leipz. 1812. 8.

ordre (ordre of council) vom 7. Januar 1807. 1807 Seine und seiner Ladung Confiscation drohte sie jedem neutralen Schiffe, das nach einem Ha= fen fahre, welcher Frankreich oder dessen Ver= bündeten zugehöre, oder so unter dessen Einfluß stehe, daß englische Schiffe nicht frey dahin han= deln könnten. Frankreich schärfte darauf seine Maaßregeln gegen englische Fabrik= und Han= delswaaren; und England dagegen seine bereits erlassene Cabinetsordre durch zwey andere vom 11. Novemb. 1807. In der ersten erklärte es alle Häfen und Plätze von Frankreich und dessen Verbündeten, und jedes Landes, das gegenwär= tig mit England im Krieg begriffen oder von dem die englische Flagge ausgeschlossen sey, innerhalb und außerhalb Europa in Blokadezustand, und verordnete die Confiscation aller Schiffe sammt ihren Ladungen, die den Handel mit den genann= ten Ländern oder Colonien betrieben. Jedes Schiff ohne Ausnahme, welches mit einem fran= zösischen Ursprungscertificat versehen angetroffen werde, erklärte es für verfallen; die Neutralen, deren Häfen der englischen Flagge nicht verschlossen wären, sollten die Erlaubniß haben, direct nach den feindlichen Colonien von ihrem Vaterlande zu fahren, aber bloß um dieses mit Colonialwaa= ren zu versorgen; hingegen alle andere Schiffe, welche mit dem Feinde oder mit Ländern, die un= ter seinem Einflusse stünden, den Handel treiben wollten, hätten in irgend einem Großbritannien unterworfenen Hafen einzulaufen, um sich dort die Erlaubniß zur Fortsetzung ihrer Reise gegen eine beträchtliche Abgabe (gewöhnlich gegen 25 Procent des Werths der Ladung) zu verschaffen.

Nach

1807 Nach der zweyten Cabinetsordre sollte der Verkauf der Schiffe von Kriegführenden an Neutrale für gesetzwidrig und ungültig geachtet werden.

Dagegen erklärte Napoleon von Mayland aus in einem neuen Decret (vom 17. Dec. 1807) jedes Schiff, von welcher Nation es auch seyn möchte, das sich der Visitation von einem englischen Schiffe, oder einer Reise nach England, oder irgend einer Abgabe an die englische Regierung unterwerfe, für denationalisirt, daß es also für englisches Eigenthum zu achten sey. Alle solche denationalisirte Schiffe, desgleichen alle diejenige, welche aus einem Hafen Englands oder seiner Colonien oder eines von den Engländern besetzten Landes ausgelaufen oder nach einem solchen bestimmt wären, hätten die gegen die brittischen Inseln verfügte Blokade gebrochen, und würden für gute Beute geachtet werden.

Was ward aber durch solche Machtbefehle mehr bewirkt als in England Verlegenheiten eines Augenblicks, und im Auslande Vernichtung aller Schifffahrt und Handlung? Wie bereits längst den Feinden Englands durch dessen übermächtige Herrschaft auf Meeren, so war nun auch den Neutralen beydes durch die von beyden Seiten gegen sie ausgesprochenen Confiscationen unmöglich gemacht. Außer den brittischen verschwanden alle Kriegs= und Kauffahrtheyflotten auf den außereuropäischen Meeren, und wo sich eine blicken ließ, da vernichtete sie eine brittische: (im April 1809 verbrannte der Admiral Gambier bey der Insel Aix, ohnweit Rochefort, vier Linienschiffe der unter Villaume aus Brest ausgelaufenen Flotte; und im November 1809 zer=

zerstörten die Engländer die aus Toulon ausgelaufene nach Barcelona bestimmte große Con-
voy.) Die letzten französischen und holländischen Colonien wurden nach und nach von den
Engländern genommen: (Cajenne am 12. Jan.
1809, Martinique am 24. Febr., im Junius
die französische Anlage am Senegal, im Octob.
die Jonischen Inseln Cephalonia, Cerigo und
Ittaka, die letzte Besitzung auf Domingo am
7. Jul., Guadeloupe am 3. Febr. 1810, Isle
de France (im Julius), Bourbon (im Novemb.)
und mehrere holländische Niederlassungen, wie
Amboina mit ihren reichen Gewürzvorräthen,
St. Martin am 17. Febr., und St. Eustache
am 22. Febr. 1810.). Die durch französische Ein-
flüsterungen bewirkte Einschränkungen der mit
der Pforte bestehenden Handelsverbindungen zog
Constantinopel einen feindlichen Besuch des englischen Admirals Duckworth zu, der sich mit der
Verbrennung einer türkischen Escadre von einem Linienschiff und fünf Fregatten endigte.
In Europa breitete das unselige Continentalsystem Krieg und Verderben weiter aus: Portugal, das der Napoleonischen Decrete ohnerachtet seine Handelsverbindung mit England fortsetzte, ward von einer französischen Armee angefallen; Schweden blieb (bis zum 6. Januar 1811,
wo es dem Continentalsystem beytrat) seines
Pommern und Rügen beraubt; Dänemark mußte
(schon 1807) seine Flotte als Beute von England wegführen sehen. z Bald konnte sich selbst

1807
bis
1811

Na=

---

z Topographisch = historische Ansicht der Belagerung Kopenhagens. S. l. 1807. 4.

Napoleon nicht ableugnen, daß sein Handelsver=
bot bey dem Widerspruch, in dem es mit dem
Culturzustand von Europa stehe, sich gar nicht
durchsetzen lasse, und eröffnete auch von seiner
Seite, um zu keinem Widerruf gezwungen zu seyn,
dem Handel Schleichwege, sobald England (im
April 1809) anfieng, Licenzen zu ertheilen, die
beyde Mächte bald darauf immer weiter ausdehn=
ten.   Im Gefühl des Unnatürlichen dieser allen
Wohlstand zerstörenden Maaßregel schränkte
England sogar seine frühere Cabinetsordre einer
allgemeinen Blokade (am 26. April 1809) bloß
auf die Häfen von Frankreich, Holland und
Italien ein.   Napoleon dagegen steigerte seine
Befehle, so wie seine Erbitterung gegen England
neuen Gährungsstoff bekam.   Als England die
Kriegsgefangenen (im Sommer 1810) nicht in
Masse austauschen wollte, so schärfte er seine
Strenge gegen den Handel. *a* Als ihm im Ze=
nith seiner Macht, im Frühling 1811, alles,
außer England huldigte, so hob er die Decrete
von Berlin und Mayland zu Gunsten der Nord=
americaner (am 8. April. 1811) auf, um sie
zu kriegerischen Schritten gegen England zu
bewegen; so bald er aber diesen Zweck erreicht
hatte, ließ er wieder die vorige Strenge gegen
den nordamericanischen Handel eintreten.   Als
er

Die Belagerung von Kopenhagen im Sommer
    1807., von D. Friedr. Münter. Kopenh.
    1807. 8.

a Actenstücke wegen Auswechselung der Kriegsge=
    fangenen in Voß's Zeiten 1810. B. 26. 1811.
    May. S. 168. Junius S. 317.

er zu seinem Verdruß erkannte, wie alle diese Maaßregeln England nicht beugten, und die so häufigen Licenzen den Handel in seine alten Wege zurückzubringen anfiengen, wollte er wenigstens seinen Krieg gegen den europäischen Handel zur Bereicherung seines Schatzes benützen, und belegte alle Kolonialwaaren mit einer Steuer von 50 Procent durch den Tarif von Trianon (vom 5. August 1810), den er durch ein zweytes Decret (vom 12. Sept.) erweiterte. Der Schleichhandel wußte ihm doch auszuweichen: er schärfte daher seine Gesetze und ordnete Douanentribunale in Frankreich (am 18. October) an, die Gefängniß und Tod über die Uebertreter derselben verhängen sollten: und damit den brittischen Handel sein ganzer Zorn treffen möchte, so gebot er in Frankreich und allen mit ihm verbundenen Ländern (durch das berüchtigte Decret von Fontainebleau am 19. Oct.) die Verbrennung und Vernichtung aller englischen Waaren, als ob diese auf die Rechnung der Engländer, die doch schon bezahlt waren, fiele. Mochte auch die einheimische Industrie darüber in Verzweiflung ringen, für Napoleon dampften die verbrannten Lager englischer Waaren einen süßen Opfergeruch, weil doch einiger Schaden auch auf England dadurch zurückfiel. Wie hätte aber so eine kleinliche Rache die Insel beugen können? Ihr Seehandel hatte sich ja unermeßlich erweitert. Sie hatte den einzigen Verkehr in die französischen und holländischen Colonien, in deren Besitz sie war, und einen vergrößerten Verkehr nach Südamerica; die Bedürfniße englischer Fabrikate waren in dem nordamericanischen Frey-

staate

ſtaate mit ihrer Bevölkerung in den letzten zwanzig Jahren unglaublich gewachſen, und in Oſt=indien hatte durch die außerordentliche Vergröße=rung des brittiſchen Reichs am Ganges der eng=liſche Handel in den letzten Jahren großen neuen Spielraum gewonnen. Als daher Napoleon ſein Seerecht im Jahr 1812 zur Grundlage eines Friedens machen wollte, wies England daſſelbe ſammt den Friedensanträgen zurück. *b*

Je weniger Napoleon der Kampf gegen Englands Schifffahrt, Handel und Induſtrie gelang,

b Le traité d'Utrecht, réclamé par la France, ou coup d'oeil ſur le ſyſtéme maritime de Napoléon Bonaparte et analyſe du rap-port de ſon miniſtre des relations extéri-eures communiqué au Sénat de France, dans la ſéance du 10. Mars 1812 etc. Leipz. 1814. 8. mit den pièces juſtificatives. Voll=ſtändiger Auszug in den Götting. gel. An=zeigen 1814. S. 1553.
Ueber die Schifffahrt der Neutralen: Du com-merce des neutres en tems de guerre tra-duit de l'Italien de Lampredi par Jacques Peuchet, membre du Conseil de com-merce. Paris an X. (1802.) 8. Das italieni=ſche Original erſchien 1788; eine deutſche Ue-berſetz. deſſelben 1790.
Betrachtungen über die gegenſeitigen Befugniſſe der kriegführenden Mächte und der Neutralen auf der See. Kiel 1802. 8.
Considerations ſur les droits reciproques des puiſſances belligerantes et des puiſſances neu-tres ſur mer avec les principes de guerre en général, par J. N. Tetens. Copenh. 1805. 8.
de Martens Suppl. (oben).

gelang, desto schrecklicher war der gegen Preuß-
sen gelungen, während dessen Zwischenpause
der erstere begonnen hatte. Unermüdlich ar-
beitete er nun dahin, die Folgen seines Siegs
zum Verderben von Europa zu vergrößern.

1807 bis 1811

Polen.

Indem er Rußland, seinen neuen Bundesgenossen, mit Lob und Schmeicheleyen über-
strömte, faßte er an seiner Seite festen Fuß,
um es einstens, wenn es ihm gefallen würde,
tödtlich zu verwunden. Er erschuf das Herzogthum Warschau für den König von Sachsen,
um es durch ihn zu beherrschen, und das neue
Bundesreich von da aus zu belauern. Eine
von ihm ernannte provisorische Regierung hatte
eine Napoleonische Constitution für das Herzogthum entworfen: sechs Departements; den König
von Sachsen mit seinem Staatsrath an der Spitze
zur vollziehenden Gewalt; den Reichstag in zwey
Kammern (den Senat und die Kammer der
Landboten) zur gesetzgebenden Gewalt; zum Gesetzbuch den Code Napoléon nebst der französischen Gerichtsordnung; zur Armee 30,000
Mann, für alle Civilstellen lauter Landeseinge-
borene (ohne zu fragen, ob sie auch dazu die
nöthige Bildung hätten), und allen Polen Freyheit von der Leibeigenschaft (ohne zu fragen,
ob sie auch dazu reif wären). Seinem König
aus Sachsen zu Ehren sollte das Herzogthum,
außer seiner Nationalarmee, noch ein säch-
sisches, und zur Sicherung der Oberherrschaft
Napoleons auch ein französches Truppencorps
nähren, und für 20 Millionen Staatsdomänen
zu Donationen an französische Officiere herge-
ben.

1807 ben. Das Herzogthum Warschau war dadurch
bis zur französischen Provinz gemacht, ohne den
1811 Namen zu führen. c

Für einen herrlichen Waffenplatz ward zu
gleicher Zeit durch die Einrichtung gesorgt, die
mit Danzig getroffen wurde. Der Stadt ward
zwar ihre alte Verfassung zurückgegeben, aber
einem französischen Generalstatthalter unterworfen, der sie zu einer unüberwindlichen Festung
umschaffen sollte. Rapp, der dazu ernannt wurde,
erfüllte seine Bestimmung vollkommen: das der
Stadt im Tilsiter Frieden bestimmte Gebiet von
zwey Stunden im Umkreis erweiterte er auf
zwey deutsche Meilen im Durchmesser von der
äußersten Spitze der Außenwerke an gerechnet,
und Sonlt erzwang ihm von Preußen das Recht
zu dieser Ausdehnung durch eine Convention zu
Elbing (am 7. Decemb. 1807).

Deutsch- Deutschland ward nach und nach bis auf das
land. letzte Fürstenthum von Napoleon abhängig gemacht.
In seinem nördlichen Theil stand gegenwärtig schon
alles bis auf Oldenburg und Mecklenburg unter
seinen Befehlen, die Hansestädte, durch Bernadotte (dem Herzog von Ponte Corvo), und seinem aus Franzosen, Holländern und Spaniern
zusammengesetzten Corps ein Theil der vormals
preußisch-westphälischen Provinzen durch seine
Bre-

c Histoire de l'ambassade à Varsovie par Mr.
du Pradt en 1812. Paris 1814. 8.
Voyage en Allemagne et en Pologne par G.
Gley. Avec des notes relatives à l'Ambassade de M. de Pradt. Paris 1816. 8.

Vereinigung mit Holland; einen andern Theil **1807**
behielt Napoleon zu künftigen Verfügungen in **bis**
seinem unmittelbaren Besitz, und gleich diesem **1811**
auch den größten Theil von Hannover, Erfurt
mit seinem Gebiete, Hanau, Katzenellenbogen,
Fulda und Bayreuth.

Aus den übrigen von Deutschland erober=
ten Provinzen errichtete Napoleon (am 10. Au=
gust 1807) für seinen Bruder Hieronymus ein
Königreich Westphalen *d* von etwa zwey
Millionen Einwohnern, auf einem Flächenin=
halt von fast 400 Quadratmeilen, zusammen=
gesetzt aus dem größten Theil der von Preußen
abgetretenen Provinzen zwischen dem Rhein und
der Elbe, einem Theil der hannoverschen Lande,
dem größten Theil des Churfürstenthums Hes=
sen = Cassel, dem ganzen Herzogthum Braun=
schweig, dem Gebiete von Corvey, und der Graf=
schaft Kaunitz = Rittberg, und in 8 Departements
getheilt: ein Reich, das sich in lauter französi=
schen Fesseln bewegen sollte, durch einen König,
ihm von Napoleon gegeben, durch eine Verfassung,
(die französische mit einigen Abänderungen,) ihm
von Napoleon vorgeschrieben, durch französische
Gesetze, eine französische Gerichts =, Steuer = und
Finanzverfassung, durch französische Münze, Maase
und Gewicht, und einen ganzen Troß von fran=
zösischen Civil = und Militärbeamten, eine Armee
von 25,000 Mann, deren eine Hälfte aus Fran=
zosen

---

d Die Acten in de Martens Suppl. T. IV. p.
491. von Berlepsch Sammlung wichtiger Ac=
tenstücke. Göttingen 1814. 8.

zosen bestand und die andere durch französische
Conscription zusammen gezwungen wurde — ein
halbes Frankreich mitten in Deutschland. Das
unförmliche Reich wurde (am 14. Januar 1810)
mit dem Reste der hannoverschen Provinzen (auß-
ser Lauenburg) vergrößert, zu ihrer großen Bedrückung. e Außer den 12,000 Franzosen, die
das Königreich bereits ernähren, kleiden und löhnen
mußte, wurden ihm noch 6000 aufgedrungen,
und die deutschen Truppen auf 26,000 Mann
gesteigert. So wie sich Napoleon gleich bey
der Stiftung des Königreichs die Hälfte der
Domänen zu Dotationen vorbehalten hatte,
so gegenwärtig bey seiner Vergrößerung ein
reines Einkommen von 1,559,000 Franken von
Domänen und Klostergütern, die von jeder Art
von Abgaben befreyt bleiben müßten. f Da nun fast
zu gleicher Zeit, (um die unumschränkteste Herrschaft über Norddeutschland zur Peinigung von England zu führen) außer einem Theil des Königreichs
Westphalen und einem großen Theil des Herzogthums Berg, auch alle Gebiete gewaltthä-
tig zu Frankreich geschlagen wurden, durch deren Besitz die Mündungen der Schelde, der
Maas, des Rheins, der Ems, der Weser und
Elbe

e de Martens l. c. p. 235. 350. von Berlepsch
a. a. O.

f Außer Damian's Statistik der Rheinbunds-
staaten: Statistisch-topographische Uebersichts-
tafeln der Departements im Königr. Westphalen von G. Hassel. Braunschw. 1811. Fol.

Westphalen unter Hieronymus Napoleon, herausg. von Hassel und Murhard. Braunschw. 1812. 8. (Monatsschrift).

Elbe beherrſcht werden konnten, wie das Land des
Herzogs von Ahremberg, Oldenburg und die
Hanſeſtädte, *g* ſo wurde dabey den franzöſi=
ſchen Douanenbedienten ein freyes Feld zu Er=
preſſungen im Königreich Weſtphalen bedungen,
wie ſie es in den einverleibten deutſchen Ländern
ausübten.

1807
bis
1811

Ueberhaupt, wo noch ein Platz zu finden
war, der zur Befeſtigung der unumſchränkten
Herrſchaft Napoleon's über Deutſchland dienen
konnte, über den wurde mit Allgewalt geboten.
Kehl, Caſſel am Rhein, Weſel und Blieſſingen,
ob ſie gleich ſchon vorher durch ein kaiſerliches
Decret zu Frankreich geſchlagen waren, muß=
ten zu mehrerer Sicherheit noch (am 21. Jan.
1808) durch ein Senatusconſult Frankreich ein=
verleibt werden. *h* So mußte auch Bayern (am
28. May. 1810) das ſüdliche Tyrol an Frank=
reich zur Vereinigung mit dem Königreich Ita=
lien abtreten. Frankfurt, das dem Fürſten Pri=
mas eingeräumt war, wurde (am 16. Febr. u.
1. März 1810) durch Vergrößerung mit einigen
der Länder, die Napoleon zum vorläufigen ei=
genthümlichen Beſitz bey der Vertheilung ſeiner
deutſchen Beute zurückbehalten hatte, zum Groß=
herzogthum erhoben, *i* und zwar vor der Hand
dem

g S. die Actenſtücke, die Vereinigung Hollands
   und eines Theils des nördlichen Deutſchlands
   betreffend: de Martens Suppl. T. V. (nouv.
   Rec. I.) p. 346. in Voß's Zeiten B. 25. 1811.
   Febr. 181.
h In de Martens Suppl. T. V. (nouv. Rec.
   I.) p. 323.
i Die Acte in de Martens Suppl. T. V. (nouv.
   Rec. I.) p. 241. 345. auch in Winkopp u. ſ. w.

1807 dem Fürsten Primas zur Belohnung seiner frühern
bis Ergebenheit an den Protector des rheinischen Bun-
1811 des gelassen, aber zugleich der Prinz Eugen, gegenwärtig Vicekönig von Italien, zum künftigen
erblichen Großherzog von Frankfurt ernannt. Blieb
nun auch Frankreich auf seine Rheingränze eingeschränkt, so saß doch ein dankbar ergebener Vasall
ihm zunächst.

Preu- Am ärgsten ward Preußen von dem über-
ßen. müthigen Sieger geneckt, gedrückt und ausgesogen.
Nur Altpreußen war am 1. Oct. 1807 vertrags-
mäßig geräumt worden; in den übrigen Provinzen blieben friedenswidrig 150,000 Franzosen
nebst den französischen Steuerbeamten zurück, welche die Einkünfte derselben einzogen, als wäre kein
Friede geschlossen. Nun war die Räumung von
Preußen von der Bezahlung der rückständigen Contribution im Friedensvertrag abhängig gemacht
worden; man drang daher von preußischer Seite
auf eine schleunige Berechnung dessen, was schon
geleistet war und noch zu leisten sey, und ernannte
eine eigene Commission dazu; aber französischer
Seits verzögerte sie der Generalintendant Darü
recht geflissentlich, daß endlich der König seinen
Bruder, den Prinzen Wilhelm von Preußen, zur
Beendigung des Abschlusses nach Paris sendete.
Napoleon hatte gegen ihn kein Hehl, "daß die
Räumung von Preußen von seinen sonstigen politischen Verhältnissen abhänge" und begünstigte
fortwährend die Zögerung durch wiederhohlt gemachte Steigerung der Summe. Endlich am Ende
des Augusts 1808 erhielt der Prinz die schreckliche
Eröffnung, daß die Rückstände der Contribution
und

und die Einkünfte der bis jetzt (ohne Preußens
Schuld) besetzt gebliebenen Provinzen 154½ Mill.
Franken betrügen; und mußte sich endlich ent=
schließen, in dem Vertrag vom 8. Sept. (1808)
sie auf 140 Millionen herabgesetzt anzuerkennen *k*;
erst einen Monat später (am 8. Octob.) brachte
sie der russische Kaiser auf 120 Millionen herab.
„Aber bis zur baaren Abbezahlung müßten Glo=
„gau, Cüstrin und Stettin mit 10,000 Mann, die
„Preußen zu verpflegen habe, besetzt bleiben; sey
„die Hälfte abgetragen, so werde Glogau geräumt;
„Cüstrin aber und Stettin erst nach der Bezah=
„lung der ganzen Summe." *l* Im November er=
hielt Darú diese 120 Millionen in Papieren; am
18. November ward endlich preußischen Behörden
die Erhebung der Abgaben übergeben; am 22.
wurde das rechte und am 5. December das linke
Ufer der Oder von den Franzosen verlassen; und
nun erst durften die preußischen Kriegsgefangenen
ihren Rückmarsch aus Frankreich antreten. Im
Jahr 1811 war die Hälfte der geforderten Sum=
me bezahlt; aber Glogau ward doch nicht zurück=
gegeben, sondern nur (am 4. Jun. 1811) verspro=
chen, einen Theil der Verpflegungskosten zu über=
nehmen, was aber nicht gehalten wurde: viel=
mehr mußten die drey Oderfestungen durch einen
besondern Vertrag (vom 24. Febr. 1812) Frank=
reich ferner überlassen werden.

Und

k Die Acte in de Martens Suppl. V. (nouv.
Rec. I.) p. 102.

l Die Acten in de Martens Suppl. V. (nouv.
Rec. I.) p. 106 - 129.

Marginal note: 1807 bis 1811

1807
bis
1811

Und wie viele andere vertragswidrige Forderungen wurden Preußen abgepreßt. In einem Vertrag zu Elbing (vom 13. Octob. 1807, *m*) eine Handelsstraße zwischen Sachsen und Warschau, sammt allerley Befreyungen für die durchgeführten Waaren und Erzeugnisse, und ähnliche Befreyungen für die Schifffahrt auf preußischen Flüssen und Kanälen. Der Michelauische Kreis von Altpreußen und Neuschlesien für Warschau (am 10. Nov.), ein größerer Umkreis für Danzig (am 3. Decbr. 1807); im Pariser Vertrag mit dem Prinzen Wilhelm von Preußen (vom 8. Septbr. 1808) sieben Militär = und Etappenstraßen zwischen den drey Oderfestungen, Warschau, Danzig, Magdeburg und Sachsen (die im Jahr 1811 bis auf eilf vermehrt wurden *n*); in eben demselben Pariser Vertrag ein Bezirk von 2000 Toisen um Magdeburg auf dem rechten Elbufer für das Königreich Westphalen. Napoleon gestattete auch Preußen nur eine Militärmacht von 42,000 Mann; er selbst aber hatte im Anfang des Jahrs 1812 in den drey Oderfestungen, in Danzig, Magdeburg und Stralsund die französische Armee bis über 50,000 Mann vermehrt.

Selbst das Privateigenthum in Preußen wurde durch einen ränkevollen Vertrag, den Napoleon dem König von Sachsen zu Bayonne (am 10. May 1808) aufdrang, auf das gewaltsamste weggenommen. Er trat alle von preußischen Privatpersonen und öffentlichen Instituten im preußischen

m In de Martens Suppl. IV. p. 474.
n Die Acten in de Martens Suppl. V. (nouv. Rec. I.) p. 130-139.

schen Polen belegte Capitalien, die auf 43 Mil=
lionen Franken an Werth geschätzt wurden, an den
König von Sachsen für 20 Millionen ab. Auf
diesen Vertrag gestützt, belegte der König von
Sachsen als Herzog von Warschau alle Capita=
lien preußischer Unterthanen und öffentlicher An=
stalten mit Beschlag; und 17 Millionen giengen
dabey Preußen verloren, von denen nur etwa 2
Millionen im Jahr 1811 durch die Regierung
von Warschau wieder zurückgegeben wurden.

Preußen hatte keinen freyen Willen mehr;
was der Uebermuth seines Besiegers gebieten oder
verbieten mochte, darein mußte es sich fügen.
So schwer es ihm ankam, dem seinem Interesse
so völlig entgegenstehenden Continentalsystem bey=
zutreten, so mußte es doch den Engländern (am
1. Sept. 1807) die preußischen Häfen verschlie=
ßen, und wegen Napoleon's und seiner Consuln
unaufhörlicher Klagen, daß gegen England nicht
genug geschehe, im Jahr 1808 in mehreren Städ=
ten eigene Handelscommissarien gegen jedes Ver=
kehr mit England anstellen; am 11. Junius 1808
allen Handel mit Schweden sperren, am 9. März
1810 alle Colonialwaaren confisciren, am 9. Ju=
lius den Nordamerikanern seine Häfen verschlie=
ßen, am 10. October eine Colonialsteuer einfüh=
ren, die Verbrennung aller englischen Waaren be=
fehlen, und zum Beschluß von allem seine Häfen
den mit Colonialwaaren beladenen Schiffen hin=
terlistig öffnen, und sie darauf mit Beschlag be=
legen,

---

* Der Vertrag in de Martens Suppl. V. (nouv.
   Rec. I.) p. 71. 283.

legen, um die confiscirten Güter an Frankreich für einen bestimmten Preis zu überlassen, dessen Betrag an der noch rückständigen Contribution abgezogen werden solle. Die preußische Regierung vollzog treulich die Puncte des darüber (am 18. Octob. 1811) abgeschlossenen Vertrags, und schaffte die erbeuteten Colonialwaaren in die Gegend von Magdeburg, wo sie französische Commissarien in Empfang nehmen sollten. Die Commissarien blieben aus; man glaubte allgemein, weil damals schon ein Krieg mit Rußland in der Ferne drohte, um die großen Speicher voll Colonialwaaren für eine gute Beute zu erklären, wenn Preußen sich auf Rußlands Seite schlagen möchte. Der Krieg verzog sich noch eine Weile: als er sich von neuem näherte, sah sich Preußen, das nur 42,000 Mann halten durfte, schon von mehr denn 50,000 Franzosen in seinem eigenen Lande umgeben, daß es wohl gezwungen war, seiner Selbsterhaltung wegen (am 24. Febr. 1812) mit Napoleon gegen alle europäischen Mächte, mit denen die beyden contrahirenden Staaten in Krieg verwickelt werden möchten, ein Bündniß abzuschließen *p* und gleich darauf Frankreich mit seiner Kriegsmacht gegen Rußland zu folgen.

Der Friede von Tilsit gab die französischen Heere ihrem Vaterlande zu neuen Unternehmungen wieder, und Napoleon die nöthige Muße und Kraft, seine Unterjochungsplane in der entgegengesetzten Richtung, im Süden, auf der pyrenäi-

p Der Vertrag in de Martens Suppl. V. (nouv. Rec. I.) p. 414.

ndischen Halbinsel, fortzusetzen.   Portugal **1807**
traf die Reihe zuerst, und als dieses übermannt **bis**
schien, seinen Nachbar Spanien.   **1811**

                                                 Portu-
                                                 gal.

Ohne Rücksicht auf das Europa vorgeschriebene Continentalsystem waren bisher alle portugiesischen Häfen dem Verkehr mit England offen
geblieben; wie hätte auch, so lang die französischen Heere in Preußen standen, Napoleon die
Gültigkeit seines Decrets in Portugal durchsetzen
wollen?   Nun aber, schon zu der Zeit, als ein
Theil der französischen Kriegsmacht noch erst auf
dem Rückmarsch begriffen war, am 22. August
(1807), versammelte sich bey Bayonne unter Jü-
not ein französisches Heer, das bald auf 50,000
Mann angewachsen war, und darneben eine Re-
serve, um unter solcher Unterstützung den unbedingten Beytritt zu dem Continentalsystem von
Portugal zu verlangen.   England drohte dagegen
mit der Sperrung aller Häfen Portugals und einem Angriff seiner Colonien, sobald es sich in
Frankreichs Willen füge: "lieber möge der Hof,
da Spanien mit Frankreich einverstanden scheine,
nach Brasilien auswandern, wo er, im schlimmsten Fall, für Portugal reichen Ersatz im spanischen America finden könne." q   Der Prinz Regent,
sich nicht verhehlend, daß er der französisch-spa-
nischen Uebermacht nicht gewachsen sey, stimmte
auch für diesen Vorschlag, und der Minister Araujo
traf insgeheim Anstalten zur Auswanderung; um
sie aber desto mehr zu verbergen, betrieb er dar-
                                            neben

q Die Acten hierüber sind nur sehr mangelhaft
   bekannt geworden. Einiges f. in Voß's Zeiten 1810. B. 24. Decemb. S. 388.

neben zu Paris und Liſſabon mit Eifer Unter=
handlungen mit Frankreich über die Verſchließung
der portugieſiſchen Häfen und Subſidien, dort
mit Champagny durch den Grafen von Lima,
und hier mit dem franzöſiſchen Geſandten Ray=
neval. Man entdeckte endlich doch zu Paris,
daß von Portugal auch mit England unter=
handelt werde, und der freye Abzug, den die
engliſche Factorey mit ihren Gütern zu Liſſa=
bon erhielt, ließ darüber keinen Zweifel übrig.
Am 1. Octob. verließen daher die beyden Ge=
ſandten, der ſpaniſche und franzöſiſche, Liſſabon,
und Júnot bekam Befehl, eiligſt gegen Portu=
gal aufzubrechen.

Der Hof zu Liſſabon ließ ſich hierdurch in
ſeinen Täuſchungsanſtalten nicht unterbrechen:
der Prinz Regent machte zwar (am 2. Octob.) in
einer Proclamation dem Volk die Abreiſe der
beyden Geſandten bekannt; "doch ohne noch
„die Hoffnung einer gütlichen Auskunft aufzu=
„geben, zugleich aber erkläre er ſeinen älteſten
„Sohn zum Vicekönig von Braſilien; er ſelbſt
„werde nur im äußerſten Nothfall Portugal ver=
„laſſen:" er verſchließt ſogar zum Schein (um
Zeit zu gewinnen) allen engliſchen Kriegs= und
Kauffahrtheyſchiffen die portugieſiſchen Häfen in
einem Edict vom 20. October. Auf gleiche Weiſe er=
läßt auch Júnot eine friedliche Proclamation "nach
der Vollziehung des Continentalſyſtems erſchie=
nen die Franzoſen als Freunde," um den Hof
zu täuſchen und ihn zu überraſchen: dieſer aber
verſtand die Sprache: und am 26. November
verkündigte der Prinz Regent in einer Procla=
mation

mation dem Volk seine bevorstehende Abreise, 1807
ordnete die Regierung während seiner Abwesen= bis
heit an, r und widerrieth bey dem Einmarsch 1811
der Franzosen in die Hauptstadt allen Wider=
stand. Am 27. Novemb. schifften sich die kö=
nigliche Familie, der Hof, die vornehmsten Staats=
beamten sammt vielen Privatpersonen ein; 36
Segel stark verließen die Eingeschifften am 29.
Novemb. (als die Franzosen nur noch wenige
Stunden von Lissabon entfernt waren) die Mün=
dung des Tajo, setzten aber, durch widrige
Winde aufgehalten, erst am 6. Decemb., von
einigen englischen Kriegsschiffen begleitet, ihre
Fahrt nach Rio Janeiro fort. s

Zu dieser Auswanderung hatten Frankreich
und Spanien in Verbindung den portugisischen
Hof gezwungen: eine unerwartete Erscheinung!
Hatte Spanien etwa noch nicht bemerkt, daß
es nicht bloß auf die Unterjochung von Portu=
gal, sondern der ganzen pyrenäischen Halbin=
sel abgesehen sey? oder wollte es nur die dro=
hende

r Die Proclamation in de Martens Suppl.
T. IV. p. 489.
s Campagne de l'armée française en Portugal,
dans les années 1810 et 1811, avec un pré=
cis de celles qui l'ont précédée. Par Mr.
A. D. L. G. Officier supérieur employé
dans l'état-Major de cette armée. Paris
1815. 8.
Actenstücke: Voß's Zeiten B. XIV. 1808. Junius
S. 395. Englands späterer Vertrag mit Por=
tugal vom 10. Febr. 1810. in de Martens
Suppl. T. V. (nouv. Rec. I.) p. 245.

hende Gefahr nicht bemerken, weil der Friedensfürst, Don Emanuel Godoy, gegenwärtig
Spaniens unbedingter Beherrscher, seiner persönlichen Sicherheit wegen um Napoleons Gunst
buhlte? Würde sonst die Regierung in Spanien, die sich im Jahr 1803 standhaft weigerte,
die vertragsmäßige Landmacht zu stellen, gegenwärtig ihre Vermehrung bis zu 140,000
Mann, um Napoleon im Kriege gegen Preußen
beyzustehen, mit solchem Eifer betrieben haben,
daß sie alle Behörden in den Provinzen und
die ganze Geistlichkeit zur Mitwirkung auffor-
dern ließ? würde sie sonst, als bey den schnellen Fortschritten der Franzosen in Preußen diese
große Anstrengung schon aufgehört hatte, noch
16,000 Spanier unter la Romana zu dem
ungeheuern Marsch in den Norden von Deutschland verdammt haben, um zu dem Heer des
Prinzen von Ponte Corvo zu stoßen? Aus der
gewaltthätigen Besetzung der Gränzfestungen
bey dem Zug der französischen Armee nach Portugal durch Spanien ahnete zwar jeder, was gegen Spanien beschlossen sey; aber fürs erste wurden nur die Stimmen der Nation gegen den
Friedensfürsten, der durch den Einfluß der Königin auf den schwachen König der eigentliche
Beherrscher von Spanien war, immer lauter;
seine mächtigsten Gegner unter den Großen des
Reichs, der Herzog von Infantado, der Canonicus Eskoiquiz, der Marquis von Ayerbe u.
a., einverstanden mit dem Prinzen von Asturien,
wollten vor der Hand nur ihn stürzen; und
wie der Friedensfürst den französischen Kaiser für
seine Sicherheit zu gewinnen suchte, so wandten

sich

sich auch die Häupter seiner Gegner an den
französischen Gesandten Beauharnois, zur leich=
tern Erreichung ihrer Zwecke. Dieser schlug in
vertraulichen Unterredungen dem Prinzen vor,
sich an Napoleon durch die Vermählung mit
einer seiner Nichten anzuschließen; und schon
am 11. Octob. trug der Prinz dem Kaiser in
einem Schreiben seinen Wunsch vor, "sich mit
Zustimmung seiner Eltern mit einer französischen
Prinzessin zu vermählen, um dadurch die Ban=
den der Freundschaft zwischen beyden Reichen
fester zu knüpfen." Napoleon wies weder den
Antrag ab, noch erklärte er sich bestimmt
darüber.

Dem Friedensfürsten blieb der Plan seiner
Feinde nicht verborgen; und nach einer kurzen
Nachforschung wurden durch einen geheimen Agen=
ten Papiere des Prinzen, die einen Entwurf
zu seiner Stürzung enthielten, entdeckt. Der
schwache König ließ sich überreden, der Prinz
strebe ihm nach Krone und Leben, und dadurch
bewegen, ihn nebst seinen Vertrauten im Escu=
rial (am 19. Octob.) zu verhaften. Am 20.
Octob. klagte der Vater seinen Sohn öffentlich
in einer Proclamation dieses Verbrechens bey
der Nation zu ihrem Erstaunen an. Man
glaubte, wenn auch die Beschuldigung gegrün=
det wäre, so hätte sie doch ein Geheimniß der
Familie bleiben müssen; das öffentliche Urtheil
fiel gegen den König und seinen allgemein be=
kannten Rathgeber, den Friedensfürsten, aus,
und äußerte sich mit Erbitterung. Nur aus
Besorgniß, die Folgen des geschehenen Schrit=
tes

1807
bis
1811

tes möchten auf ihn zurückfallen, machte der Friedensfürst den Vermittler, aber auf eine höchst plumpe Art; er bewog den von seinen Rathgebern getrennten Prinzen, zwey von dem Friedensfürsten aufgesetzte und zur Unterschrift schon mitgebrachte Briefe an den König und die Königin, in denen er das Vergehen eingestand und um Verzeihung desselben bat, zu unterschreiben. Darauf ließ der Friedensfürst den König (am 5. Novemb.) in einer zweyten Proclamation der Nation erklären, daß er auf bezeugte Reue seinem Sohn und dessen Mitverschwornen zwar vergeben habe; doch sollte die Untersuchung fortgesetzt werden." Desto schlimmer für den verläumderischen Angeber, den Friedensfürsten; es zeigte sich auch nicht eine Spur von einer Verschwörung gegen Krone und Leben des Königs; und der Friedensfürst mußte, um nicht vor der Nation gebrandmarkt da zu stehen, den König bewegen, die vorgeblichen Mitverschwornen durch königliche Machtbefehle mit Verweisung zu bestrafen. Ein unglückliches Auskunftsmittel: desto allgemeiner ward er mit dem Haß der Nation beladen.

Den Zwiespalt in der königlichen Familie wollte nun Napoleon nützen, auch über den Thron von Spanien zu gebieten, und sich dadurch die ganze pyrenäische Halbinsel zu unterwerfen. † Bey dem Marsch der französischen Trup-

---

† Authentische Darstellung der Begebenheiten in Spanien von dem Ausbruch der Unruhen zu Aranjuez bis zum Schluß der Junta zu Bayonne,

Truppen durch Spanien nach Portugal hatte 1807
er schon durch List und Ueberraschung die wichtigsten spanischen Gränzfestungen Pampelona, 1811
St. Sebastian, Figueras, und Barcelona besetzen
lassen; im Herzen des Landes befanden sich schon
französische Heerhaufen; an den Gränzen von
Spanien häuften sich französische Truppen an.
Am 6. Januar 1808 verkündete der französische
Kriegsminister in seinem Bericht an Napoleon:
"das erste französische Observationscorps der
„Gironde habe Portugal erobert; ein zweytes
„sey bereit, ihm zu folgen; ein drittes werde
„noch gebildet. Die Nothwendigkeit den Eng-
„ländern alle Häfen des Continents zu ver-
„schließen und bey günstiger Gelegenheit den
„Krieg selbst nach England, Ireland und In-
„dien zu versetzen, mache die Aushebung der
„Conscription des Jahrs 1809 erforderlich."
Wenn das Continentalsystem die Ursache der
Truppensammlung war, wozu (hätte man fragen mögen) eine solche französische Heeresmacht
an der spanischen Gränze? In Portugal schien
die

yonne, von Don Pedro Cevallos, erstem
Secret. des Staats und der Depeschen Sr.
kathol. Majestät, Ferdinands VII. Germanien
1808. 8.

Karl Venturini Geschichte der spanisch-por-
tugiesischen Thronumkehr und des daraus
entstandenen Kriegs. Th. I. mit 82 Actenstük-
ken. Altona 1812. Th. II. mit 52 Actenstücken.
Altona. 1813. 8.

Der Krieg Napoleon's gegen den Aufstand der
spanischen und portugiesischen Völker, von
Heinr. Zschokke. Th. I. Aarau 1813. 8.

Eichhorn's Ergänz.   K

die französische Besatzung stark genug zu seyn,
da sich nirgends ein bedeutender Widerstand zeigte;
in Spanien waren keine Häfen den Engländern
zu verschließen, da es längst dem Continentalsystem beygetreten war. Es erhoben sich daher
allerley Gerüchte von Theilung des Reichs, daß
es bey dem Volk schrecklich gährte. Nun wird
Murat am Ende des Februars (1808) zum
Oberbefehlshaber über das zweyte französische
Armeecorps ernannt, und nähert sich mit ihm
langsam der Hauptstadt. Zu gleicher Zeit er-
scheint ganz unvermuthet der spanische Gesandte
Isquierdo mit mündlichen geheimen Aufträgen
von Napoleon zu Aranjuez, und kehrt wieder
eilig zum Kaiser zurück. Man bemerkt Anstalten zu einer Reise am Hof zu Aranjuez; es
erhebt sich das Gerüchte: "der König wolle nach
America auswandern." Ihm widersprach zwar
am 15. März eine Proclamation, welche aber
die Anstalten am Hof widerlegten. Die Unruhen unter dem Volk steigen; am 17. März
waren schon Vorboten seines bevorstehenden Auf-
stehens: am 18. erhob sich das Volk zu Aranjuez gegen Godoy, den man für den Urheber
alles Unglücks ansah; und der Aufstand würde ihm,
als endlich der Pöbel seiner habhaft wurde, das
Leben gekostet haben, wenn nicht ihn, schon von
Blute triefend, der Prinz von Asturien gerettet,
und durch seine Dazwischenkunft bewirkt hätte,
daß er zu der Wache der Garde in Sicherheit gebracht worden wäre. Von Aranjuez wälzt sich der
Aufruhr in die Hauptstadt und zerstört die Woh-
nungen Godoy's und seiner Anhänger. Nach
diesen Vorgängen erläßt der König am 19. März
ein

ein Decret an den Staatssecretär Pedro Cevallos: 1807
"er wolle zur Wiederherstellung seiner Gesundheit bis
„die Ruhe des Privatlebens in einem gemäßig- 1811.
„tern Klima suchen, und entsage zu Gunsten des
„Prinzen von Asturien dem Thron." Ein all-
gemeines Frohlocken durch das ganze Reich!
"Ferdinand VII. ist König!" Am 24. März
hält er unter Jubel seinen feyerlichen Einzug
zu Madrid.

Als die ersten Gefahren vorüber waren,
ließ sich Carl IV. durch die Königin aufgewiegelt, seine Thronentsagung reuen. Inzwischen
hatte auch Murat Madrid erreicht, wo er einen
Tag früher als Ferdinand VII. einzog, und den
größten Theil seines Heers auf den Anhöhen,
welche die Stadt beherrschten, ihr Lager nehmen ließ. Mit ihm unterhandelte nun Carl
IV. durch die Königin von Hetrurien, über seine
Thronentsagung, und erhielt von Murat den
Rath, in einer vom 21. März datirten Protestati-
onsacte seine Abdankung für erzwungen und ungültig zu erklären, und die Acte mit einem Schreiben an Napoleon abzuschicken, welches auch am 27.
März geschah. Auch der neue König näherte
sich Murat; dem aber erklärte er, "er könne
nichts thun, so lang er nicht von Napoleon anerkannt sey:" und legte darneben alles darauf an
den jungen König aus der Hauptstadt, die voll
Entzücken über seine Thronbesteigung war, zu
entfernen, und ihn und seinen Bruder, Don Carlos, in die Gewalt des Kaisers zu spielen. Voraus
verkündete er der französischen Armee in einer
Proclamation (vom 2. April) die nahe bevor-

K 2   stehende

stehende Ankunft des Kaisers; darauf gab er dem jungen König ein, "wie gut es würde genommen werden, wenn er seinen Bruder Don Carlos dem Kaiser entgegen schicken würde;" und als dieser abgereist war: "wie es doch noch zweckdienlicher seyn würde, wenn ihm der König selbst zum Empfang entgegenreisen wollte." Der Minister Cevallos wiederrieth es; "wenigstens sey dazu erst die schicklichste Zeit, wenn sich der Kaiser bereits Madrid nähern würde." Um dieselbe Zeit langte Savary als Gesandter Napoleon's zu der mündlichen Erklärung an: "im Fall der König in Beziehung auf Frankreich mit seinem Vater gleiche Gesinnungen theile, so werde der Kaiser, ohne Kunde von dem Vorgefallenen zu nehmen, ihn unmittelbar als König von Spanien und Indien anerkennen." Auf die Versicherung des jungen Königs, daß dieses der Fall sey, erachtete es auch Savary für sehr vortheilhaft, wenn der König dem Kaiser entgegenreisen würde; Savary, Murat und Beauharnois, der französische Gesandte in Spanien, waren darüber nur Eine Stimme: der König läßt sich trotz der Gegenvorstellungen Cevallos u. a. überreden, und macht dem Volke am 9. April seinen Entschluß bekannt: "nach Bayonne zu reisen, wo der Kaiser sich in einer für ihn höchst schmeichelhaften Absicht befinde"; er überträgt die Regierungsgeschäfte während seiner Abwesenheit einer obersten, aus den Staatssecretären bestehenden Regierungs-Junta unter dem Vorsitz seines Oheims, des Infanten Don Antonio, und reist am 10. April ab. Savary erbittet sich die Ehre, den König begleiten zu dürfen: "die Reise werde höchstens

höchstens bis Burgos gehen; dort würden sie schon Napoleon begegnen." Sie kommen in Burgos an; von Napoleon ist nichts zu hören: durch Savary aufs neue überredet, setzt der König seine Reise bis Vittoria fort; auch hier hören sie nichts von Napoleon. Der König bleibt daselbst und Savary eilt daher allein von da nach Bayonne.

Warum hätte er nicht eben sollen, seinem Kaiser von dem erreichten Zweck seiner Reise Bericht zu erstatten? Ferdinand war ja schon in Napoleons Gewalt, ein halber Arrestant, eingeschlossen von den in der Nähe von Vittoria befindlichen französischen Truppen. Hier, in seiner schon rettungslos gewordenen Lage, zeigten sich ihm die Vorboten einer unglückschwangern Zukunft. Die Regierungs-Junta berichtet: "Murat verlange stürmisch die Auslieferung des Friedensfürsten." Der König schlägt sie ab, weil er der Nation Gerechtigkeit zu handhaben versprochen habe. (Dennoch war die Junta schwach genug, auf die einseitige Versicherung Murat's, daß nach einem Schreiben des Kaisers "der Prinz von Asturien" ihm den Arrestanten zur freyen Verfügung überlassen habe, den Friedensfürsten am 20. April an den französischen Oberbefehlshaber auszuliefern, ohne von ihrem König ein Wort darüber zu haben.) Auf 16. April kehrte Savary mit einem Brief von Napoleon "an den Prinzen von Asturien" zurück, dessen schmählicher Inhalt keinen Zweifel mehr über seine Lage übrig ließ. Zuerst wurde ihm die Unschicklichkeit, den Friedensfürsten zu richten, verwiesen: "er müsse ja zugleich seinem Vater und seiner Mutter

mit den Proceß machen, da sich die vorgegebe-
nen Verbrechen in den Rechten des Thrones ver-
lören." Dann folgte die jedes Gefühl empörende
Erklärung über seine Anerkennung als König,
daß sich sein Recht auf den Thron bloß auf die
Königin, seine Mutter, gründe: "die Entsagung
„des Thrones sey von Carl IV. zu einer Zeit,
„geschehen, wo französische Armeen Spanien
„bedeckt hätten, und er (Napoleon) in den Ver-
„dacht kommen könne, so viele Truppen nach
„Spanien geschickt zu haben, um seinen Freund
„und Bundesgenossen vom Thron zu stoßen.
„Daher müsse der Nachbar erst erkennen, ehe
„er anerkennen könne. So bald er überzeugt
„sey, daß die Abdankung des Königs Carl frey-
„willig gewesen (— er hatte ja schon eine Pro-
testationsacte von ihm in seiner Hand —) „und
„nicht durch den Aufruhr zu Aranjuez erzwungen
„worden, werde er ihn als König begrüßen."
Zum Schluß wurde die Hoffnung zu einer Vermählung mit einer französischen Prinzessin erneuert.

So drohend nun auch die Folgen der Fortsetzung seiner Reise bis Bayonne waren und so
dringend ihn auch Cevallos und die Stadt Vittoria zu bleiben baten, so ließ er sich doch durch
die beredten Vorstellungen Savary's bewegen,
weiter zu reisen; sein Bruder, Don Carlos,
war schon früher aus Tolosa, wo er sich in Er-
wartung der kaiserlichen Ankunft eine Zeitlang
aufgehalten hatte, auf erhaltene Einladung dahin abgegangen. Ach, es war der letzte Schritt
zur schmählichsten Gefangenschaft. *

Ueber

* Authentische Darstellung u. s. w. von Don
Pedro

Weder die Ehrenbezeugungen bey der Ankunft Ferdinand's (am 20. April), noch die Wohnung, die ihm angewiesen wurde, waren dem Rang eines Königs angemessen: desto herzlicher der Besuch, den Napoleon gleich nach seiner Ankunft zuerst bey ihm ablegte, und den Ferdinand sogleich erwiederte: aber nun auch wieder desto unerwarteter die Botschaft, mit welcher ihm Savary, gleich nach seiner Rückkehr in seine Wohnung, auf dem Fuße nachfolgte: "die Dynastie „der Bourbon könne nicht weiter in Spanien herr„schen: dies habe der Kaiser unwiderruflich be„schlossen: es möge daher Ferdinand in seinem „und seiner Angehörigen Namen zu Gunsten der „Familie Bonaparte auf den Thron von Spa„nien Verzicht leisten." Cevallos trug die abschlä-

1807 bis 1811

Pedro Cevallos. Germanien, 1808. 8. siehe oben.

Wahrhafte Darstellung der Gründe, welche den König Ferdinand VII. im April 1808 zur Reise nach Bayonne bewogen haben. Dem spanischen und europäischen Publikum vorgelegt von Sr. Excellenz dem Herrn Don Juan Escoiquiz. Aus dem Spanischen. Wien, 1814. 8.

Neueste spanische Staatsschriften des Don Johann Escoiquiz, Beichtvaters und des Don Peter von Cevallos, Staatsraths Ferdinand VII. Deutsch, mit einer Einleitung von D. Nicol. Heinr. Julius. Leipz. 1815. 8.

Mémoires pour servir à l'histoire de la révolution d'Espagne par M. Nellerto. Paris 1815, 2 Voll. 8.

Mémoires historiques sur la révolution d'Espagne par Mr. de Pradt. Paris 1816. 8.

Actenstücke: Poß's Zeiten. B. 37. 1814. Januar ff.

1807
bis
1811

schlägige Antwort seines jungen Königs am folgenden Tag zu Champagny und protestirte gegen jedes Hinderniß, das man seiner Rückkehr nach Spanien in den Weg legen möchte, selbst unter den Augen des Kaisers, der ihn behorcht hatte, und plötzlich und ungestüm hereintrat. Als Napoleon einen geschmeidigern Unterhändler verlangte, so wiederholte Don Pedro Labrador, den der König an seine Stelle treten ließ, alles dieses mit derselben Standhaftigkeit und Unerschrockenheit, und verlangte zum Beweis, daß sein König frey sey, ihn in sein Reich zurückreisen zu lassen. Da ihn Champagny deshalb unmittelbar an den Kaiser verwies, so zeigte Cevallos dem Kaiser in einer officiellen Note den Entschluß seines Königs an, in sein Reich zurückzukehren "er, sein Minister wolle zu weitern Verhandlungen zurückbleiben." Es erfolgte aber keine Antwort.

Da auf diesem Wege Napoleon zu den gewünschten Verzichtleistungen auf den spanischen Thron nicht gelangte, so entbot er den König Carl, seine Gemahlin und den Friedensfürsten auf den 30. Apr. nach Bayonne: er wollte nun den Vater zum Ankläger seines Sohns brauchen, um ihn des Throns verlustig zu erklären, welches auch zwischen dem 1. bis 6. May unter empörenden Auftritten geschah. Am 6. May leistete endlich Ferdinand einen unbedingten Verzicht zu Gunsten seines Vaters, den er flehendlich bat, nach Spanien zurückzukehren und die Regierung aufs neue zu übernehmen. Aber dieser hatte schon Tags vorher unter

v Die Actenstücke in de Martens Suppl. V. (auch nouv. Recueil I.) p. 60 — 65.

ter die Bedingung der Integrität des Reichs
eine Verzichtleistung abgegeben, und von Napoleon das Versprechen des kaiserlichen Palastes
zu Compiegne zu seinem Wohnsitz, einer Civil-
liste von 30 Millionen Realen, eines Wittthums
von 2 Millionen Realen für die Königin, und einer jährlichen Rente von 400,000 Franken für
jeden der gegenwärtigen Infanten und ihre Nachkommen auf ewige Zeiten angenommen. Am
10. May trat Ferdinand der Verzichtleistung seines Vaters bey; am 12. May brach Carl IV.
mit seiner Gemahlin und Don Francisco nach Compiegne auf, und Ferdinand VII., Don Carlos
und Don Antonio wanderten in ihr Staatsge-
fängniß nach Valençay. Der Thron von Spanien war von den Bourbonen geräumt und Napoleon konnte über ihn, wie ihm beliebte, verfügen.

Joseph, Napoleon's älterer Bruder, sollte ihn
einnehmen: er ward dazu vom Thron von Neapel
herbeygerufen. Um dieser Besitznahme den Schein
der Rechtmäßigkeit zu geben, ward das Spiel der
Volkseinwilligung dazu noch vor den geschehenen
Verzichtleistungen so geschickt eingeleitet, daß sich
schon am 13. May die Junta zu Madrid, an deren Spitze Murat stand, und der Rath von Castilien, und am 15. May die Stadt Madrid, in
Adressen an Napoleon, Joseph zum König erbaten.
Am 25. May rief ein kaiserliches Decret die spanischen Notabeln zur Abfassung einer neuen Verfassung nach Bayonne; am 15. Junius ward die
National=Junta (bloß aus 90 Spaniern statt der
gerufenen 150 bestehend), eine Versammlung von
Nationalrepräsentanten ohne gehörige Instructio-

nen

nen und Vollmachten, eröffnet; am 20. Junius
ward ihr die entworfene Constitution (eine Kopey
der französischen mit einigen Abänderungen) vorgelegt, und ohne gehörige Prüfung in ihrer zwölf-
ten Sitzung von ihr angenommen *w*; am 7. Julius von dem König Joseph (der schon am 7. Junius zu Bayonne angekommen war) und den Nationalrepräsentanten beschworen, und die Junta
aufgelöst. Am 9. Julius brach Joseph nach Madrid auf, die Napoleonische Herrschaft zu beginnen.

Doch Preis und Ehre der Nation, die nicht
feig das fremde Joch ihrem Nacken aufzwingen
ließ. *x* Gegen die freche Verrätherey war schon
am 2. May das Volk in Madrid aufgestanden;
und ob gleich seine erbitterten Haufen ohne Ordnung, ohne Anführer, ohne Plan, von dem zum
Generallieutenant des Reichs (am 4. May) erklärten Murat ohne große Schwierigkeit aus einander
getrieben, und über 3000 an den Folgen ihres
verzweifelten Kampfes und durch Blutgerichte ihre
muthigen Seelen ausgehaucht hatten — die Strö-
me von Blut schreckten die übrig gebliebenen, ihre
Priester an der Spitze habend, nicht ab von der
Fortsetzung ihres Aufstandes. Nach dem bereits
begonnenen Kampfe langte ein Aufruf zum muthigen Widerstand von Ferdinand in einem Schreiben
aus

---

w Die Acten über diese Vorgänge de Martens
Suppl. V. (nouv. Réc. I.) p. 66–71.
x Histoire de la guerre d'Espagne et de Portugal de 1807 à 1814, par M. Sarrazin. Paris
1814. 8. Mémoires sur la guerre d'Espagne, par M.
Rocca. Paris 1815. 8.

aus Bayonne (vom 8. May) an, und brachte neues
Leben in die Bewaffnung. So brach der Bürger=
krieg beynahe zu gleicher Zeit in Navarra, Ara=
gonien und Estremadura, in beyden Castilien, Leon,
Asturien und Galicien aus, selbst von den obersten
Räthen der Provinzen geboten. Am 27 May
trat eine Central=Junta zu Sevilla zusammen, die
durch ihren begeisterten Aufruf (am 29. May) ein
schnelles Aufgebot der Landwehr und des Land=
sturms bewirkte: Ordnung und Zusammenhang
kam nun in den Widerstand. Schon am 14. Ju=
nius mußte sich ein französisches Geschwader zu
Cadix ergeben: eine günstige Vorbedeutung für
künftige Unternehmungen, zumal da England am
4 Jul. seinen bisherigen Krieg mit Spanien, wie
in Südamerica seit dem Sommer 1807, so auch
nun (ein Jahr später) in Europa für geendigt z
und sich für den Bundesgenossen des um seine
Selbstständigkeit ringenden Landes erklärte. z

Bis seine Heere völlig gebildet und Anführer
und gemeine Krieger gehörig eingeübt waren, er=
litten die spanischen Patrioten freylich unvermeid=
liche Niederlagen, wie noch am 12. Jul. von Bes=
sières bey Rio=Sicco in der ersten förmlichen
Schlacht.

y Die Acte in de Martens Suppl. V. (Conv.
Reo. I.) p. 86. Der Friedens=, Freundschafts= u.
Allianzvertrag vom 14. Januar 1809. ibid.
p. 163.
z Die Grundsätze, nach denen England handelte,
stehen in der königl. Botschaft ans Parlament
über die von Rußland angetragenen Friedens=
unterhandlungen am 15. Dec. 1808. in Voß's
Zeiten 1809. B. XVIII. May S. 163.

1807
bis
1811

Schlacht. Aber bald machte sie Ordnung, Kriegserfahrenheit und Nationalgeist, ihre Anhänglichkeit an Vaterland, väterliche Sitten und Religion, wenn gleich nicht in großen Heeren, doch in einzelnen Haufen, unter geschickter Leitung zu unüberwindlichen Helden. Schon am 20. Jul. litt Dupont durch Castannos bey Andujar eine gänzliche Niederlage, die Theodor von Reding noch glorreicher dadurch machte, daß er das französische Heer im Rücken angriff, und 10,000 desselben, abgeschnitten von Sierra Morena, zwang, sich zu Gefangenen zu ergeben. Vier Tage nachher hatten 6000 Franzosen unter dem General Vedel gleiches Schicksal der Gefangenschaft. Saragossa hielt sich durch Palafox's heldenmüthige Vertheidigung und nöthigte die französischen Belagerer wiederholt zu schimpflichen Rückzügen. La Romana überlistete seinen Oberbefehlshaber Ponte Corvo in Norddeutschland, und führte seine 16,000 hinterlistig nach Deutschland gelockten Spanier aus Fühnen und Jütland auf englischen Schiffen seinen vaterländischen Küsten zur Vertheidigung zu. Die glücklichsten Erfolge, wie sie nur die Vaterlandsliebe wünschen mochte, häuften sich. Am 20. Julius hatte Joseph seinen feyerlichen Einzug zu Madrid gehalten; am 1. August nöthigten ihn Dupont's Niederlage und die glückliche Vertheidigung von Sarragossa, die Hauptstadt wieder zu verlassen; die Franzosen mußten sich über Altcastilien bis an ihre Gränzen zurückziehen.

Zu gleicher Zeit trugen die Spanier das Panier der Befreyung auch in das bedrängte, benachbarte Land, nach Portugal. Am 6. Junius entwaffwaffnete der spanische Befehlshaber zu Oporto die dort befindlichen Franzosen, und übergab die Stadt wieder den Portugiesen. Sogleich ward nach dem Beyspiel von Spanien auch in Portugal eine Junta errichtet, und (am 4. Julius) ein Bündniß mit Spanien zu gemeinschaftlichen Unternehmungen geschlossen. Der ganze Süden von Portugal stand auf und kämpfte anfangs zwar mit ungewissem Erfolg. Aber wurden auch an einem Orte die Freyheitskämpfer überwältiget und unterdrückt, so standen sie an einem andern wieder zahlreicher und furchtbarer auf, daß Junot sich ihrer kaum zu erwehren wußte. Im Anfang des Augusts landet Wellesley mit einem englischen Heer; Junot muß nun Lissabon verlassen, und ist am 17. und 21. August von dem brittischen Heerhaufen bey Rolesa und Vimiera geschlagen. Abgeschnitten von dem Rückzug nach Salamanca sieht er sich am 30. August zu der Capitulation von Cintra genöthiget, der zufolge die französische Armee Portugal räumte, und zur See nach Frankreich geführt wurde. a Portugal ist durch Wellesley von seinen Unterdrückern befreyet.

Doch schon zehn Tage früher (am 20. August), sechs Tage nach seiner Ankunft aus Bayonne zu St. Cloud hatte Napoleon, der Trauerbotschaften höhnend, in einer Proclamation im Angesicht von ganz Europa verkündiget: "noch vor Ablauf des Jahrs solle kein einziges spanisches Dorf

a Die Acten in de Martens Suppl. V. (nouv. Rec. I.) p. 94.

Dorf gegen seinen Bruder Joseph mehr im Aufstand, und sein Engländer mehr in Spanien seyn; und gleich darauf (am 1. Sept.) bot er zwey neue Conscriptionen, jede zu 80,000 Mann auf, zugleich mit Hinsicht auf Oesterreich, das sich durch die Einrichtung einer Landwehr (am 9. Junius) und errichtete Reserven zum Krieg zu rüsten schien: "obgleich seine enge Verbindung mit Rußland keine neue Coalition gegen Frankreich werde „zu Stande kommen lassen, so erfordere doch „die Schicklichkeit, daß er seine Kriegsmacht im „Verhältniß seiner Nachbaren vermehre. 40,000 „Conscribirte würden nach Deutschland ziehen, „um eben so viele alte Truppen, die nach Spa- „nien befehliget wären, dort zu ersetzen." Im September zogen die letztern schon über Paris nach Spanien, neben ihnen zu gleicher Zeit auf andern Straßen die Contingente der rheinischen Bundesfürsten, zusammen (wie vorgegeben wurde) ein Heer von 200,000 Mann. Am 29. October gieng Napoleon selbst nach Spanien ab.

Die Franzosen standen hinter dem Ebro in einer gedrängten Stellung; ihnen gegen über drey spanische Heere unter Castannos sammt Palafor, der unter ihm commandirte, unter la Romana, der am 9. October seine aus Norddeutschland herbeygeführten Truppen gelandet hatte, und unter Blake. Eine englische Armee hatte sich unter dem General Moore aus Portugal nach Spanien gezogen; die Central-Junta ihren Sitz nach Aranjuez (am 25. Sept.) verlegt. Am 10. November begann der blutige Kampf mit dem Ungestüm, das Napoleon liebte.

Bey

Bey Samonal und Burgos wurde die Armee von Estremadura (am 10. Nov.) von Soult
geschlagen und vom linken Flügel abgeschnitten;
am 11. Nov. bey Espinosa dem rechten Flügel von Lefebvre, Victor und Soult eine gänzliche Niederlage beygebracht, nach welcher la Romana und Blake nur mit Mühe durch die Flucht
entkamen; am 23. Nov. ward der linke Flügel unter
Castannos und Palafox von Lannes bey Tudela besiegt, und Castannos und Palafox zum Rückzug gezwungen, jener nach Guadalaxara, dieser gegen Saragossa. Der für unüberwindlich gehaltene und mit
13,000 Mann besetzte enge Paß von Samosierra
ward von Bessieres (am 30. Novemb.) durch ein
blutiges Gefecht genommen, der Weg nach Neuca-
stilien und Madrid geöffnet, und dadurch die Central-Junta gezwungen, sich von Aranjuez nach
Toledo zu verlegen. Das zur Gegenwehr gut
vorbereitete Madrid ergab sich schon am 4. December; noch an demselben Tage wurde die bisherige Verfassung umgestoßen: der Rath von Castilien, die Inquisition, die Feudalverfassung wurden aufgehoben; die zahlreichen Klöster im Reiche
auf ein Drittel herabgesetzt; alle Häupter der
Insurrection als Verräther geächtet. Am 15.
Dec. mußte die Stadt Madrid um die Rückkehr
des Königs Joseph bitten, mit der es sich aber
bis zum 22. Januar 1809 verzog.

Noch war die englische Armee unter Moore
zu besiegen, die am Ende des Octobers 20,000
Mann stark aus Portugal nach Spanien gerückt,
und, mit 10,000 unter Baird zu Corunna gelandeten Engländern verstärkt, nach Altcastilien
vor-

vorgedrungen war, um den Franzosen die Verbindung zwischen Madrid und Bayonne abzuschneiden. Moore hatte bereits Leon, Valladolid und Salamanca besetzt; seine leichten Truppen streiften schon bis Burgos, als er sich von Portugal abgeschnitten, und von allen Seiten bedroht sah. Nur der Weg nach Corunna stand ihm noch offen, wohin er sich unter beständigen Gefechten mit Soult, der ihm auf dem Fuß nachgefolgt war, zurückzog. Der Hauptkampf bey Corunna (am 16. Januar 1809), der beyden Anführern, Moore und Baird, das Leben kostete, entschied zwar für die englische Armee, daß sie sich nun ungestört einschiffen konnte: aber mit ausgelassener Freude triumphirten doch die Franzosen über den Abzug der Engländer.

Napoleon riefen die Rüstungen Oesterreichs in dieser Zeit so schnell aus Spanien, daß seine Reise einer Flucht ähnlich sah. Er ließ aber erfahrne Generale und geübte Truppen zurück, denen der Kampf bey der Schwäche der regelmäßigen, wenn gleich von heldenmüthigen Feldherrn angeführten Armee nicht schien schwer werden zu können. Die Ueberlegenheit war auch im Ganzen immer auf der Seite der Franzosen; nur einzelne ausgezeichnet große Unternehmungen, die eines größern Erfolgs werth gewesen wären, gelangen gegen sie den vorzüglichern spanischen und englischen Heerführern. Und doch konnten die französischen Feldherrn durch ihre vielen Siege in den Krieg kein Ende bringen. Sie hatten nicht etwa eine oder ein paar Hauptarmeen, von denen das Reich seine Vertheidigung erwartete,

tete, zu besiegen, sondern das ganze Volk, das 1807
in unzähligen einzelnen Heerhaufen, Guerillas bis
genannt, um seine Freyheit vom französischen 1811
Joche kämpfte. Ward ein solcher Heerhaufen
geschlagen, so stand in seiner Nachbarschaft schon
ein anderer in Bereitschaft den Kampf fortzu=
setzen, und unter ihren Anführern waren edle
kriegserfahrne, unerschrockene Patrioten, ein La
Romana und Albuquerque, ein Balleysteros
und Infantado, Mina, Odonel, Empecinudo,
ein Palafox und Mariano Alvarez, an denen
häufig die französischen Generale ihre Kriegs=
kunst erschöpften: die Guerillas stellten sich der
Verbindung der französischen Heere unter ein=
ander in den Weg; sie schnitten ihnen die Zu=
fuhren ab oder nahmen sie gar weg, sie fien=
gen die Eilboten auf, und machten die Straßen
für einzelne Franzosen und kleine Abtheilungen
ihres Heers und selbst ihre Häuser für den ein=
gekehrten Krieger unsicher. Keine unterdrückte
Provinz war unterjocht; ihre Städte und Fe=
stungen mochten wohl die Franzosen inne ha=
ben, das Land gehörte den Guerillas. Es war
nirgends Ruhe, nirgends Friede, nirgends Si=
cherheit: der Krieg ermüdete und erschöpfte selbst
die Franzosen bey allen ihren Siegen, und nahm
doch kein Ende.

Bald nach der Abreise Napoleons fiel Sa=
ragossa, das seine Einwohner unter dem uner=
schütterlichen Palafox vom 27. November 1808
bis zum 21. Febr. 1809 mit einem seltenen
Heldenmuth unter und über der Erde, Haus
für Haus so hartnäckig vertheidiget hatten, daß

Eichhorn's Ergänz.   L   ihrer

1807
bis
1811

ihrer 32,000 im Kampf gefallen und von ihnen nur 17,000 übrig geblieben waren, aber auch 60,000 Franzosen zu ihrem Todtenopfer gemacht hatten. *b*

Saragossa's Beyspiel folgte Gerona. Vom May bis zum 11. Dec. vertheidigte der tapfere Mariano Alvarez die schlecht befestigte Stadt mit einer Hand voll Helden, von allen Altern und Geschlechtern unterstützt, die dem zahlreichen Feind nur Trümmer ihres Orts einzunehmen überließen.

Während ein Theil der französischen Armee in Spanien siegreich vorwärts schritt (— Victor schlug La Cuesta am 25. März bey Medellin, Sebastiani den Herzog von Urbino bey Ciudad Real u. s. w. —) brach Soult in Portugal ein, und nahm Oporto (am 20. März 1809) und andere Plätze weg. Ihm ward nun Wellesley mit der vereinigten englisch-portugiesischen Armee entgegengestellt, ein Meister in der Kriegskunst: *c* schon am 10. May war Soult zum Rückzug genöthiget, am 16. May bey Oporto geschlagen, und nach wenigen Tagen aus Portugal getrieben. Wellesley dringt nun, der Schwäche seines Heers ohnerachtet, über den Tajo nach Spanien ein, um vereint mit la Cuesta und Venegas die Franzosen aus Madrid

b Relation des sièges de Saragosse et de Tortose par les François dans la dernière guerre d'Espagne. Par M. le Baron Rogniat, Lieut. général du genie. Paris 1814. 4.
c The life of the most noble Arthur Marquis of Wellington etc. by Francis L. Clarke. Lond. 1815. 3 Voll. 8.

Madrid zu jagen, und siegt am 28. Jul. bey
Talavera de la Reyna über die vereinigten Heere
unter Joseph Bonaparte, Jourdan, Victor und
Sebastiani. Nur die Früchte seines blutigen
Siegs ließ ihn der Neid einiger verrätherischer
spanischer Anführer zu Salamanca und Placentia
nicht erndten. Von ihnen begünstigt, kamen Soult,
Ney und Mortier ihm in den Rücken, und er mußte
sich, mit Zurücklassung eines Theils seiner Verwundeten, hinter den Tajo (am 5. August) zurückziehen. Nun folgten Niederlagen der Spanier auf Niederlagen, durch Joseph Bonaparte
(am 11. August) bey Almonaad, durch Mortier
(am 19. Nov.) bey Occana, durch Kellermann
(am 28. Nov.) bey Alba am Tomes. Nach diesen Niederlagen strömten gar neue französische
Heere mit dem Muth wiederholt erfochtener Siege
aus Oesterreich nach dem zu Wien geschlossenen
Frieden herbey: dennoch kämpften Spanien und
Portugal muthig fort. *d*

In Spanien besetzten zwar die Franzosen
seit dem Febr. 1810 eine feste Stadt nach der
andern: Sevilla, gegenwärtig der Sitz der Junta,
die sich nach Cadix zurückzog, Grenada, Cor-
dova und Mallaga fast zu gleicher Zeit im Anfang
des Februars; im May Lerida, Hostalrich, Civibad
Rodrigo und Almeida: am 1. Januar 1811 Tor-
tosa: dennoch fuhren die Guerillas fort auf dem
Lande zu herrschen.

Gegen Portugal ward Massena gesandt, mit einem Heer von 100,000 Mann und einer Aussicht
auf

d Campagne des François en Portugal en 1810.
et 1811, par A. D. L. G.

auf den Thron, den, ihn Napoleon vor seiner Abreise zu seinem Heer von ferne hatte sehen lassen, um seinen Eifer zu beleben. Wellesley, der sich nach der Schlacht bey Talavera nach Portugal zurückgezogen hatte, wich mit seinen 40,000 Mann langsam vor ihm zurück, bis ihm die Vortheile einer siegreichen Schlacht nicht mehr zweifelhaft waren. Er schlug ihn (am 27. Sept. 1810) bey Buffaco. Nun nahm er die Einwohner des nördlichen Portugals in seine südliche Provinzen mit, und ließ dem Feinde nur Zerstöhrungen zurück, woburch die Franzosen in den bittersten Mangel geriethen; er selbst setzte sich am Tajo bey Lissabon in einem unangreifbaren Lager, er hemmte die Zufuhr durch streifende portugiesische und englische Heethaufen und besiegte endlich durch seine eiserne Beharrlichkeit in dieser Stellung den ganzen Winter über den sonst unerschütterlichen, felsenharten Massena. Er mußte nun wohl die Skelete seines Heers, das schon durch Hunger, Schwerdt und die rauhe Jahrszeit zur Hälfte aufgerieben war, den Rückzug antreten lassen; Wellesley (jetzt Wellington) folgte ihm auf dem Fuße nach (vom 3.=22. März 1811) und nahm ihm den größten Theil seines Gepäckes und Geschützes. Nun ward er noch in einer dreytägigen Schlacht (vom 3. = 5. May) bey Fuente d'Onoro geschlagen, und zu einer Flucht genöthigt, die er bis Salamanca ununterbrochen fortsetzte. In der Zwischenzeit hatten freilich anderwärts die Portugiesen und Spanier Unglücksfälle betroffen. Silveira, Mendizabal und Baleysteros waren (am 11. Januar) geschlagen worden. Olivenza war (am 22. Januar), und Badajoz (am 10. März)

März) von Soult genommen, und Graham's **1807** Versuch, den Marschall Victor zur Aufhebung **bis** der Belagerung von Cadix zu zwingen, war durch **1812** die verlorne Schlacht bey Chiolana (am 5. März) vereitelt worden. Aber Wellington's meisterhafte Vertheidigung Portugal's hatte alles wieder gut gemacht. Nach Massena's Besiegung, der den Rest seines Heers an Marmont abgab, ward Almeida (am 10. May) gleich darauf Olivenza von Beresford genommen, und Badajoz bedroht. Zu seiner Entsetzung lieferte zwar Soult die blutige Schlacht bey Albuherra vergeblich; doch fiel auch Badajoz nach einem zweymaligen Stürmen nicht, worauf Wellington die Eroberung der Stadt aufgab, und über die Guadiana (am 18. Jun.) nach Portugal zurückgieng: den Spaniern gelang zwar in diesem Jahre nichts mehr: Tarragona in Catalonien mußte sich nach einer tapfern Vertheidigung (am 28. Jun.) an Süchet ergeben, der darauf nach Valencia einbrang, und das spanische Heer daselbst einschloß, und es (am 9. Januar 1812) zu Gefangenen machte: am 25. Octob. ward Blake bey Sagunt geschlagen, und Sagunt selbst fiel am 26. October. Doch die Patrioten schlugen diese Verluste nicht nieder; gestärkt durch die einzelnen Siege, die ihnen die Möglichkeit der glücklichen Durchkämpfung ihrer gerechten Sache zeigten, setzten sie mit erhöhtem Muth ihren Kampf ferner fort. Das nächste Jahr verminderte ohnehin der Krieg mit Rußland die Zahl der französischen Truppen in Spanien, und brachte mehr Gleichheit in die Streitkräfte.

Mit **Italien** gelang es Napoleon besser: **Ita-** den Fürst Bischof von Rom, der sich ihm am läng- **lien.** sten ften widerſetzte, ließ er in Gefangenſchaft bringen, und bis zum Jahr 1810 war ganz Italien in Frankreich verſunken.

Die Unterwerfung der von ihm noch unabhängigen kleinen Staaten gieng voraus. Die Republik Raguſa ward (am 13. Auguſt 1807) mit
dem Königreich Italien vereiniget; die Republik
der ſieben Inſeln kurz darauf als ein von Frankreich abhängiger Staat in Beſitz genommen, ihnen ihre bisherige Verfaſſung mit einigen Abänderungen (am 1. Sept.) proviſoriſch gelaſſen und
Cattaro (am 8. Sept.) ohne Widerſtand beſetzt.

Toscana nahm Napoleon der Königin von Hetrurien durch einen Vertrag ab, den er mit ihrem
Vater, dem König von Spanien, am 27. Octbr.
über die Theilung des noch uneroberten Portugals
zu Fontainebleau geſchloſſen hatte: "das nördliche Luſitanien, Entre Minho e Duro, ſollte die
Königin von Hetrurien, Alentejo und Algarbien
der ſpaniſche Friedensfürſt erhalten, die übrigen
Provinzen ſollten dem künftigen Frieden mit Portugal zur Austheilung anheimgeſtellt bleiben." e
Zur Beſitznahme des Landes kam der General
Reille unvermuthet am 7. Dec. nach Florenz: am
10. December legte die Königin ihre vormund-
ſchaftliche Regierung im Namen ihres unmündi-
gen Sohns nieder, "weil der Kaiſer der Franzoſen ihr angezeigt habe, daß zufolge eines zwiſchen ihm und dem König von Spanien abgeſchloſ-
ſenen Vertrags ihrem Sohn andere Staaten zur
Entſchä-

e Die Acten in Voß's Zeiten 1808. B. XVI.
Decemb. S. 415.

Entſchädigung beſtimmt wären" *f*, und reiſte ſogleich über Frankreich nach Spanien ab. Vor der Hand unterwarf Napoleon die unmittelbaren franzöſiſchen Beſitzungen in Italien zwey neuen Generalſtatthalterſchaften, dem Departement jenſeits der Alpen, das er dem Prinzen Borgheſe, dem Gemahl ſeiner Schweſter Pauline, ertheilte, und dem Departement Toscana, das er ſeiner Schweſter, Eliſe Bacciochi, übertrug. Erſt am 19. May (1808) ließ er den Senat zu Paris den Vorſchlag thun, Toscana ſammt Parma und Piacenza mit Frankreich zu verbinden. *g* Seit der Beſtätigung dieſes Vorſchlags (durch ein Decret vom 30. May) war ganz Italien außer Neapel und dem Kirchenſtaat der unmittelbaren Herrſchaft Napoleon's unterworfen. Das Königreich Neapel, das ſeit der Verſetzung ſeines Königs Joſeph nach Spanien, noch erledigt war, dachte er durch ſeinen Schwager Mürat, (ſeit einiger Zeit Großherzog von Berg) dem er es (am 15. Julius 1808) verlieh, wie bisher durch Joſeph zu beherrſchen; die unmittelbare Beherrſchung von Rom ſich zuzueignen, war ſchon ſeit einigen Monaten das Streben ſeiner Unterhandlungen.

Unter dem Vorwand, das Continentalſyſtem auch in dem Kirchenſtaat einzuführen, waren ſchon im Januar 1808 franzöſiſche Truppen nach Ancona und Civita Vecchia unter dem General Miollis

---

f Die Acten in de Martens Suppl. IV. p. 490. auch in Voß's Zeiten. B. XVI. 1808. Octob. S. 70.

g Das Decret in de Martens Suppl. V. (nouv. Rec. I.) p. 324.

1807
bis
1812

Miollis eingerückt: doch gieng der Zweck, der durch sie erreicht werden sollte, weiter; es sollte auch Rom besetzt werden. Um dazu ohne allen Widerstand zu gelangen, bat Miollis um die Erlaubniß zu einem Durchzug durch Rom nach Neapel, der ihm auch verwilligt wurde. Bis Montecavallo ließ er (am 2. Febr.) keine feindliche Absicht blicken; hier aber stand er plötzlich still, ließ seine Kanonen gegen den päbstlichen Palast richten und besetzte die Engelsburg. *h* Napoleon wollte sich dadurch eine ganze Reihe an den Pabst gebrachter Forderungen erzwingen, die dieser erst am 5. Febr. dem Cardinalscollegium vollständig mittheilte: "die Einführung des Code Napoleon in dem Kirchenstaat, einen unabhängigen

h Correspondance authentique de la Cour de Rome avec la France, depuis l'invasion de l'état Romain jusqu'à l'enlevement du Souverain Pontife, suivie des piéces officielles etc. ed. 4. Paris 1814. 8.

Relation authentique de l'assault donné le 6 Juillet 1809 au Palais Quirinal et de l'enlevement du Souverain Pontife le Pape Pie VII par les Généraux Miollis et Radet — Traduite de l'Italien par M. Lemietre d'Argy. 1814. 8.

Histoire des malheurs et de la captivité de Pie VII sous le regne de Napoléon Bonaparte — par M. Alphonse de Beauchamp. Paris 1814. 8.

Fragmens relatifs à l'histoire ecclésiastique des premieres années du dix neuvieme Siècle. Paris 1814. 8.

Auszüge aus den bekannt gewordenen Actenstücken, in dem Archiv für die alte und neue Kirchengeschichte, von C. F. Stäudlin und H. G. Tzschirner. B. II. Leipz. 1815. 8.

gigen Patriarchen für Frankreich, Reformen der 1807 Bisthümer und Unabhängigkeit der Bischöfe vom bis päbstlichen Stuhl, Abschaffung der Bullen über 1812 die Ertheilung der unter päbstlicher Gerichtsbarkeit stehenden Bisthümer und Pfarreyen, Aufhebung aller Mönchs- und Nonnenklöster und des Cölibats der Geistlichkeit, Krönung seines Bruders Joseph." Der Pabst protestirte wiederholt gegen die Besetzung von Rom; er beklagte sich (am 17. März) unmittelbar bey Napoleon über die gegen ihn und seine Staaten verübte Gewaltthätigkeiten, er drohte mit dem Bann. Dennoch giengen die gewaltsamen Maaßregeln gegen ihn fort: am 21. März wurden die päbstlichen Linientruppen in das nördliche Italien gesandt; am 2. April Urbino, Ancona, Macerata und Camerino, in drey Departements getheilt, mit dem Königreich Italien durch ein kaiserliches Decret vereiniget, *i* und am 11. May in Besitz genommen; am 2. April wurden alle aus dem Königreich Italien gebürtigen Cardinäle, Prälaten und päbstliche Bedienten in ihr Vaterland bey Verlust ihrer Güter abgerufen; am 3. April wurde der Pabst von dem Kaiser in einer Note von Champagny an Caprara, bey fortdauernder Weigerung, mit einer Veränderung der Regierungsform bedroht und am 7. April auch seiner adelichen Garde beraubt. Auf einmal standen Unterhandlungen und Schritte still. Nach einem vollen Jahr ließ Napoleon (im Frühling 1809) dem Pabst neue Anerbietungen machen, wenn er seiner weltlichen Herrschaft ent-

i Das kaiserl. Decret in de Martens Suppl. V. (nouv. Rec. I.) p. 323.

1807
bis
1812

entsagen wolle: "ein ansehnliches jährliches Einkommen und einen ehrenvollen Sitz zu Avignon."
Der Pabst beharrete bey seiner Weigerung. Ohne
sich nun weiter darum zu kümmern, wird der
ganze Kirchenstaat durch ein zu Schönbrunn ge-
gebenes Decret (vom 17. May) dem französischen
Reiche einverleibt, dem Pabst ein Einkommen
von zwey Millionen Franken bestimmt, Rom für
eine freye kaiserliche Stadt erklärt, "eine außerordentliche Consulta sollte noch vor dem 1. Jan.
1810 die constitutionelle Regierung einführen." k
Am 9. Junius wird der Stadt die neue Ordnung
der Dinge angekündiget, am 10. verwirft der
Pabst in seinem und der Cardinäle Namen allen
Unterhalt aus den Händen des Usurpators als
erniedrigend: "er sey Gott und der Kirche schul-
„dig, alle Rechte seiner Vorgänger unverletzt sei-
„nen Nachfolgern zu überliefern, und vertraue
„dabey auf Gott und die Frömmigkeit der Gläu-
„bigen." Am 10. Jun. sprach er den Bann über
alle, die am 2. Febr. 1808 Gewalt in Rom und
dem Kirchenstaat ausgeübt und am 11. Jun. über
Napoleon selbst aus. Zur Rache dafür wurde
der Pabst in der Nacht vom 5. auf dem 6. Julius
im Quirinal gefangen genommen, und in aller
Stille über Florenz nach Grenoble, und von da
bald darauf (wegen der sichtbaren Anhänglichkeit
des Volks) nach Savona abgeführt, wo er drey
Jahre zwar in der schmählichsten Gefangenschaft,
aber auch in unerschütterlicher Beharrlichkeit bey
seinen Weigerungen zubrachte.

Unver-

k Das Decret in de Martens Suppl. T. V.
(nouv. Rec. I.) p. 341.

Unverzüglich ward zu der neuen Verfassung **1807**
von Rom geschritten, und schon am 10. Julius **bis**
schilderte die Consulta unter dem Vorsitz des zum **1812**
Generalstatthalter erklärten Miollis das große
Glück Roms durch seine Vereinigung mit Frank=
reich und verkündete dabey, die Stadt werde der
Sitz des Oberhauptes der Kirche bleiben. Ohne
Zögerung erklärte auch Napoleon (am 13. Jul.)
den Bischöfen seines Reichs, daß er forthin nur
eine geistliche, aber keine weltliche Herrschaft des
Pabstes anerkenne, welches Champagny in der
Schilderung der Lage des Reichs (am 12. Dec.)
noch deutlicher und stärker wiederholte. In einem
über die Einverleibung des Kirchenstaats erlasse=
nen Senatusconsult (vom 17. Febr. 1810) wurde
Rom für die zweyte Stadt des Reichs (nicht aber
für eine freye kaiserliche Stadt) erklärt; "der
kaiserliche Kronprinz werde den Titel eines Kö=
nigs von Rom führen; ein Prinz vom Geblüte
oder ein Großwürdenträger werde immer zu Rom
residiren und den Hof des Kaisers halten. Die
Kosten des Cardinalcollegiums und der Propa=
ganda trage der Staat." l

Das Beyspiel der Spanier und des Pabstes **Oester-**
wirkten mächtig auf Oesterreich, den einzigen **reich.**
Staat, der zu einem nachdrücklichen Widerstand
gegen die drohende Alleinherrschaft noch Kräfte
genug hatte. Oesterreich war nach dem Frieden
zu Preßburg wiederholt und empfindlich gereizt
worden. Napoleon hatte mehrere Bedingungen
des

l Senatusconsult in de Martens Suppl. T. V.
(nouv. Rec. I.) p. 342.

1807 des Friedens von Preßburg umgangen, den Chur-
bis fürsten von Salzburg und den Großmeister des
1812 deutschen Ordens nur zum Theil und den Erzherzog Ferdinand wegen des Breisgau's gar nicht
entschädiget; er hatte eine Militärstraße zwischen
Venedig und Dalmatien durch das österreichische
Gebiet unter Drohungen gefodert. Braunau
und die österreichischen Besitzungen an dem rechten
Ufer des Isonzo hatte er wegen der unverschuldeten
Uebergabe Cattaro's an die Russen lange besetzt
gehalten; die deutsche Verfassung gestürzt, den
Rheinbund errichtet, dadurch Deutschland unterjocht, und Oesterreich gezwungen, die deutsche
Krone niederzulegen; und gegenwärtig ließ er
Oesterreich nur die Wahl zwischen dem Beytritt
zum Continentalsystem oder einem neuen Krieg.
Ueberhaupt hatten der bisherige Gang der Dinge
und die neuesten Ereignisse in Portugal, Spanien und Rom gelehrt, daß friedliches Hin-
nehmen einzelner Beeinträchtigungen, Napoleon
immer dreister und gewaltthätiger mache und
Selbstständigkeit und Fortdauer eines jeden Staats
gefährde. Oesterreich beschloß daher, sich in
schlagfertigen Zustand zu setzen, um jede neue
Zudringlichkeit mit den Waffen in der Hand ab-
wehren zu können; es verstärkte seine Armee
und ordnete eine Landwehr an und fand in seinen
Staaten allenthalben Bereitwilligkeit. Es begannen daher schon am 16. Julius (1808) Napoleons Anfragen zu Wien wegen dieser Rüstungen; und da die Antworten ausweichend waren
und die neuen militärischen Einrichtungen fortgiengen, so ward (am 12. Octob.) eine französische Rheinarmee unter Davoust zusammen gezogen.

zogen. Da aber um dieselbe Zeit der Kaiser Franz den General Vincent auf die Monarchenversammlung nach Erfurt mit einem eigenhändigen Schreiben an Napoleon sandte, in welchem er erklärte: "die Anordnungen im Innern der Monarchie hätten durchaus keinen Einfluß auf Oesterreichs politisches System," so forderte auch Napoleon zum Schein die rheinischen Bundesfürsten auf, ihre schon gesammelten Truppen wieder auf den Friedensfuß zu setzen: doch konnte er dabey seinen Unmuth über die österreichischen Vorkehrungen nicht verbergen. Desto weniger ließ sich Oesterreich von seinen vorgeblich friedlichen Gesinnungen auf dem Continent einschläfern, sondern setzte seine Rüstungen, die Napoleon eingestellt haben wollte, thätig fort.

1807 bis 1812

Napoleon hatte schon bey Gelegenheit des spanischen Kriegs in Beziehung auf Oesterreich eine doppelte Conscription, jede von 80,000 Mann, (am 1. Sept.) befehlen lassen, und war selbst darauf nach Spanien abgegangen. Seiner Rückkehr von da ließ er (am 1. Januar 1809) den Befehl zu einer neuen Aushebung von 80,000 Mann vorausgehen, und kam selbst in der Schnelligkeit einer Flucht (am 22. Januar) zu Paris an. Am 2. Febr. hat schon der Fürst Primas die Fürsten des Rheinbundes im Namen ihres Protectors aufgefodert, ihre Contingente in Bereitschaft zu halten. Seit dem Februar ziehen die französischen Heere über den Rhein. Sie sammeln sich bey Ulm, an der Donau, der Iller und Günz. Sie ziehen von der Ostsee, der Elbe, aus Hannover nach Würzburg, und bald darauf schließen

1807
bis
1812

schließen sich 18,000 Sachsen an sie an, und am 28. Febr. verläßt der französische Gesandte, Andreossi, Wien. Im Anfang des Märzes wird die österreichische Armee auf den Kriegsfuß gesetzt; seit dem 9. März zieht sie aus ihren Standquartieren: der Erzherzog Carl mit der großen österreichischen Armee gegen Bayern, der Erzherzog Johann gegen Tyrol und Italien, der Erzherzog Ferdinand gegen Warschau. Am 6. April verkündigte ein Tagesbefehl des Erzherzogs Carl seiner Armee, am 15. April ein österreichisches Manifest ganz Europa den Wiederausbruch des Kriegs: "weil sich Oesterreich nicht unbewaffnet dem Willen Napoleon's habe ergeben wollen, und nach so vielen erlittenen Gewaltthätigkeiten den unwürdigen Antrag, seine Vertheidigungsanstalten einzustellen verworfen habe, werde es von französischen Waffen bedroht." *m* Der Erzherzog Carl erließ am 9. April

m Beobachtungen und historische Sammlung wichtiger Ereignisse aus dem Kriege zwischen Frankreich, dessen Verbündeten und Oesterreich im J. 1809. Weimar 1809. 5 Hefte 8. Materialien, aber keine vollständigen.

Der Feldzug Frankreichs und seiner Verbündeten gegen Oesterreich. Meissen 1810. 8. Bloße Uebersicht.

Europa's Palingenesie: oder Oesterreichs Kriegsgeschichte im Jahr 1809. Leipz. u. Altenburg 1810. 3 Th. 8. Vorzüglich.

(Zschocke) der Krieg Oesterreichs gegen Frankreich und den rheinischen Bund im J. 1809. Aarau 1810. 8.

(von)

April einen Aufruf an die deutsche Nation, das **1807**
von Frankreich ihr aufgelegte schmählige Joch **bis**
zu zerbrechen: aber wie ließ sich von Rhein- **1812**
bundsfürsten erwarten, daß sie die Hand dazu
bieten würden? Oesterreich mußte den Kampf
allein bestehen. *n*

Seine Heere standen wieder auf verschiedenen Kampfplätzen: der Erzherzog Carl am Inn,
Bellegarde in Böhmen an der Gränze der Oberpfalz, Ferdinand gegen Warschau, Johann in
Italien. Mit Glück begann der Krieg. Tyrol
hob ein ganzes bayerisches Corps auf; Ferdinand drang ohne Wiederstand in das Herzogthum Warschau ein; *o* Johann schlug den Vicekönig von Italien zwischen Sacile und Par-
denone und nöthigte ihn zum Rückzug über die
Piave gegen die Etsch. Aber unglücklicher Weise
mißlang der Hauptarmee der fünftägige blutige
Kampf: Davoust und Oudinot siegen (am 19.
Apr.)

(von Rühl) Reise mit der Armee im J. 1809.
    Rudolst. 1810. 3 Th. 8.
von Valentini Versuch einer Geschichte des
    Feldzugs 1809 an der Donau. Berlin 1812. 8.
Darstellung des Feldzugs vom J. 1809. Von
    einem Augenzeugen. S. L. 1811. 8.

n S. die Proclamationen und Erklärungen in
    Voß's Zeiten 1809. B. XIX. vom Julius an.

o Die Acte der Uebergabe am 21. April 1809.
    in de Martens Suppl. V. (nouv. Rec. I.)
    p. 199.

Apr.) bey Tann und Pfaffenhoven, Napoleon selbst über den Erzherzog Ludwig (am 20. April) bey Abensperg: Landshut mit seinen großen Magazinen geht am 21. Apr. verloren; am 22. siegt Davoust bey Eckmühl; am 23. muß Regensburg unter großem Verlust geräumt werden: die österreichische Hauptarmee ist in Verwirrung und zieht sich unter dem Erzherzog Carl nach Böhmen; der Weg nach Wien ist nur durch eine schwache Macht unter Hiller gedeckt.

Was zur Diversion zum Besten Oesterreichs in diesem Kampfe in der Stille vorbereitet war, mißlingt. Der Aufstand in Hessen unter Dörnberg wird kurz vor seinem Ausbruch (am 23. April) entdeckt und vereitelt; Schill, der mit seinen tapfern Kriegsgefährten aus Berlin in Norddeutschland (am 28. April) einbrach, wird, weil der österreichische Sieg ausbleibt, nicht unterstützt, und kommt (am 31. May 1809) mit dem größten Theil seines Häufleins Helden um, und wer von ihnen die letzten Kämpfe überlebt, muß in einer dreyjährigen Gefangenschaft alles dulden, was Grausamkeit erfinden konnte; die Landung der Engländer auf Zeeland und Flandern, um das französische Heer zu theilen, verspätet sich: als Chatam mit 40,000 Mann auf der Insel Walchern (am 29. Julius) landet, ist schon durch die Schlacht bey Wagram das Schicksal des Kriegs entschieden: was half es nun, daß Middelburg und Vliessingen (am 31. Jul.) genommen werden? und wäre auch der Hauptschlag auf Antwerpen und die Vernichtung der dortigen französischen Flotte gelungen (was

doch

doch nicht der Fall war, weil die Franzosen **1807**
ihre Schiffe in der Schelde so hoch hinauf **bis**
brachten, daß sie unter den Batterien in Si= **1812**
cherheit waren, und von den englischen Schiffen
wegen des seichten Wassers nicht so weit ver=
folgt werden konnten): dem österreichischen Krieg
wäre dadurch keine bessere Wendung geworden.
Nun rieb gar das ungesunde Klima der Insel
die Engländer Schaarenweis auf; noch vor
Ende des Winters mußte Walchern deshalb von
ihnen wieder geräumt werden: der Zweck der
ganzen Unternehmung war verfehlt. *p*

Nach der gewonnenen fünftägigen Schlacht
eilen die Franzosen in angestrengten Märschen
nach Wien: Hiller konnte sie bey seiner allzu=
schwachen Macht nur wenig aufhalten; doch be=
deckten sich die Wiener Freywilligen durch ihren
tapfern Widerstand bey Ebersdorf mit Ruhm.
Der Uebergang der Franzosen über die Flüsse,
den Inn, die Traun, die Ens ward allenthal=
ben erzwungen und am 10. May stand Napo=
leon vor Wien, und schon am 12. war die Ue=
bergabe der Stadt an ihn geschehen. *q*

Mitt=

---

p An Account of the Islands of Walcheren
and South - Beveland, against which the
british expedition proceeded in 1809 de-
scribing the different operations of His Ma-
jesty's Army during the Siege of Flushing
etc. By George Hargrove. Dublin and
London 1812. 4.
Acte über die Rückgabe von Vliessingen am 15.
Aug. 1809 in de Martens Suppl. V. (nouv.
Rec. I.) p. 195.
q Acte der Uebergabe in de Martens Suppl.
V. (nouv. Rec. I.) p. 204.

Eichhorn's Ergänz.　　　　M

Mittlerweile hatte der Erzherzog Carl, mit Hiller vereiniget, die linke Seite der Donau in der Nähe von Wien erreicht. Verwegen setzte Napoleon über die Donau, um dort auch dieses neue österreichische Heer zu vernichten: es erfolgte (am 21. und 22. May) die blutige Schlacht bey Aspern und Eßlingen: Napoleon verlor, und mußte mit dem Rest seines Heers die Flucht über die Donau unter schrecklichem Verluste suchen; die Folgen hätten leicht für ihn vernichtend werden können: r das allwaltende Schicksal wollte ihn noch einige Stufen höher steigen lassen, um ihn dann desto fürchterlicher zu stürzen. Jetzt standen beyde Heere, durch die Donau getrennt, einander gegen über, um zur Fortsetzung des Kampfs Verstärkungen an sich zu ziehen.

Um diese Zeit war auch Rußland gegen Oesterreich in Waffen getreten: es hatte alle seine Verhältnisse (am 11. May) mit ihm ab-gebrochen und war in Gallicien, aber nur lang-sam, eingedrungen. s Es entschied daher in die-sem Krieg bey dessen schnellen Ende sein Beytritt wenig. In Italien hatte sich der Vicekönig von der verlornen Schlacht wieder erholt: er hatte

sich

---

r Warum benutzten die Oesterreicher den Sieg von Aspern nicht zu einer offensiven Operation auf das rechte Donauufer? welche Ursachen be-wogen den östrreichischen Feldherrn zu dem Waffenstillstand von Znaym, und war er vor-theilhaft für Oestreichs Interesse? (wahrschein-lich vom General-Major B. Max. Wimpffen). Deutschl. 1809. 8.

s S. die Proclamation in Voß's Zeiten 1809. Sept. S. 422.

sich (am 8. May) die Rückkehr über die 1807
Piave erzwungen und folgte nun dem Erzherzog bis
Johann, der sich aus Italien nach Preßburg 1811
zog, auf dem Fuße nach, und vereinigte sich
mit Napoleon (am 28. May) bey Bruck. Wie
sich Johann dem Erzherzog Carl aus Italien
näherte, so auch Ferdinand, der sich aus dem
Herzogthum Warschau nach Mähren zog. Jetzt
war auch eine ungrische Insurrectionsarmee un=
ter dem Erzherzog Palatin gebildet: durch ihre
Stellung hatte die edle ungrische Nation den
Aufruf beantwortet, in dem Napoleon (am 15.
May) derselben französische Freyheit angeboten
hatte.

Nach diesen Verstärkungen der beyderseitigen
Streitkräfte begann der Kampf von neuem:
leider wieder nicht zum Vortheil Oesterreichs.
Am 14. Junius siegte der Vicekönig von Ita=
lien bey Raab über die ungrische Insurrections=
armee und den Erzherzog Johann. Am 5.
und 6. Julius ward bey Enzersdorf und Wag=
ram der schreckliche Kampf gekämpft, zu dem
Napoleon und der Erzherzog Carl anführten —
ein wahres Mordfest, dem die Oesterreicher
endlich, weil der Erzherzog Johann von Preß=
burg nicht eintraf, mit einem Rückzug
nach Mähren ein Ende machten. Eine
neue

---

s Acte der Uebergabe von Raab am 22. Jun.
1809 in de Martens Suppl. V. (nbuv. Rec.
I.) p. 207.

u Relation über die Schlacht bey deutsch Wagram
auf dem Marchfelde am 5. u. 6. Jul. 1809 —
nebst Marginalien dazu von einem Offizier des
k. k. öster. Generalstabs. S. l. 1810. 8.

neue Schlacht bey Hollabrunn hatte schon (am 10. Jul.) angefangen, als die Botschaft von Unterhandlungen über einen Waffenstillstand ankam, die ihren Fortgang hemmte. Am 12. Jul. wurde ein Waffenstillstand auf einen Monat mit vierzehntägiger Aufkündigung, gegen die Räumung Tyrols, Voralbergs und anderer wichtiger militärischer Posten abgeschlossen *v*.

Für das heldenmüthige Tyrol ein Donnerschlag. *w* Zwischen seinen Bergen und Clausen allein hatte der Kampf nie aufgehört siegreich zu seyn unter der Anführung des tapfern und zu unerschütterlichem Muth entflammenden Sandwirths von Passeyer, Andreas Hofer. Dafür dürstete auch Napoleon nach seinem Blut, als Tyrol ihm geräumt werden mußte. Doch fand er glücklich einen Zufluchtsort in den Passeyer Alpen, in dem er sich verborgen hielt, bis ihn Verrätherey (am 27. Januar 1810) der Macht Napoleons überlieferte, der ihn, trotz der versprochenen Tyroler Amnestie, wie noch viele seiner Freyheits = und Kampfgefährten, zu Mantua hinrichten ließ *x*.

Als der österreichische Kriegsschauplatz die Aufmerksamkeit nicht mehr beschäftigte, zog sie der Herzog Wilhelm von Braunschweig auf sich. Er fiel mit einem selbst geworbenen Heere von 3000 Mann,

v Acte des Waffenstillstandes in de Martens Suppl. V. (nouv. Rec. I.) p. 209.

w J. L. S. Bartholdy's Krieg der Tyroler im J. 1809. Berlin 1814. 8.

x Geschichte Andreas Hofers — durchgehends aus Originalquellen — Leipz. u. Altenburg 1817. 8.

Mann, mit einem österreichischen Corps unter 1807 dem General Amende in Verbindung, in Sachsen bis ein, und schlug sich darauf, von letzterem getrennt, 1811 vom Anfang des Julius bis zum August mit einer Hand voll tapferer Krieger von Böhmen durch Ober= und Niedersachsen unter eilf verschiedenen Gefechten, bis an die Weser glücklich durch und schiffte sich dort, von den feindlichen Heerhaufen, die ihn verfolgten, unerreicht, mit seinen übrig= gebliebenen Helden (am 7. August) nach Eng= land ein.

Gegen den Ablauf des Waffenstillstandes wur= den die Friedensunterhandlungen zwischen Cham= pagny einer Seits, und dem Grafen Metternich und Nugent andrer Seits eröffnet; und der Friede selbst am 14. Octob. zwischen Champagny und dem Fürsten Johann von Lichtenstein geschlossen. y Für Oesterreich ein schrecklicher Friede, verbunden mit dem Verlust von fast 2000 Quadratmeilen, von fast viertehalb Millionen (oder 3,253,944) Einwohnern und seiner letzten Seehäfen. z Es mußte abtreten: 1) zum Besten des Rheinbundes, Salzburg, Berchtolsgaden, und einen Theil von Oesterreich ob der Ens; 2) an Napoleon, die Grafschaft Görz und das Gebiet Montefalcone, Triest, Krain, den Villacher Kreis von Kärn=
then,

y Friedensacte in de Martens Suppl. T. V. (nouv. Rec. I.) p. 210. in Voß's Zeiten B. 21. 1810. Januar S. 115. im polit. Journ. 1809. Novemb. S. 1085.

z Leonhardi's vergleichende Uebersicht des Areals und der Volksmenge der Cessionen und Ac= quisitionen des österreichischen Kaiserthums in den letzten Jahren. Frankf. a. M. 1809. Fol.

1807
bis
1810

then, den größten Theil von Kroatien, Fiume, das ungerische Littorale und Istrien, so daß der Thalweg der Sau forthin die Gränze bilden sollte; 3) dem König von Sachsen, einige Ortschaften in Böhmen; 4) dem Herzogthum Warschau, ganz Westgalicien, einen Bezirk um die Stadt Krakau auf dem rechten Ufer der Weichsel, und den Zamoszer Kreis in Ostgalicien; 5) an Rußland, den östlichen Theil von Altgalicien, einen Bezirk von 400,000 Seelen. *a* 6) Der Erzherzog Anton mußte dem Großmeisterthum des deutschen Ordens entsagen; und 7) Oesterreich alle in Spanien, Portugal und Italien bereits vorgenommene und noch vorzunehmende Veränderungen anerkennen, und dem Continentalsystem unbedingt beytreten. Dagegen sollten alle französische Truppen die österreichischen Staaten bis zum 4. Januar 1810 geräumt haben.

Ein unbarmherzig harter Friede! Er kostete Oesterreich an Länderverlust nicht bloß ein kleines Königreich, sondern auch die freye Benutzung der ihm noch übrig gebliebenen wichtigen Länder, und deren Sicherheit. Nun war es von lauter mächtigen Nachbarn eingeschlossen; es ward an mehreren Seiten immer von Napoleon und seinen treuergebenen Bundesgenossen bedroht; und statt daß ihm sonst zu seiner völligen Größe nur noch ein größerer Uferbesitz fehlte, war es von nun an vom Meere ganz abgeschnitten.

Nun folgte die neue Ordnung der Dinge. Alle unmittelbar an Frankreich abgetretene Provin=

a Besitznahme s. in Voß's Zeiten. B. 29. 1812. S. 100.

vinzen wurden von Napoleon noch am Tage des geschlossenen Friedens (am 14. Octob.) zu einem besondern Staat der illyrischen Provinzen vereinigt. Tyrol ward in drey Theile zerstückelt: an Bayern fiel der nördliche, an Italien der südliche, an Frankreich der östliche an Illyrien gränzende Theil. Die Theilung der für den Rheinbund abgetretenen und schon früher zu beliebiger Vertheilung zurückbehaltener Länder verzog sich länger. Am 1. März 1810 ward 1) der Fürst Primas zum Großherzog von Frankfurt erhoben, und erhielt ein aus Frankfurt, Hanau und Fulda zusammengesetztes Fürstenthum (am 16. und 19. May), dagegen hatte er schon (am 9. May) das Fürstenthum Regensburg an Bayern abgetreten. 2) Bayern erhielt Salzburg, Berchtolsgaden, das Innviertel, das abgetretene Hausrüksviertel, Bayreuth, Regensburg, Isey, Egloffs, Trauchberg und Giengen; trat dagegen ab an Italien den ganzen Etschkreis, von dem Eisakkreise die Landgerichte Botzen und Clausen; 3) an Wirtemberg ein Land mit 62,600 Seelen, und 4) an Würzburg einen Strich von 51,300 Seelen; 5) dem Königreich Westphalen wurde der größte Theil des Hannoverschen einverleibt, mit Ausschluß des Herzogthums Lauenburg, das Napoleon für sich behielt. b

In diesen Jahren, die den ganzen Continent umkehrten, traf auch Holland eine Veränderung nach der andern. Der Tilsiter Frieden änderte seinen Länderumfang und seine Gränzen. Nach einem

b S. oben S. 856. und de Martens Suppl. V. (nouv. Rec. l.) von p. 241 an. Auch Winkopp a. a. D.

nem am 11. Novemb. 1807 zu Fontainebleau abgeschlossenen Vertrag erhielt es Ostfriesland, Jever, Huysen, Sevenaer und Malburg nebst den
Souveränetätsrechten über die Herrschaften Varel
und Kniphausen; dagegen trat es an Frankreich
ab: das Gebiet zwischen der bisherigen französischen Gränze und der Maas mit verschiedenen
Hauptfestungen, die Stadt und den Hafen Vliessingen nebst einem Bezirk. c

Wie konnte sich aber ein Handelsstaat in Zeiten, auf denen das Continentalsystem lastete, in
einem nur erträglichen Zustand befinden? Ludwig
Napoleon hätte gern den ihm gewordenen Staat
nach seinem wahren Interesse regiert; aber ihm
standen die Befehle seines Bruders im Wege: schon
am 23. Nov. 1807 gestand er selbst offenherzig,
daß er nur wenig Gutes bewirken und wenig Bö-
ses in der bestehenden Lage des Staates abwenden
könne. Dem Schein nach hielt er zwar auf den
Buchstaben der Befehle seines Bruders, aber bemerkte vieles nicht, was sich irgend unbemerkt lassen ließ. Die Klagen, daß Holland sich dem Continentalsystem entziehe und seinen Verkehr mit England fortsetze, wurden immer lauter und Napoleons
Befehle wegen des holländischen Handels immer
strenger, daß sich endlich der König von Holland
im Anfang des Jahrs 1809 zu einer Reise nach
Paris entschloß, um mündlich Vorstellungen zu
versuchen. Wie wenig er ausrichten werde, zeigte
schon die Note, welche Champagny während dessen Anwesenheit zu Paris (am 24. Jan. 1809) an
den

● Die Acte in de Martens Suppl. IV. p. 485.

den holländischen Minister der auswärtigen Ange=
legenheiten erließ, in der er "Hollands Betragen
"für unverträglich mit dem politischen System Eu=
"ropa's erklärte" und mit der Drohung schloß:
"wenn keine Aenderung darin erfolge, so habe der
"Kaiser beschlossen, seinen Bruder zurückzurufen."
Doch dieses wendete Ludwig diesesmahl noch durch
Opfer an Frankreich ab, die in einem Vertrag (vom
16. März) zwischen Champagny und Verhuel da=
hin bestimmt wurden *d*: "daß 18,000 Mann und
"unter ihnen 6000 Franzosen, mit französischen
"Douanenbedienten auf Kosten von Holland an
"den Mündungen aller seiner Flüsse aufgestellt;
"holländisch Brabant, Zeeland nebst der Insel
"Schouwen, und Geldern auf dem linken Ufer der
"Waal an Frankreich abgetreten, und zu dessen
"Disposition 9 Linienschiffe, 6 Fregatten und 100
"Kanonenböte gestellt werden sollten." Die bis=
herige Handelssperre von Frankreich gegen Hol=
land wurde zwar aufgehoben; aber die seit dem 1.
Januar 1809 durch americanische Schiffe in hol=
ländische Häfen eingeführte Waaren mußten Frank=
reich überlassen werden.

Die neuen Einschränkungen waren schon eine
schwere Last für Holland; und doch warteten sei=
ner noch schwerere: denn Oudinot zog immer grö=
ßere Verstärkungen an sich, und setzte sich zuletzt
gegen Amsterdam in Bewegung. Ohne seine An=
kunft

d Der Vertrag in de Martens Suppl. V. (nouv.
Rec. I.) p. 327.
Das Senatusconsult vom 24. Apr. zur Vereini=
gung der abgetretenen Länder mit Frankreich
ibid. p. 330.

kunft und die Lösung des Knotens abzuwarten, legte Ludwig die Regierung zu Gunsten seines ältesten Sohns nieder, und ernannte die Königin verfassungsmäßig zur Regentin des Reichs (nach dem am 1. Jul. 1810 erlassenen Manifest), "weil er „nichts mehr für die holländische Nation thun könne „und die Bedrängnisse des Landes hauptsächlich „aus seines Bruders, des Kaisers, persönlicher Un„zufriedenheit mit ihm entsprängen. Da der Kai„ser seinen Kindern ihr Erbtheil nicht werde ent„ziehen wollen, so hoffe er, daß die von ihm ge„troffene Einrichtung dessen Willen gemäß seyn „werde." e Aber die französische Regierung erklärte sie ohne vorausgegangene Uebereinkunft mit dem Kaiser für ungültig, und vereinigte (am 9. Jul. 1810) Holland mit Frankreich, — "was dem Interesse nicht nur von Holland, sondern auch von ganz Europa am zuträglichsten sey." f Eine wahre Verhöhnung jedes schlichten Menschenverstandes! Mit Strenge wurde nun gegen den Handel mit England gewacht, die holländische Nationalschuld sogleich auf ein Drittel herabgesetzt: der Grund zu dem Glück einer immer höher steigenden Verarmung Hollands und des übrigen Continents war gelegt.

Wie im Auslande machte Napoleon auch im Innern seines Reichs alles von sich abhängig. Zu
diesem

---

e Die Actenstücke in de Martens Suppl. T. V. (nouv. Rec. I.) p. 332, auch in den europäischen Annalen 1814. St. 3. S. 343. in Voß's Zeiten 1811. B. 25. Januar S. 58. Febr. S. 181.
f Das Decret in de Martens Suppl. T. V. (nouv. Rec. I.) p. 338. Das Senatusconsult vom 10. Dec. 1810. p. 346.

diesem Zweck erschuf er durch ein kaiserliches Statut (vom 1. März 1808) einen neuen Erbadel: *g* (denn das blieb seinem Wesen und seiner Bestimmung nach das Institut immer, was man auch für Verschiedenheiten zwischen dem alten und neuen Adel in Frankreich zu seiner Entschuldigung bey seiner Wiedereinführung aufsuchen mochte.) Schon am 31. März 1806 waren dem Erhaltungs-Senat Decrete zu Herzogthümern und Großlehen des französischen Reichs, die aus den in Besitz genommenen italienischen Ländern gebildet werden sollten, vorgelegt, und in einem Senatusconsult vom 14. August 1806 gebilliget worden. In Beziehung darauf bestimmte nun das Decret vom 1. März 1808 die großen Reichswürden und die Majorate, welche ihre Inhaber für Nachkommen stiften können, und die erblichen Titel, welche Napoleon seinen übrigen Beamten nach Stand und Würden verleihen werde, um Verdienste zu belohnen, Nacheiferung

1807 bis 1812

g Die kaiserl. Statute über die Errichtung erblicher adelicher Titel, übersetzt in den europ. Annal. 1808. St. 5. S. 178. in Voß's Zeiten. B. 15. 1808. Jul. S. 105. August S. 276. B. 25. 1811. März S. 344.

Statuten und Verordnungen über den Adel in Frankreich und die Majoratsgüter, welche Franzosen in Frankreich, Deutschland und dem Herzogthum Warschau besitzen, gesammelt und in deutsche Sprache übersetzt von A. Keil. Cölln 1810. Weder vollständig noch treu übersetzt.

Reflexions sur la nouvelle Noblesse héréditaire en France, par Mr. le Baron d'Eggers Lunebourg 1808. 8. verglichen Göttingische gelehrte Anzeigen 1814. S. 52 — 62.

eiferung zu erwecken und den Glanz des Throns zu erhöhen.

Zum Glanz des Kaiserthums und zur Befestigung der errungenen Allgewalt über Europa fehlte nur noch die Verschwägerung der neuen Dynastie mit einem mächtigen regierenden Hause von uraltem Adel und Ansehen. Dieser stand aber in Napoleon selbst und seinen Brüdern, die alle vermählt waren, das Familienstatut, das Ehescheidung allen Mitgliedern des Napoleonischen Hauses verbot, und eine kirchliche Schwierigkeit entgegen. Ueber letztere setzte er sich entweder hinweg, oder hob er durch das Geheimniß seiner bisherigen Verbindung mit Josephine de la Pagerie, der Wittwe des Herzogs von Beauharnois. h Nach der Uebereinkunft, die er mit seiner bisherigen Gemahlin traf, behielt sie Titel und Rang einer Kaiserin nebst einem ansehnlichen Jahresgehalt und räumte ihren Platz als Gemahlin einer Prinzessin aus einem mächtigen Regentenhaus zur Erzeugung einer rechtmäßigen Nachkommenschaft, die einst den errichteten Koloffus würde aufrecht halten können. Am 27. Febr. 1810 zeigte Napoleon dem Senat an, daß er um die Erzherzogin Marie Louise, älteste Tochter des Kaisers Franz von Oesterreich, habe werben lassen; am 2. April ward die Vermählung zu Paris vollzogen; und am 20. März 1811 ward ihm der König von Rom geboren.

Mit

h Die Actenstücke s. in Voß's Zeiten 1810. B. 21. März. S. 460.

Mit dem Wachsthum der äußern Macht
hielt in diesen Jahren das der innern Allgewalt
gleichen Schritt. Ein Gott, ward öffentlich ge=
lehrt, und neben ihm ein Kaiser und dessen Wil=
len unverletzlich. [i] Ueber jede Vorstellung und
Wunschäußerung erhaben, ließ Napoleon das Tri=
bunat, das dazu durch die Constitution berechtiget
gewesen wäre, durch ein Senatusconsult (vom
19. August 1807) verschwinden: "die vorläufige
Erörterung der Gesetzvorschläge während der
jedesmaligen Sitzungen des gesetzgebenden Corps
(die dem Tribunat zuständen) wären drey Com=
missionen, einer für bürgerliche und peinliche Ge=
setzgebung, einer für innere Verwaltung, einer
für die Finanzen, jede aus sieben, aus den Ge=
setzgebern gewählten Mitgliedern bestehend, über=
geben." Bis zu der Zeit, da die Mitglieder des
bisherigen Tribunats abzugehen hätten, "sollten
sie zum Zeichen der Achtung und des Vertrauens
der Regierung" in das gesetzgebende Corps ver=
setzt seyn, das in Zukunft aus lauter Mitglie=
dern von wenigstens 40 Jahren bestehen sollte.
Das bürgerliche Gesetzbuch ward noch als Code
Napoleon (am 3. Sept. 1807) promulgirt: un=
mittelbar darauf schloß das Tribunat seine Sitzun=
gen. Noch stand zwar der eine Theil der gesetz=
gebenden Macht, der gesetzgebende Rath, vor den
Augen der Nation; noch figurirte ein Senat: aber
war

1807
bis
1812

---

[i] S. den einzigen allgemeinen Katechismus für
alle Kirchen des französischen Reichs vom 4. Apr.
1806. Die Decrete wegen desselben in Voß's
Zeiten B. VIII. November 1806. S. 232.

war letzterer schon seit geraumer Zeit etwas an= 1807
deres als Napoleons passives Werkzeug, zu dessen bis
Senatusconsulten (oft über das bereits Gesche= 1812
hene) die Befehle aus den Tuillerien kamen?
war der gesetzgebende Rath mehr als ein lee=
rer Name? konnten seine drey Commissionen et=
was anderes vorschlagen als was Napoleon ih=
nen vorgeschrieben hatte? Frankreich hieß zwar
noch immer in allen öffentlichen Blättern eine
repräsentative Monarchie: aber seine Gesetzgeber
repräsentirten die Nation nicht; ihr Repräsen=
tant war allein Napoleon (wie er einst ihren
Repräsentanten ins Angesicht zu sagen, sich nicht
entblödete).

Er wollte auch ihr einziger Beherrscher
seyn, der keinen von der Constitution ihm an die
Seite gegebenen Rathgeber bedürfe. Anfangs
hatte er sich noch den Beyrath der gesetzgeben=
den und administrativen Behörden gefallen las=
sen: er sprach eine kurze Zeit berathschlagend
mit ihnen; und was er mit ihnen überlegt hatte,
das gelang. Die unverschämtesten Schmeich=
leyen, die ihm darüber gesagt wurden, überre=
deten seine Eitelkeit leicht, daß doch am Ende
alles durch seinen Verstand, seine Kenntnisse,
seine Gewandtheit in Geschäften, seine Thä=
tigkeit geschehen sey. Er, für sich allein, wisse
für jedes Ereigniß, jedes Bedürfniß, jede Lage
des Staats das Tauglichste zu erfinden, er, für
sich allein, es zu prüfen, er allein es auszu=
führen: wozu noch fremden Rath? Sein gränz=
zenloser Ehrgeiz wollte forthin mit niemand
mehr den Ruhm der Gesetzgebung und Verwal=
tung

tung theilen. Er führte das erste Wort über das Civilgesetzbuch so gut, wie über die Gegenstände der Kirchendisciplin, in Sachen der Finanzen so gut, wie über Politik und Kriegswesen. Natürlich erfolgten nun über jeden Gegenstand nur Aussprüche der Willkühr und der Laune; und da er sie mit der größten Keckheit als das Resultat der tiefsten Einsicht und Weisheit vortrug, so kam er in den Ruf, daß ihm das kleinste Detail der Gesetzgebung und Verwaltung nicht entgehe, und die Schmeichelen rief ihm von allen Seiten bewundernd zu: welche Universalität, welche Ubiquität, welche Allwissenheit! Seitdem vertrug Napoleon keinen Widerspruch und keine Berathung mehr als die verborgenste und geheimste. Man mußte ihm entweder als sein Vertrauter in der tiefsten Verborgenheit seine Gedanken mittheilen, damit er sie mit Ostentation als sein Eigenthum öffentlich vortragen könne; oder man mußte sie ihm aus der weitesten Ferne entgegen kommen lassen, damit es das Ansehen bekäme, als ob er sie aus sich geschöpft hätte. Ohne einen Cabinetsrath zu haben, selbst ohne von dem sogenannten Verwaltungsrath bey etwas anderem als bey Kleinigkeiten Gebrauch zu machen, giengen alle wichtige Verfügungen von ihm selbst aus, oder erfolgten auf die geheimen Berichte seiner Vertrauten. In dem Glauben an seine Allwissenheit bestärkte den großen Haufen die kleine Zahl von Personen, mit der er in seinem Cabinet alle Civil- und Militärgeschäfte betrieb, — einige Schreiber, denen er mit so großer Schnelligkeit dictirte, daß sie seine Worte nur in Chifern fassen konn-

tenz

1807 bis 1812

1807ten; ein Gardien de portefeuille, der die un=
bis zähligen Papiere in Ordnung hielt, und ein
1812 Staatsecretär.

Der Senat war Napoleon's passives Werk=
zeug für seine Tyranney. Erst nahm er ihm
seine Dotation, um ihn von dem öffentlichen
Schatz und dadurch von sich abhängig zu ma=
chen: nach dem Verlust seiner Unabhängigkeit —
wäre er da noch zu dem geschickt gewesen, wo=
zu er bestimmt war, Rechte und Freyheiten des
Volks zu vertheidigen und zu erhalten? Er gab
sich Napoleon durch die schimpflichste Feigheit hin:
nie beherzt genug, eine seiner Forderungen, so
verderblich sie auch dem öffentlichen Wohl seyn
mochte, abzuschlagen, verschleuderte er durch
schrecklichen Verrath an der Nation, Menschen
und Geld, lieh er sich her zur Verbreitung gro=
ber Unwahrheiten, und benebelte darneben den
Kaiser durch die fadesten Schmeicheleyen. Alle
Senatusconsulte waren Befehle aus den Tuillerien:
bis an das Ende der Napoleonischen Regierung
war das erste Collegium im Staate das demü=
thigste und knechtischste.

Die Minister sammt dem ihnen beygegebenen
Staatsrath wußten nicht leicht von andern
Pflichten, als denen gegen sich selbst, die Fort=
dauer ihrer Stellen und deren Einkünfte betref=
fend. Die Minister nannte Napoleon selbst in
dem vorletzten Monat seiner Regierung geradezu
seine Schreiber, denen er nur dictire: und in
allem dem, worüber er ihnen seinen Willen er=
klärte, war es wahr, und diese Lage ihnen er=
wünscht:

wünscht: die eitle Selbstthätigkeit Napoleon's
überhob sie aller Verantwortlichkeit. Bald schrieb
er ihnen seine Maaßregeln durch Senatusconsulte
vor, die von seinem Cabinet ausgiengen; bald
brachte er sie zu ihrer Kenntniß, wenn sie schon
beschlossen waren, nicht um sie überlegen, son=
dern seine Weisheit bewundern zu lassen; und
gaben sie selbst auch Vorschläge zu Decreten ein,
so waren sie nur in seinem Sinn: in jedem Fall
eignete er sich dieselben durch seine Unterzeichnung
zu. Waren auch die Maaßregeln und Entschei=
dungen noch so zerstörend für Freyheit und
Nationalwohlstand, so fiel auf die Minister nichts
zurück: der Kaiser hatte sie genehmigt: den
äußern Schein der Tyraney behielt er immer für
sich. Doch überstieg die Kräfte eines noch so
thätigen und schnellen Geschäftsmanns die unge=
heure Menge der nöthigen Decrete und Verfü=
gungen; und er mußte für unendlich vieles den
Ministern freye Macht lassen. Da er nun doch
allein jeder Verfügung das Siegel der Vollen=
dung durch seine Unterzeichnung aufdrücken wollte,
so gab er die Unterschrift häufig eher, als das
Decret entworfen war, und der Minister füllte
den leeren Raum des unterzeichneten Blattes nach
seinem Gutbefinden aus. So theilte Napoleon
den Despotismus zwischen sich und seinen Mini=
stern und sprach letztere zugleich von aller Ver=
antwortlichkeit los.

Zwar sollten alle Decrete "nach Anhörung
des Staatsraths" ausgefertiget werden: aber
wie vielen fehlte diese Sanction; und was be=
deutete diese Formel bey denen, die sie hatten?

Eichhorn's Ergänz.   N   Gehört

1807 bis 1812

Gehört hatte sie wohl der Staatsrath, aber deßhalb nicht gebilliget, und sie zu verwerfen auch nicht gewagt. Indessen blieb despotischen Geistern diese Einrichtung doch beschwerlich. Um sich von dieser Controle loszumachen, hatten die Minister dem Kaiser vorzustellen gewußt, wie gefährlich für sein eigenes Ansehen eine solche Kritik der Decrete sey; wie man doch nur wenige in die Geheimnisse des Staats blicken lassen dürfe u. s. w. und er wußte dazu Rath. Damit nun der Staatsrath völlig von ihm abhängig werden, und keines seiner Mitglieder sich eine eigene Meinung erlauben möchte, ward die ursprüngliche Einrichtung, die nach fünf Jahren die Würde lebenslänglich verheißen hatte, dahin abgeändert, daß die Staatsräthe nur so lang sie auf der Liste der activen Mitglieder stünden, die auf drey Monate gestellt war, Verrichtungen und Einkünfte haben sollten: wie viele wagten nun, den vorgelegten Decreten ihre unbedingte Zustimmung zu versagen, aus Furcht aus der nächsten Liste ausgelassen zu werden?

So ausgebildet war nach und nach der Napoleonische Despotismus geworden. Ihn beschützte gegen jeden Angriff ein Generalinquisitor des Reichs, der Policeyminister, mit seinen unzähligen Spionen und fürchterlichen Staatsgefängnissen; das Oberhaupt der vielen kleinen Despoten umgaben hunderttausende von Trabanten, eine ihrem Vaterlande entfremdete Armee, die, obgleich auch durch die Strenge der Kriegsgesetze und Kriegsgerichte, durch Gensdarmerie und Spionen zum leidenden Gehorsam ange-

angehalten, dennoch ihm günstig waren, weil er 1807
sie durch Plünderungen und Ausschweifungen aller bis
Art im Auslande entschädigte. Aus Furcht vor 1812
diesen Janitscharen schmiegte sich die Menge bis auf
wenige Ausnahmen, geduldig in seine Verfügungen.
Ohnehin konnte vor Napoleon keine Klage kom=
men; denn er selbst war unzugänglich. Zwar war
unter großem Gepränge eine eigene Commission
niedergesetzt, die Bitten annehmen sollte: aber
was konnte es für einen Erfolg haben, den Mi=
nister oder seine Subalternen, von denen alles
Unrecht ausgieng, oder vielmehr Napoleon selbst,
der zu allem Unrecht den Namen hergab, wieder
bey dem Minister oder Napoleon zu verklagen?
Fand man in Audienzen den Weg zu ihm selbst,
welcher öffentlichen Beschimpfung war der Kla=
gende ausgesetzt, da ihm Napoleon in diesen
Fällen nach seiner Allwissenheit mit schmählichen
Verweisen sogleich abwies, ohne auf seine Ant=
worten oder Erläuterungen zu hören. Das Recht
der Petitionen war dadurch ohne Decret von selbst
abgeschafft. Wollte man sich mit seiner Klage an
den Staatsrath wenden, so war bey der Unbe=
stimmtheit seiner Competenz und seiner Nullität
auf seinen rechtlichen Schutz wenig zu rechnen.

Für die Diener eines solchen Despotismus,
sowohl für die zu seiner Erhaltung und Verthei=
digung thätigen, als für die zu seiner Verschley=
erung als Figuranten erforderlichen, für das
Kolossalische der öffentlichen Anstalten und Aus=
führungen, die für jede despotische Verfassung ein
Bedürfniß sind, und den Luxus reichten in keinem
Jahr die festgesetzten Einkünfte hin: da die Re=

volu=

1807
bis
1813

volution keine moralische Körperschaften mehr zu plündern übrig gelassen hatte, plünderte man den Privatstand, und bewies durch die Farce mit dem Budget, welches jährlich dem gesetzgebenden Corps mit meisterhaft verwirrten und verwirrenden Rechnungen vorgelegt wurde, *k* daß die Abgaben immer dieselben blieben, obgleich bey der Grundsteuer allein die Zulagscentimen (bis 1811) bis auf 120 Millionen vermehrt, die Tarifs nach und nach bis zur Verdoppelung gesteigert. und zuletzt (1813) gar die Communalgüter in Anspruch genommen wurden. *l*

Die ganze französische Nation lag in der drückendsten Knechtschaft. Um sie von Jugend auf zum leidenden Gehorsam zu gewöhnen, wurde jede Privaterziehung verboten, und die öffentliche einem militärisch-klösterlichen Zwang unterworfen. Es ward Materie und Form des Unterrichts, ja das Maaß der Kenntnisse, das die obern Stände erhalten sollten, genau vorgeschrieben, und darum die höhern Lehranstalten Einem Großmeister untergeben, der über die vorgeschriebene

k Man sehe z. B. Comptes du Trésor de l'empire pour l'année 1809, présentés à S. M. l'Empereur et Roi par son Ministre du Trésor. Paris 1810. 4. und Comptes du Trésor de l'empire pour l'année 1810 etc. Paris. 1811. 4.

Exposé de l'exposé de la situation de l'empire françois et des comptes des Finances publiés à Paris en 15 Febr. et 11 Mars 1813. par Sir Fancis d'Ivernois. ed. 2. Paris et Geneve 1814. 8.

l Ueber den Geist der neuen französischen Finanzverwaltung von G. Wehnert. Berlin 1812. 8.

bene Einförmigkeit zu machen habe. *m*   Nach dem
System des Tags sollte gelehrt, gedacht, und
geschrieben werden.   Die Schriftsteller wurden
daher einer strengen Policey, die Druckerpressen
einer genauen Aufsicht unterworfen. *n*   Von Jahr
zu Jahr ward der Preßzwang drückender; und
da dennoch von Zeit zu Zeit Ideen, die der Regierung mißfielen, durch die Presse in Umlauf kamen, ward gar (am 29. Decemb. 1810) eine Ge-
neraldirection des Buchhandels und der Buchdruk-
kereyen eingerichtet.   Was blieb nach diesen Vorkehrungen den beyden in dem Schooß des Senats
ernannten Commissionen für die persönliche- und
die Preßfreyheit übrig, als der öffentliche Spott?
Selbst über das Theater wurde, besonders in der
Hauptstadt, die Aufsicht geschärft.   Um die Gelegenheiten zur Aeußerung liberaler Grundsätze, die
vom Theater verkündet werden könnten, zu verrin-
gern, wurden schon im Jahr 1807 die 19 Theater zu Paris auf 8 herabgesetzt, und kein neues
Stück

1807
bis
1810

m Das kaiserl. Edict s. in Voß's Zeiten B. XVII.
1809. März S. 349.
Almanach de l'Université impériale. Année
1813. chez Brunot-Labbe, libraire de
l'Université. Paris 1813. 12.   Drey frühere
solche Annual-Register waren schon erschienen;
vergl. Götting. gel. Anzeigen 1814. S. 113.

n Die Verfügungen über Censur, Buchdruckerey
und Buchhandel, gesammelt in Voß's Zeiten
B. 26. 1811. May S. 232. B. 28. Nov. S. 216.
Bibliographie de l'Empire français. Paris 1811.
1812. Deutsch: Uebersicht der neuesten franz.
Litteratur nach der Bibl. de l'Emp. fr. herausg.
von D. Ludwig Wachler. Heft 1. Marburg
1812. 8.

Stück auf ihnen zugelassen, ohne vorher die Feuerprobe der strengsten Censur bestanden zu haben. Außer den zu diesen Zwecken angeordneten Behörden wachte noch eine geheime Policey mit ihren Argusaugen gegen jede physische und moralische Bewegung.

Eine knechtische Stille hatte sich bis zum Jahr 1810 über das Land verbreitet, das noch vor wenigen Jahren von einer Gränze bis zur andern von Millionen Stimmen wiederhallte, die frey zu leben und zu sterben schwuren. Ein Wink von oben, so opferte die Nation (unter einem im Ganzen höchst unbedeutenden Widerstand) hunderttausende ihrer Jugend der Herrsch = und Eroberungssucht eines Ausländers, der sich auf ihren Thron geschlichen hatte, und nun durch alle denkbare Despotenkünste das In = und Ausland beherrschte und dem Continent von Bayonne an bis an die Gränzen von Rußland Gesetze vorschrieb. Nur England, Portugal, Spanien und der Pabst wurden des Kampfes gegen ihn nicht müde. England widerstand ihm selbst unter den drohendsten Gefahren, — selbst als er nahe daran war, durch seine Vereinigung mit geübten seefahrenden Völkern, und in dem Besitz aller Mündungen der Hauptströme des Continents, über eine furchtbare Seemacht zu gebieten, selbst als er Nordamerica zu einem Krieg gegen die seebeherrschende Insel aufgewiegelt hatte, — mit unerschütterlichem Muthe, und belebte damit Portugal und Spanien, so oft er in diesen hart gedrückten Reichen sinken wollte, und das Beyspiel der durch Verbannung und Gefangenschaft nicht gebeugten Beharrlichkeit des

Pabstes

Pabstes machte beyde Staaten auch in den tief=
sten Bedrängnissen unbesiegbar. Zuletzt empfand
Napoleon doch, daß geistliche Waffen auch in
erleuchteten Jahrhunderten tiefere Wunden schla=
gen, als man ihnen hätte zutrauen mögen, in
den kirchlichen Verwirrungen, die sein Verhältniß
mit dem Pabste in Frankreich angerichtet hatte.
Der Pabst hatte bisher keinen von Napoleon er=
nannten Bischof bestätiget, wodurch alle ihre
geistlichen Functionen ungültig blieben. Er wollte
durch ein Nationalconcilium von französischen und
italiänischen Bischöfen, das er (am 25. April
1811) auf den 9. Junius nach Paris zusammen
berief, die fehlende Bestätigung ergänzen lassen;
aber das Concilium erklärte sich für nicht berech=
tiget, solche Bestätigungen statt des Pabstes vor=
zunehmen: wobey sich die Bischöfe von Gent,
Troyes und Tournay durch ihre Freymüthigkeit
Verhaftung, und zuletzt Absetzung und Verwei=
sung in das Innere von Frankreich zuzogen. Nach
mehreren ärgerlichen Auftritten beschränkte sich Na=
poleon auf das Decret: daß sechs Bischöfe des
Conciliums nach Savona reisen sollten, den Pabst
zu bewegen, binnen sechs Monaten die von ihm
ernannten Bischöfe zu bestätigen, und hieß die
übrigen Bischöfe, "da an der Einwilligung des
Pabstes nicht zu zweifeln sey," nach Hause gehen.
So ward er wenigstens die versammelten Bischöfe
auf eine schickliche Weise los. Die Reise der er=
stern war, wie sich voraussehen ließ, vergeblich:
der Pabst bestätigte auch nicht einen der von Na=
poleon ernannten Bischöfe. o

An

o Außer Beauchamp (s. oben):

Das

1807
bis
1810

An dem hohen Norden brach sich endlich der corsische Uebermuth und Trotz. Lange war Rußland Napoleon's treuer Bundesgenosse gewesen: es hatte dem schmählichen Monarchen=Convent zu Erfurt beygewohnt; es hatte sein, wiewohl unthätiges, Contingent gegen Oesterreich gestellt, es hatte nach dem Biallystocker Kreis auch noch die Moldau, Wallachey und einen Theil von Galicien, von Napoleon unangefochten, in Besitz genommen, es hatte dem Continentalsystem gemäß England die Häfen seines weiten Reichs verschlossen *p* und dessen Schifffahrt, Industrie und Cultur unermeßlichen Schaden zugefügt. Letzterer ward von Jahr zu Jahr empfindlicher, daß es endlich, um seiner einheimischen Industrie und Schifffahrt zu Hülfe zu kommen, in besonderen Ucasen (vom 13. Dec. 1810) die Einfuhr vieler fremden, unter andern auch mancher französischen Waaren verbot und (was nichts als eine eigene Art von Licenzen war) die Einfuhr der Colonialwaaren erlaubte, nur nicht auf englischen Schiffen, denen die russischen Häfen nach wie vor verschlossen blieben. Napoleon eiferte dagegen, als gegen einen Bruch des Tilsiter Friedens und des Continentalsystems, und um Rußland wieder in sein Garn zurückzuziehen, aus dem es sich loszuwickeln angefangen hatte, unterhandelte er einen Handelstractat, den aber

Ruß=

Das Nationalconcilium zu Paris im Jahre 1811. Mit authentischen Actenstücken. Von dem Canonicus F. A. Melchers. Münster 1814. 8.

p Die Actenstücke in Voß's Zeiten B. 15. Julius S. 12. B. 16. 1808. Octob. S. 84. Novemb. S. 180.

Rußland standhaft ablehnte. Beyde rüsteten sich 1807
in der Stille zu einem Kampf.

Diese Stellung behielten Rußland und Frankreich ein volles Jahr gegen einander, ohne daß die
Unterhandlungen ernstlicher geworden wären. In
dieser Zwischenzeit stiegen die französischen Zu-
dringlichkeiten gegen Schweden bis ins Ungebühr-
liche, daß es endlich gegen sie Bundesgenossen aufsuchen mußte.

Das freundschaftliche Verhältniß, in welches
Schweden mit Frankreich durch die Absetzung seines bisherigen Königs, eines unversöhnlichen Feindes von Napoleon, und den Frieden (vom 6. Januar 1810) zurückgekehrt war, dauerte nur wenige Monate. Die Erhebung seines Marschalls,
des Prinzen von Ponte Corvo, zum Kronprinzen
von Schweden (am 21. August 1810), machte Napoleon dreister in seinen Forderungen, die alle-
sammt für Schweden herabwürdigend und zum
Theil landesverderblich waren. Dem verlangten
Beytritt zum Continentalsystem, so nachtheilig er
seiner Handlung und Schifffahrt werden mußte,
trat der neue König (am 10. Novemb. 1810) bey;
hingegen die verlangten 2000 schwedischen Matrosen zur Bemannung der Brester Flotte, die Ueber-
lassung schwedischer Truppen in französischen Sold,
die Einführung des Tarifs von Trianon, die Zu-
lassung französischer Douanenbedienten zu Gothen-
burg, das Bündniß mit Dänemark und dem Herzogthum Warschau, um unter französischer Garantie einen nordischen Bund nach dem Muster des
rheinischen zu bilden, schlug er ab. Doch erklärte
er sich zu einem Bündniß mit Frankreich, auf das

darauf

darauf der französische Gesandte Alquier antrug, geneigt: "nur wünsche er voraus zu erfahren, „welche Vortheile es Schweden bringen würde:" worauf der Gesandte trotzig erwiederte: "der Kai= „ser verlange Thatsachen; nach diesen könne „vielleicht die Rede davon seyn, daß er etwas „zu Gunsten Schwedens thun werde," und an das Bündniß ward nicht weiter gedacht. Da= gegen bringen französische Kaper schwedische Schiffe auf; die darauf befindlichen schwedischen Matrosen werden wie Kriegsgefangene behandelt und gefesselt nach Antwerpen und Toulon auf französische Schiffe geschleppt. Schwedisch=Pom= mern wird (am 17. Nov. 1810), unter dem Vor= wand, dem Schleichhandel zu steuern, durch fran= zösische Truppen besetzt, und die dort befindli= chen schwedischen Truppen werden wie Kriegsge= fangene behandelt; der französische Viceconsul neckt die dasigen Beamten, er sucht sie durch Dro= hungen und Gefängniß zur Huldigung an Frank= reich zu zwingen und erlaubt sich alle Arten von Gewaltthätigkeiten: die schwedischen Klagen über diese Verletzungen des Völkerrechts und bestehen= der Verträge werden entweder gar nicht, oder trotzig beantwortet und der französische Gesandte Alquier benimmt sich dabey so übermüthig, daß Schweden sich bewogen sieht, um seine Zurück= berufung nachzusuchen. Dagegen mißt Schwe= den jeden seiner Schritte mit großer Mäßigung und Vorsicht ab: die französischen Kaper, welche die Küste beunruhigen, werden nur verjagt; ein von schwedischen Schiffen aufgebrachter wird dem zu= rückgebliebenen französischen Geschäftsträger über= liefert u. s. w. Dessen ohnerachtet gehen die französi= schen

schen Gewaltthätigkeiten fort: Davoust überfällt 1807
(am 27. Jan. 1812) Schwedisch = Pommern und bis
behandelt es wie ein erobertes Land; auf die Be= 1812
schwerden darüber bleibt Schweden ohne Antwort. *q*
Nun bricht seine Geduld: es schließt mit England
eine Uebereinkunft, mit Rußland ein Bündniß,
und rüstet sich, unterstützt durch englische Subsi=
dien, zum Krieg. *r*

Im Anfang des Jahrs 1812 hatte Napo=
leon bereits in der Nähe von Rußland seine Mi=
litärmacht ansehnlich verstärkt, und sich die Kräfte
zu diesen und andern Vorkehrungen durch zwei
Aushebungen (vom 13. Dec. 1810 und 20. Dec.
1811), jede zu 120,000 Mann verschafft. Das
französische Heer in Norddeutschland, die Besatzun=
gen in Stettin, Küstrin, Glogau und Danzig waren
unverhältnißmäßig vermehrt; Danzig war schon
fürchterlich befestiget und zu einer großen Nieder=
lage von Waffen und Kriegsbedürfnissen gemacht;
so wie das Herzogthum Warschau in der Nähe,
so standen die Fürsten des rheinischen Bundes in
der Ferne zum Aufbruch gerüstet da. Diese furcht=
bare Macht verstärkten in den nächsten Monaten
noch Preußen und Oesterreich: Preußen mit 20,000
Mann nach einer Uebereinkunft vom 5. März
1812,

---

q Die von Frankreich bekannt gemachten Acten=
   stücke f. in den Europ. Annalen 1813.
   St. 10. 11. Die von Schweden in den Eu=
   rop. Annalen 1814. St. 1. S. 78. vergl.
   Voß's Zeiten B. 35. 1813 Jul. S. 74. Aug.
   S. 153. Sept. S. 297.
r Friedensvertrag mit England zu Oprebro am
   18. Julius 1812 in de Martens Suppl. V.
   (nouv. Rec. I.) p. 431.

1812 1812, zu der es durch die Uebermacht franzö=
sischer Truppen, die in seinem Innern schlagfer=
tig standen, seiner Selbsterhaltung wegen gezwun=
gen war ; Oesterreich freywilliger mit 30,000
Mann, zufolge eines (am 14. März) zur wechselsei=
tigen Hülfleistung geschlossenen Vertrags.s Doch
hatte auch Rußland seine Rüstungen mit Eifer
fortgesetzt und seine Friedensunterhandlungen mit
der Pforte dem Abschluß so nahe gebracht, daß
es einen Theil seiner gegen die Türken aufgestell=
ten Armee aus der Wallachey in Eilmärschen
nach Polen zurückziehen konnte.

Unter dieser drohenden Stellung beyder Mäch=
te begannen im Februar 1812 die ernsthaftern
Verhandlungen derselben mit einander. Ruß=
land eröffnete sie mit einer feyerlichen Protesta=
tion gegen den neuesten Gewaltschlag Napole=
on's, durch welchen dieser den Herzog von Ol=
denburg, einen mit Rußland so nahe verwand=
ten Fürsten, seines Herzogthums beraubt und
dasselbe mit Frankreich vereiniget hatte.t Na=
poleon leugnete (am 25. April) die Gültigkeit
der eingelegten Protestation, weil er zur Ent=
schädigung bereit sey, und Rußland die Sache
eines Fürsten des rheinischen Bundes nichts an=
gehe. Auf so eine Antwort bereits gerüstet,
reichte der russische Gesandte zu Paris, Fürst
Kura=

s Zu finden in de Martens Suppl. V. (nouv.
Rec. I.) p. 427. Voß's Zeiten B. 41. 1815.
März. S. 324.
t Note der russischen Minister vom 10. Dec. 1810.
in de Martens Suppl. V. (nouv. Rec. I.)
p. 348.

Kurakin, ungesäumt seine letzten Vorschläge (am 1812 30. April) ein: "Preußen müsse von jeder po= „litischen Verbindung gegen Rußland unabhängig „gelassen und daher der preußische Staat und „seine Festungen von französischen Truppen ge= „räumt werden; die Besatzung von Danzig müsse „auf die Stärke, wie im Anfang des vorigen „Jahrs, zurückgebracht, und Schwedisch=Pom= „mern verlassen werden. Dagegen wolle Ruß= „land den englischen Schiffen seine Häfen ferner, „wie bisher, verschließen; den französischen Han= „del, so weit es ohne Beeinträchtigung des rus= „sischen geschehen könne, zulassen, und einen „Tauschvertrag für das Herzogthum Oldenburg „gegen eine angemessene Entschädigung einge= „hen." Am 7. May verlangte Kurakin entweder bestimmte Erklärung auf seine Vorschläge oder Pässe zu seiner Abreise. Um Zeit zu gewinnen, erkundigte sich nun erst Maret bey ihm, ob er auch hinlänglich zu dieser Unterhandlung bevoll= mächtiget sey? Unverweilt bejahte es Kurakin und wiederholte sein voriges Verlangen. Ohne ihm in dem einen oder andern willfahrt zu ha= ben, reiste Maret heimlich (am 11. May) nach Dresden ab. Von Dresden aus wurde der fran= zösische Gesandte zu Petersburg, Lauriston, be= auftragt, beym russischen Kaiser um die Erlaub= niß nachzusuchen, daß er ihm nach Wilna folgen dürfe, um mit ihm unmittelbar zu unterhandeln. Die Erlaubniß ward verweigert, weil alle Ver= bindung mit Rußland von Frankreich feindselig gesperrt sey: "erst möge Napoleon mit seinen Truppen über den Rhein zurückgehen, dann erst werde der russische Kaiser sich mit ihm in wei=
tere

1812 tere Erklärungen einlassen." Nach wiederholter Forderung seiner Pässe, wurden sie endlich dem Fürsten Kurakin (am 12. Jun.) von Maret zugesendet mit dem Beyfügen: "das wiederholte "Gesuch darum müsse sein Kaiser für eine Kriegs= "erklärung ansehen." Auch Lauriston reiste um dieselbe Zeit aus Petersburg unter lauten Klagen ab, daß alle friedliche Ausgleichung, die sein Kaiser so sehnlich wünsche, verhindert werde. Der Krieg war entschieden.

Er ward von Frankreich mit einem unermeß= lichen Menschenaufwand begonnen: denn er sollte nach Napoleon's stolzer Hoffnung die Unterjo= chung Europa's vollenden, und ihn als Beherr= scher des gebildetsten Weltheils zugleich zum Herrscher der Welt erheben. Vom Senat for= derte er durch den Kriegsminister Clarke zu den 240,000 Mann der beyden letzten Conscriptio= nen, die schon über die Gränze gegangen wären, noch 100,000 Mann von der Nationalgarde: "die ganze Nationalgarde sey in drey Banne zu theilen. Der erste Bann, die waffenfähige Mann= schaft von 20 — 26 Jahren, werde aus 600,000 Mann bestehen; von ihr brauche das Vaterland nur 100,000 Mann, die nie über die Gränze gehen sollten, zur Aufrechthaltung des Conti= nentalsystems und zum Dienst im Innern: 16,000 Gensd'Armes würden ihnen die nöthige Reute= rey liefern:" und der Senat beschließt sie unter lauter Bewunderung der weisen Anstalten des großen Kaisers. Nun ließen sich alle Linientrup= pen im Inneren entbehren, und sie brechen auch an die Oder und Weichsel auf. Vom Frühling bis

bis tief in den Sommer hinein waren die Straßen 1812
dahin mit den französischen und Bundestruppen
bedeckt, an die sich 12,000 Schweitzer (die nach
einer Militärconvention (vom 28. März) in
französischen Sold genommen waren) anschlossen:
Polen, Oesterreicher, Preußen nahmen die mit
ihnen verabredete Stellung ein: eine halbe Mil=
lion Menschen, die Blüthe von Frankreich,
Deutschland, den Niederlanden, Italien und Po=
len. Am 9. May bricht Napoleon von St.
Cloud nach Dresden, und von da, nach einem
Aufenthalt von wenigen Tagen, zu seinen be=
waffneten Völkerschaaren auf. Am 22. Junius
erklärt er in einer Proclamation an seine Armee
Rußland den Krieg, und läßt das französische
und Bundesheer (am 24. und 25. Jun.) auf
drey Puncten über den Niemen setzen. Am 25.
Junius erfolgte auch die russische Kriegserklärung.
Am 28. Junius verkündete eine Generalconföde=
ration auf dem Reichstag zu Warschau die Wie=
derherstellung des Königreichs Polen, *u* und am
14. Julius trat Litthauen der Generalconföderation
tion von Warschau bey. *v* Napoleons ganze
Macht ist in Thätigkeit.

Mäu=

u de Pradt histoire de l'ambassade dans le
grand duché de Varsovie en 1812. Paris 1815. 8.
v Histoire de la guerre en Russie et en Allemagne, par M. Sarazin.
Eugene Labeaume relation circonstanciée
de la campagne de Russie. Paris 1814. 8.
Tableau de la campagne de Moscou en 1812,
par Réné Bougeois Paris. 1814. 8.
Durtend histoire de la guerre de Russie.

(Beckers)

1812 Männer von Verstand und Kenntniß des Landes, in das der Krieg unternommen ward, ahneten dem Feldzug einen tragischen Ausgang. Als ließe sich ein unermeßliches Heer auf Kosten eines schlecht bevölkerten Landes, wo nur einzelne weit auseinander liegende Städte und Dörfer mit spärlichem Vorrath von Lebensmitteln zu finden sind, wie in dichtbewohnten, und mit allen Lebensbedürfnissen reichlich versehenen Ländern, wie bisher in Deutschland und Italien, ohne große Schwierigkeit nähren, brach Napoleon mit seinen Heerschaaren ohne die ihnen nöthigen Lebensmittel mit sich zu führen (was auch bey ihrer Stärke nicht wohl möglich war) über die Berefina in das innere Rußland ein. Man brauchte die Anstalten, durch welche ihm Rußland seinen Zug erschweren würde, nicht zu kennen, um voraus

(Beckers) Krieg der Franzosen und ihrer Alliirten gegen Rußland. Leipz. 1813. 3 Th. 8.

Napoleon's Bonaparte's zwey merkwürdigste Lebensjahre (aus dem Englischen). 1816. 8.

Mittheilungen aus dem russischen Feldzuge (1812) an einen Officier des Generalstabs von Röder von Bomsdorf. Th. 1. Plauen 1816. 8.

K. G. Bretschneider's vierjähriger Krieg der Verbündeten mit Napoleon Bonaparte in Rußland, Deutschland, Italien und Frankreich in den Jahren 1812 — 1815. Annaberg 1816. 2 Th. 8.

(Fick's) Darstellung des Feldzugs der Verbündeten gegen Napoleon im Jahr 1813. Erlang. 1814. im Jahr 1814. Erlang. 1814. im Jahr 1815. Erlang. 1815. 8.

K. Venturini Geschichte des europ. Befreyungskriegs in den Jahren 1812 — 1814. 1. Th. Leipz. und Altenb. 1815. 8.

voraus zu sehen, daß seine Krieger in den Ein= 1812 öden, durch die er zog, durch Hunger und ein Heer anderer Kriegsbeschwerden, ihr Grab finden würden. w

Bey dem Uebergang der Franzosen über den Niemen zogen sich die Russen langsam und käm= pfend in das Innere ihres Reichs zurück: der größere Theil derselben unter Barclay de Tolly die Düna hinauf, dann dem Dnepr zu, ihm folgte Napoleon selbst; der linke Flügel unter Bagration wendete sich gleichfalls gegen den Dnepr, ihm folgte Davoust nach. An der Düna nahm die Besatzung von Riga, durch Truppen aus Finnland verstärkt, ihre Stellung; ihr ent= gegen in Kurland Macdonald mit 20,000 Preußen und 10,000 Franzosen. In der Nähe von Po= lozk stand Wittgenstein mit 30,000 Mann, ihm war Oudinot mit 40,000 Mann entgegengestellt. In Volhynien bedrohte Tormassow das Her= zogthum Warschau; und dieses schützte der Feld= marschall von Schwarzenberg mit beynahe 50,000 Oesterreichern. Aus der Moldau und Wallachey zog Tsitschagow mit 40,000 Mann heran.

Noch während die Heere unter oft heftigen Gefechten diese Stellung nahmen, erließ Alexan= der (am 18. Jul.) aus dem Lager von Polozk einen doppelten Aufruf, einen an die Nation und einen an Moskwa: "alle, ohne Unterschied des Standes, Priester wie Layen, möchten sich, das

w Die russischen Bülletins s. in den Europ. Annalen 1814. St. 2. S. 261. St. 4. S. 3. die französischen im Jahrg. 1813. St. 1 ff. auch in Voß's Zeiten. B. 31. (1812) ff.

Eichhorn's Ergänz.   O

1812 das Creuz im Herzen und das Eisen in der Hand, vereinigen, um den eindringenden Feind, der mit Falschheit im Herzen und mit trügerischen Worten auf den Lippen Fesseln und Ketten bringe, zu vertilgen." Wie in einem Augenblick stand die ganze Nation der Russen in den Waffen; alle Straßen wimmelten von muthigen Schaaren, die von allen Seiten her den Armeen zur Verstärkung zueilten.

Napoleon und Davoust sollten den Weg nach Moskwa, Macdonald und Oudinot nach Petersburg erzwingen: jene hatten sich denselben durch die Russen unter Barclay de Tolly und Bagration zu eröffnen; diese durch die Eroberung von Riga und die Besiegung Wittgenstein's am rechten Ufer der Düna.

Die letztern sahen zuerst ihren Plan vereitelt: in drey Schlachten besiegte Wittgenstein ihre weit größere Zahl: am 30. und 31. Julius bey Klästiza zwischen Polozk und Sebesch; am 11. August bey Kochanow; am 17. und 18. August behaupteten zwar beyde Armeen ihre Stellungen; aber die Franzosen waren dabey so erschöpft worden, daß sie mehrere Wochen über ihre Angriffe nicht erneuern konnten.

Napoleon und Davoust gelang dem ersten Anschein nach ihr Plan nach Moskwa besser. In den ersten Tagen des Augusts begegneten sich die beyden Haupttheere einander bey Smolensk, Barclay de Tolly und Bagration mit 135,000 Streitern, und Napoleon und Davoust mit 200,000 Mann und einer der russischen weit überlegenen Reuterey, und kämpften zwey Tage lang (am 17. und 18. August) in hartnäckigen Schlachten mit einander, welche den Wahlplatz mit 15,000

Rus=

Ruſſen und 25,000 Franzoſen bedeckten: die 1812
Ruſſen wichen endlich der Uebermacht, und zogen
ſich, nachdem der beſte Theil der Stadt eine
Brandſtätte geworden war, begleitet von dem
größten Theil der Einwohner, weiter in das Reich
nach Dorogabuſch, und von da unter Kutuſow,
einem bejahrten, erfahrnen Feldherrn, der am 28.
Auguſt den Oberbefehl übernommen hatte, bis zu
dem Dorfe Borodino, nicht weit von Moſaiſk,
zwölf Meilen von Moſkwa, langſam und käm-
pfend zurück. Auf dem ganzen Weg dahin nahm
die Armee die mehrſten Einwohner der Städte und
Dörfer, ſammt ihrem Vieh und Lebensmitteln mit,
beſonders alle obrigkeitliche Perſonen, damit es
den nachziehenden Franzoſen an den nöthigen Behörden fehlen möchte, um ſich ihre Bedürfniſſe
durch Contributionen und Requiſitionen zu ver-
ſchaffen. Die Franzoſen folgten ihnen durch Ein-
öden, und litten an allem Mangel.

Kutuſow hatte alle ſeine Verſtärkungen in
die Nähe von Moſaiſk gezogen, entſchloſſen, dort
mit dem, wenn gleich an Zahl ihm überlegenen,
Feind den Kampf zu erneuern. Am 5. September wird ſein linker Flügel unter Bagration ſtür-
mend angegriffen; aber er weicht keinen Schritt
zurück: am 7. Sept. beginnt mit dem Anbruch des
Tags ein ſchreckliches Mordfeſt, und wird bis
zum Einbruch der Nacht fortgeſetzt, (80,000 Leichen ſollen das Schlachtfeld bedeckt haben): die
Ruſſen wichen auch an dieſem blutigen Tage nicht,
wohl aber zogen ſich die Franzoſen nach der
Schlacht zehn Werſte zurück.

Doch

1812 Doch hatte auch Kutusow's Heer einen großen Verlust an geübten Truppen erlitten; die Zahl
der Franzosen war ihm noch immer überlegen;
und ihr hatte er meist nur eine noch nicht ein-
geübte Landwehr entgegenzustellen. Der erfahrne
Feldherr beschloß daher lieber eine unangreifbare
Stellung zu nehmen, als sein geschwächtes Heer
dem ungewissen Ausgang einer Schlacht auszu-
setzen, und durch jene lieber das Reich vor den
weitern Fortschritten der Franzosen in Sicherheit
zu stellen und die Hauptstadt aufzuopfern, als
durch eine verlorne Schlacht beydes den Feinden
Preis zu geben. Er zog sich daher, jedem Ta-
del trotzend, durch Moskwa auf den Weg von
Kaluga und Tula, und schlug bey dem Dorfe
Tarutina sein befestigtes Lager auf. Schon in
den letzten Wochen hatten sich die reichsten und
angesehensten Familien mit ihren Schätzen aus der
Hauptstadt in das Innere des Landes gezogen;
die Auswanderung ward nun noch viel allgemeiner; von den 350,000 Einwohnern blieben kaum
30,000 zurück. Rostopschin, der Befehlshaber
der Stadt, kühn in Entschließung und fest und
kraftvoll in der Ausführung, recht gemacht in
entscheidenden Augenblicken seinen Geist zum allgemeinen zu machen, hatte zu dieser Auswanderung,
zur Bewaffnung, zu jeder Art von Aufopferung je-
dermann begeistert: nicht in die Stadt des Glanzes
und Ueberflusses, sondern in eine Einöde des Hun-
gers sollte Napoléon einziehen, und wenn er noch
vor ihrer völligen Ausleerung einträfe, so sollte
recht mit Vorsatz alles vernichtet werden, was
sich irgend vernichten ließe.

Erst

Erst sieben Tage nach der mörderischen Schlacht, 1812 erst am 14. Sept., erreichte Napoleon, der sonst in der Schnelligkeit, mit der er Schlag auf Schlag folgen ließ, das Glück seiner Siege suchte, mit seinem Vortrab die Stadt: seine Langsamkeit verkündete, was er künstlich verhehlte, wie geschwächt er das Schlachtfeld verlassen hatte. Eine fürchterliche Stille begleitete ihn, als er selbst am 15. Sept. einzog, bis zum Kreml: kein Magistrat empfieng ihn, kein erkaufter Pöbel begrüßte ihn. Schon in der Nacht vom 14. auf den 15. Sept. loderte das Feuer auf, das Rostopschin zur Vernichtung aller zurückgebliebenen Güter und Lebensmittel bestimmt hatte; ward aber bald gelöscht. In der folgenden Nacht waren die Maßregeln zu einem allgemeinen Brand besser getroffen: das Feuer gieng in mehreren Quartieren der Stadt zu gleicher Zeit auf und riß mit fürchterlicher Gewalt um sich, weil der Brand zum Löschen zu allgemein war; die zurückgebliebenen Einwohner getrauten sich nicht aus der Verborgenheit, in die sie sich gerettet hatten, hervorzukommen, und die französischen Soldaten überließen sich lieber dem Plündern, dem in der Verwirrung niemand Einhalt that. Bis zum 17. Sept. wüthete der Brand fort; selbst der Kreml kam in Gefahr, daß Napoleon sich von ihm eilig nach dem nahen kaiserlichen Lustschloß Petrowski flüchtete. Zwey Drittel der Stadt legten diese fürchterlichen Tage und Nächte in Asche; nur der Kreml nebst den Häusern jenseits der Moskwa blieben stehen.x Noch schrecklicher machten

x Versuch einer Darstellung der Verbrennung und Plün-

1812 ten diese Tage die Abscheulichkeiten des französi=
schen Heers, dem von ihren Anführern selbst die
Stadt zur Plünderung und Ausübung aller Schand=
thaten Preis gegeben wurde. Losgebunden von
allen Gesetzen, setzte es seine Gräuel vierzehn Tage
fort: erst nach so vielen schauervollen Tagen kehrte
endlich der Anfang einer Ordnung wieder nach und
nach zurück.

Napoleon, der endlich nach erloschenem Brande
von Petrowsky wieder auf den Kreml zurückge=
kehrt war, sah sich und sein Heer von allen Sei=
ten mit Vernichtung bedroht. Die russische Haupt=
armee, in ihrer furchtbaren Stellung, wuchs durch
herbeyströmendes neues Volk täglich mehr an, und
die seinige nahm durch Klima, das Schwerdt ih=
rer Feinde, und die Folgen ihres frühern Lebens,
ihrer Anstrengungen und Ausschweifungen an Zahl
sichtbar ab, und ließ sich nicht wieder ergänzen;
jene hatte Ueberfluß an Lebensmitteln durch un=
aufhörliche Zufuhr, da in ihrem Rücken die reich=
sten Provinzen lagen, ihm drohte nächstens gänz=
licher Mangel, da der in Moskwa erbeutete Vor=
rath zu Ende gieng und ihm die Zufuhr durch
um ihn herumschwärmende russische Bauern, die
sich mit jedem Tage mehrten, und die von Ku=
tusow ausgeschickten Reuterhaufen theils erschwert,
theils abgeschnitten wurde. Weder durch verän=
derte

Plünderung Moskwa's durch die Franzosen im
September 1812, von einem Augenzeugen (dem
Buchhändler Horn). Mit Kupfern. St. Peters=
burg 1813. 8. Der erste Anfang des Brandes
ist noch immer streitig. S. die Anzeige dieses
Buchs in der Götting. gel. Anz. Jahrg. 1817.

derte Stellung, noch durch schnelles Vordringen 1812. war diese mißliche Lage zu verbessern: Kutu-sow's Stellung war zu fest und schnitt das fran-zösische Heer von den fruchtbarsten Provinzen des russischen Reichs ab; an den Weg nach Peters-burg war eben so wenig zu denken, weil auf ihm alle Verbindung mit Polen oder einem an-dern befreundeten Lande weggefallen und dasselbe zwischen zwey Feuer gekommen wäre, da vor ihm Wittgenstein und hinter ihm Kutusow gestanden hätte. In dieser verzweiflungsvollen Lage ver-suchte Napoleon das Glück der Unterhandlung: Mürat will sie mit Miloradowitsch anknüpfen, und wird kalt und stolz abgewiesen; Lauriston mit Kutusow selbst, und erhält von ihm gar zur Antwort: "statt mit Napoleon zu unterhandeln, „werde jetzt erst der Krieg der Russen gegen ihn „beginnen." Sollte nicht Moskwa das Grab der Franzosen und ihrer Verbündeten werden, so war mit dem Rückzug nicht zu zögern. Napoleon bereitete ihn seit dem 17. Octob. vor. Die Prah-lereyen, mit denen Napoleon den Feldzug gegen Rußland eröffnet hatte, fielen nun im umge-kehrten Sinn auf die Franzosen zurück.

Am 26. Octob. ward von ihnen der Rückzug, mit Zurücklassung von etwa 8000 Mann für die Kranken, angetreten. Die Niederlagen, welche sie während der Vorbereitungen dazu trafen — (am 18. Octob. ward Mürat von Bennigsen bey Taru-tina, und am 24. Octob. Napoleon selbst von Kutusow geschlagen) — diese Unfälle konnten ihnen zur Vorbedeutung von der Vernichtung die-nen, welche ihrer auf dem Rückzug selbst wartete.

Na-

1812 Napoleon wollte für ihn eine andere Straße, wo noch Vorräthe von Lebensmitteln zu vermuthen waren, einschlagen, und ward von Kutusow durch die ihm gelieferte Schlacht auf die verheerte von Smolensk zurückgeworfen, auf der nichts mehr zu finden war. Allenthalben wurden die Franzosen von Kosacken, untermengt mit russischen Bauern, umschwärmt, die sie durch ihre unaufhörlichen leichten Angriffe so ermüdeten, daß ihr Name zuletzt ein allgemeiner Schrecken war. Mit dem Vortrab der regulären Armee folgte ihnen Miloradowitsch auf dem Fuße nach; er verwickelte sie unaufhörlich in kleine Gefechte, und schlug endlich Davoust bey Wiasma (am 3. Nov.) nachdrücklich. Mit dem Hunger, der an Menschen und Thieren die Lebenskräfte schon sehr angegriffen hatte, verband sich nun gar noch ein heftiger Frost, durch den Vieh und Menschen bey ihrer bereits halbzerlumpten Kleidung Schaarenweis erstarrten. Ein Theil des Geschützes blieb aus Mangel an Zugvieh unterwegs stehen, ein anderer Theil ward von den Kosacken und russischen Bauern erbeutet; Troß und Gepäcke fiel den nachfolgenden russischen Truppen in die Hände. Bis Smolensk hatte den Franzosen ihr Rückzug 60,000 Mann, 400 Kanonen, und schon einen großen Theil des Gepäckes gekostet.

Die Trümmer des französischen Heers, die Hunger, Frost und Schwerdt verschont hatten, hätten zu Smolensk, wo reiche Magazine waren, gesammelt und aufs neue gebildet werden können; aber die nacheilenden Russen ließen ihnen dazu keine Zeit, sondern trieben sie in Unordnung und Eile

Eile nach Krasnoi, wo sie ohne Reuterey, zum 1812 Theil ohne Waffen, und mit ihnen fast zu glei= cher Zeit das sie verfolgende russische Heer un= ter Kutusow, eintrafen. Napoleon ergriff bey ihrem Anblick ein panischer Schrecken; wie in der Flucht eilte er seinen vorausgegangenen Garden nach, und hieß Davoust den bereits von Kutu= sow (am 17. Nov.) geschehenen Angriff bestehen, und durch fortgesetzten Kampf den Nachtrab un= ter Ney decken. Aber auch Davoust hielt ihn nicht aus, sondern eilte Napoleon nach, mit dem Verlust des Gepäckes, vieler Kanonen und Adler und von 9000 Mann, die zu Gefangenen gemacht wurden, und überließ Ney mit dem Nachtrab von 15,000 Mann seinem Schicksal. Davoust hatte inzwischen Smolensk mit dem Rest der Vorräthe zerstört, und langte am 18. Nov. zu Krasnoi an, ununterrichtet, daß die russische Armee unter Ku= tusow daselbst stehe. In der Vermuthung, daß nur ein kleiner Heerhaufe ihm den Durchzug strei= tig mache, griff er an, um sich durchzuschlagen; so bald er aber seinen Irrthum gewahr wurde, ergriff er die Flucht, und 11,000 Franzosen muß= ten sich mit allen dem Reichthum, den sie deckten, ergeben.

Die russischen Heerführer dachten an der Be= resina den letzten Rest der fliehenden Franzosen aufzureiben, und Wittgenstein und Tschitschakow, Tormassow und Platow eilten dem Flusse zu, um wo möglich ihn vor Napoleon zu erreichen, und den Trümmern seines Heers den Uebergang zu verwehren. Sie hatten bisher immer siegreich gekämpft. Nachdem die beyden erstern den Fran= zosen ihren Weg nach Petersburg vereitelt hatten,

war

1812 war Guvion de St. Cyr von Wittgenstein am 18.Octob. geschlagen, Polozk (am 19. und 20. Octob.) gestürmt, das fliehende Heer verfolgt und zweymal (am 31. October und 14. November) geschlagen; von Tschitschakow war Minsk er=stürmt, und nach seiner Vereinigung mit Tor=massow waren die Polen in wiederholten Gefech=ten geschlagen worden. Nun eilten beyde Feldherrn über Witepsk und Tschasnik der Beresina zu. Napoleon dagegen zog die Heerhaufen unter Victor und Dombrowsky, und Oudinot's Trup=pen, die jetzt, nach der Verwundung ihres Anführers, Guvion de St. Cyr befehligte, an sich, um seinen Uebergang zu decken. Victor stellte er Wittgenstein, Dombrowsky hingegen Tschitschakow entgegen, und begann darauf den Uebergang über die Beresina auf einer schmalen Brücke in der Nähe von Sembin. Nicht lange, so sind die Franzosen von allen Seiten im Ge=dränge. Wittgenstein wirft Victor, Tschitscha=kow die Polen auf die Hauptarmee zurück, un=terstützt von Platow, der mit seinen Kosaken bey Kutusow's Armee die Franzosen allerwärts beunruhigte und auf sie eindrang. Mit einem Mal drängte sich alles auf die Brücke zu, um vor andern das jenseitige Ufer zu erreichen: in dem Gedränge werden viele erdrückt, zertre=ten, hinabgestoßen in den Fluß, von dem Ge=schütz der Russen zerschmettert. Von den 60,000, die etwa Napoleon an die Beresina brachte, er=reichten kaum 40,000 das jenseitige Ufer. Die letzten noch vorhandenen Schätze fielen hier den Russen in die Hände: wenn gleich nur eine Nachlese, doch noch eine sehr reiche Beute.

Bis

Bis an den Niemen verfolgten noch die 1812 Kosaken den traurigen Rest der halben Million, welche mit Napoleon nach Rußland gezogen war: einen Heerhaufen ohne Waffen, ohne Kleidung, halb erstarrte ausgehungerte Skelete, von denen das Schwerd der Russen, der Hunger und Frost noch einen großen Theil aufrieb, so daß kaum 25,000 Mann über den Niemen mehr getäumelt als gegangen seyn mögen. Napoleon, dem die Flüche der Verzweiflung, welche die halben Leichen gegen ihn ausstießen, nicht entgangen waren, flüchtete sich vor ihrem Zorn von der Beresina nach Wilna, wo er einzeln am 6. Dec. anlangte; er wollte daselbst ihre Ankunft nicht abwarten, sondern übertrug Murat den Oberbefehl, und eilte so einzeln, wie er angekommen war, in der größten Verborgenheit durch Polen und Preußen bis Dresden: dort borgte er das nöthige Geld zur Fortsetzung seiner Flucht und ereilte Paris am 18. December.

In völliger Auflösung zogen die Reste der großen Armee (vom 7. — 9. Decemb.) durch Wilna: die Russen rückten nach, und trieben sie an die Weichsel, von der Weichsel an die Oder, von der Oder an die Elbe. Von Macdonalt getrennt, hatte der Anführer der Preußen bey der französischen Armee, den General York, (am 30. December) eine Neutralitäts-Convention zu Poscherau mit Wittgenstein geschlossen, kraft welcher er sich in einen Theil von Westpreußen zurückzog. γ Am 5. Januar

γ Die Convention in de Martens Suppl. V. (nouv. Rec. I.) p. 556.

1813 Januar (1813) besetzte Wittgenstein Königsberg; am 4. März zog Czernischeff in Berlin ein:
außer den Oderfestungen war ganz Preußen von
den Franzosen geräumt.

Schon längst sehnte sich Europa nach einem
Zeitpunct, wo es seine Kräfte gegen den Zerstö-
rer aller öffentlichen Ordnung, alles öffentlichen
und häuslichen Glücks, zur Wiedererringung
seiner Selbstständigkeit und Freyheit sammeln,
und den wilden Eroberer in die Gränzen seines
Reichs zurücktreiben könnte. z So lang er mit
den Dienern seiner Tyranney, jedem Volke gegenwärtig war, und durch sie jede Bewegung aus-
spähen, und gegen sie jeden Augenblick bewaffnete Schaaren aufbieten konnte, war jede Vor-
bereitung zu einem Kampf für Unabhängigkeit
der guten Sache eher schädlich als vortheilhaft:
Kräfte wurden nur ohne Erfolg verschwendet,
und das aufgelegte Joch nur noch drückender
gemacht. Nach der Vernichtung der französischen Armee in Rußland war Napoleon's Kriegsmacht so herabgebracht, daß er nicht, wie vormals, jede Bewegung gegen seine Allgewalt durch
Heeresmacht unterdrücken konnte; es war Raum
zu ernsthaften Rüstungen entstanden: bis er zum
Angriff neue Schaaren herbeyschaffen konnte,
hatten die unterdrückten Länder auch die ihrigen
zur

z (von Gagern) Beyträge zur Zeitgeschichte.
    Am Rhein, April 1814.
Das neue Deutschland (Berichte über Bedrückung
    und die Wiederbefreyung Deutschland). Berlin
    1814. 9 Hefte. 8.

zur Gegenwehr beysammen; müßten sie mit Neb- 1813
lingen im Krieg den Kampf bestehen, so hatte ja
auch er nur Neulinge ihnen entgegenzusetzen.

Preußen gieng als Muster mit einem see-
lenerhebenden Beyspiel voran. *a* Kaum war
Czernischeff in Berlin eingerückt, so bat die
ganze preußische Nation selbst ihren König um
Waffen, um für Religion, König und Vaterland zu leben oder zu sterben. *b* Schon am 28.
Febr. (1813) hatte Friedrich Wilhelm ein Bündniß mit Rußland zu Kalisch, *c* ein anderes am
7. März zu Breslau geschlossen, *d* und es am
16. März Europa bekannt gemacht; am 17.
erfolgt das Aufgebot der Landwehr; und am
27. ward durch Krusemark, seinen Gesandten
zu Paris, der Krieg erklärt. Ein allgemeiner
Jubel darüber ertönte von einem Gränze des
Reichs bis zur andern und drückte sich noch rüh-
render in dem Enthusiasmus aus, mit dem alle
Stände, Alter und Geschlechter dem Vaterlande
Leben, Hab' und Gut, und was sie sonst vermochten, opferten. Dadurch siegte Friedrich
Wil-

a Die Actenstücke in Voß's Zeiten von B. 33
 (1813) an bis B. 40.
b Materialien zur Geschichte des großen Kampfes
 für Europens Befreyung. Berlin 2. Samml.
 8. Proclamationen, Tagesbefehle u. s. w.
c Der Tractat ist noch nicht gedruckt s. Klüber's
 Uebersicht der diplomat. Verhandlungen, Abthl.
 I. (Frankf. 1816. 8.) S. 33. de Martens
 Suppl. V. (nouv. Rec. I.) p. 558.
d In de Martens Suppl. V. (nouv. Rec. I.)
 p. 564.

1813 Wilhelm aber alle die Schwierigkeiten, die einer schnellen Rüstung entgegenstanden, bis auf die Waffen, die sobald nicht herbeyzuschaffen waren. Inzwischen arbeiteten alle Werkstätten im Lande Tag und Nacht; das Festungsgeschütz der acht Preußen gebliebenen Festungen wurde in Feldartillerie für 120,000 Mann umgegossen, einiges ward in Oesterreich aufgekauft; damit behalf man sich, bis England aus seinen reichen Vorräthen die vollständige Bewaffnung der Landwehr erleichterte, was aber vor dem Junius nicht geschehen konnte, obgleich Preußen und Mecklenburg schon am 20. März das Continentalsystem verlassen hatten. Bis zum Ende des Märzes stand schon ein bedeutendes preußisches Heer schlagfertig; gegen 50,000 Mann zum Aufbruch nach Sachsen, und die nöthige Zahl zur Sperrung der von den Franzosen besetzten preußischen Festungen; sogar bestand der größte Theil aus bereits eingeübten Kriegern. In der Stille hatte man schon in den letzten Jahren durch beständiges Wechseln der Truppen, durch unablässiges Einberufen und Wiederentlassen vielleicht das Vierfache der Kriegsmacht, die Preußen von Frankreich zugestanden war, zum künftigen Kampfe gebildet, die nun zusammen auftreten konnten, und nach den in den vorigen Jahren erhaltenen Vorübungen schnell zum regelmäßigen Dienst angelernt waren.

Und wer mußte nicht den Enthusiasmus der preußischen Nation sehr natürlich finden, der entweder zu Sieg oder einem schnellen Tod führte; und im schlimmsten Fall wird eine Nation, letztern mit den Waffen in der Hand lieber sterben, als

sich

sich langsam und allmählig zu todte necken lassen, 1813 worauf es Napoleon angelegt hatte. Gegen eine halbe Million fremder Truppen hatte mit 80,000 Pferden in dem letzten Jahr den preußischen Staat durchzogen, und auf seine Kosten gelebt. Die Lieferungen der Lebensmittel und anderer Bedürfnisse sollten zwar an der noch rückständigen Contribution abgezogen und daher alle drey Monate Abrechnungen gehalten werden; die Lieferungen und Requisitionen wurden auch geleistet und in Empfang genommen, aber eine Abrechnung war nicht zu erlangen gewesen, obgleich die preußischen Vorschüsse am Ende des Jahrs 1812 schon auf 94 Millionen Franken angewachsen wären; die Versorgung der drey Oderfestungen lag Preußen immer allein zur Last, obgleich Frankreich die Verpflegung von Glogau in einem eigenen Vertrag übernommen hatte. Nun nach der Flucht aus Rußland bemächtigten sich die Franzosen hinterlistig der Festungen Spandau und Pillau; die Befehlshaber der Oderfestungen erhielten den Befehl, aus den umliegenden Gegenden alles gewaltsam wegzunehmen, um sich zu versorgen; der Vicekönig von Italien verbot alle Recrutirungen in den von den Franzosen besetzten preußischen Provinzen u. s. w. Trotz ihrer eigenen Verlegenheiten hörten die französischen Civil= und Militär=Autoritäten nicht auf, sie wie ein erobertes Land zu behandeln. In einer solchen Lage gilts nur um Sieg oder Vernichtung.

Und gieng es den Rheinbundesfürsten um vieles besser? Im Vertrauen darauf, daß das Gefühl ihrer bereits sechsjährigen schmähligen Be=

1813 Behandlung auch sie antreiben würde, den gegenwärtigen günstigen Augenblick zur Wiederherstellung ihrer Selbstständigkeit zu benützen, verkündigte Kutusow (am 25. März) im Namen Rußlands und Preußens von Kalisch aus die Auflösung des Rheinbundes, und rief den ganzen deutschen Namen unter die Waffen gegen Frankreich. Nur Meklenburg, Hamburg und Lübeck (— die beyden Städte hatten die Franzosen schon am 12. März verlassen —) folgten dem Ruf und Preußens Beyspiel: die übrigen hielt noch die Furcht vor und bey dem Allgewaltigen zurück.

Daher konnte auch den Kampf mit ihm auf deutschen Grund und Boden nur eine ganz schwache Macht beginnen. Rußland brachte aus dem Vertilgungskrieg des vorigen Jahrs auch nur eine schwache Zahl von Streitern an die Gränzen von Preußen, und die ungeheure Entfernung ließ die von ihm aufgebotenen Völker seines Reichs so schnell nicht herbeykommen. Doch standen schon am 21. März etwa 50,000 Russen und Preußen in der Neustadt von Dresden, die sich im Monat April bis etwa auf 70 — 80,000 vermehrten. Der König von Sachsen, ein begeisterter Anhänger Napoleons, *e* verließ seine Residenz

---

e Zur Vertheidigung des Königs von Sachsen: der König von Sachsen, Friedrich August, und sein Benehmen in den neuesten Zeiten. Leipz. 1815. 8.

Acten= und thatenmäßige Widerlegung einiger der gröbsten Unwahrheiten, welche in der Schrift: Blicke auf Sachsen u. s. w. enthalten sind. Deutschl. 1815. 8.

Residenz und floh über Regensburg nach Linz, 1813 und von da nach Prag, bis ihn Napoleon's Anwesenheit wieder nach Dresden zog. ſ

In Frankreich wurden mit der größten Thätigkeit Menſchen zuſammengetrieben, um die Verlornen zu erſetzen, "die nur das Klima und „die frühe ſtrenge Jahrszeit aufgerieben habe." Maret forderte am 9. Januar (1813) 300,000 Mann, (die 100 Cohorten des erſten Bannes, die doch das Verſprechen erhalten hatten, nie außer den Gränzen des Reichs dienen zu dürfen; 100,000 Mann, die aus den frühern Conſcriptionen nachgeholt werden ſollten, und 100,000 aus der Conſcription des nächſtfolgenden Jahres 1814; der ſclaviſche Senat, voll Bewunderung der Weisheit ſeines Kaiſers, decretirte 50,000 mehr als verlangt wurden und befahl 350,000 auszuheben. Als nachher Preußen den Krieg erklärte, wurden (am 3. April) noch 180,000 Mann durch ein Senatusconſult aufgeboten, worunter 10,000 Mann Ehrengarden ſeyn ſollten, die ſich ſelbſt rüſten, kleiden und beritten machen ſollten. Für die laufenden Ausgaben des Jahrs 1813 wurden 1150 Millionen Franken erfordert; um dieſe herbeyzu-

ſ Neueſte Chronik von Dresden (vom März bis Nov. 1813), von einem Augenzeugen. Dresden 1814. 8.

Tagebuch der Begebenheiten in Dresden (vom 13. — 27. März 1813), von F. v. d. K. Sächſ. Hauptmann. Dresden ohne Jahrzahl, (1813) 8.

Dresden und ſeine Schickſale im J. 1813. (vom May bis Nov.) von D. K. A. Weinhold. Dresden 1814. 8.

Eichhorn's Ergänz.   P

1813 beyzuschaffen, wurden die Gemeindegüter weggenommen und zum öffentlichen Verkauf ausge-
boten, und da diese so schnell nicht vom Staat
veräußert werden konnten, besondere Geldbeyträge
auf wohlhabende Einwohner des Reichs ausge-
schrieben. Die Furcht trieb alle diese Maaßregeln in wenigen Wochen durch: am Ende des Aprils
stand eine neue Armee von 120,000 Mann in
Sachsen, um dieselbe Zeit sammelte sich unter
Augerau ein Heer zu Würzburg, ein anderes in
Italien, um Oesterreich zu bedrohen.

Oesterreich hatte bald nach der preußischen
Kriegserklärung (schon am 10. März) durch Bubna
seine Vermittelung zur Einleitung eines neuen auf
gemäßigte Grundsätze gebauten Systems von Europa zu Paris anbieten lassen; wurde aber höh-
nisch mit seinem Antrag zurückgewiesen. g Die
gänzliche Vernichtung von Preußen war damals
Napoleon so gewiß, daß er Oesterreich Schlesien anbieten ließ, wenn es dazu mithelfen wolle,
was es aber mit Verachtung von der Hand wies:
vielmehr war es entschlossen, den gegenwärtigen
günstigen Zeitpunct zu nützen, um der Uebermacht von Frankreich in einer bewaffneten Friedensvermittelung Gränzen zu setzen. Es stellte daher
ein schlagfertiges Heer in Böhmen, eines an den
Gränzen der illyrischen Provinzen, eines gegen Bayern an der Gränze von Salzburg auf. Rußland und
Preußen schöpften daraus Hoffnung, das im Fortgang des Kriegs Oesterreich ihren Bund verstärken
würde.

Zur

g Die Actenstücke s. in Voß's Zeiten 1814
März. S. 319.

Zur guten Vorbedeutung für den bevorstehen= 1813
den Feldzug ward Thorn von den Ruſſen, Span=
dau von den Preußen zurückerobert, der General
Morand mit ſeinem ganzen Heerhaufen (am 2.
Apr.) zu Lüneburg vom General Dörnberg ge=
fangen genommen, und am 5. Apr. waren 40,000
Franzoſen von 17,000 Preußen unter dem Ge=
neral York bey Möckern zurückgeſchlagen, und am
12. Apr. 2000 Franzoſen von dem preußiſchen
Major von Helwig mit 150 Mann bey Langen=
ſalza herzhaft angegriffen und ihrer Artillerie be=
raubt worden.

Mit ähnlichem frohen Muth rückte das ruſ=
ſiſche und preußiſche Hauptheer, nach geſchehener
Vereinigung etwa 70=80,000 Mann ſtark, (am
26. März) über die Elbe bey Dresden dem Schau=
platz der Eröffnung des Kriegs näher, und erließ
eine Aufforderung an die im Tilſiter Frieden ab=
geriſſene preußiſche Provinzen, ſich wieder mit
Preußen zu vereinigen.   Napoleon brach am 15.
April von Paris, und am 24. von Erfurt auf
und folgte ſeinen Truppen, einem Heer von et=
wa 120,000 Mann, die ſich gegen Sachſen ge=
zogen hatten, wo die ruſſiſch=preußiſche Armee
ſtehen geblieben war, um die nachkommenden Ver=
ſtärkungen an ſich zu ziehen und ihren Hülfsquel=
len nahe zu bleiben.   Der Vicekönig von Italien,
dem Mürat das Commando über die Trümmer der
Armee des vorigen Jahrs auf Napoleon's Be=
fehl hatte übergeben müſſen, weil er "mehr Ue=
„bung in einer großen Militärverwaltung und
„ſein ganzes Vertrauen habe," näherte ſich dem
Kampfplatz von Magdeburg her, wo er bisher,
an den Harz gelehnt, in einer gedrängten Stel=

1813 lung gestanden hatte [h]. So ungleich auch die Zahl ihres Heers gegen das französische war, so wollten doch die Verbündeten im Vertrauen auf den Geist, der das ihrige beseelte, einer Schlacht nicht ausweichen und maßen sich mit dem heranströmenden Feinde auf der Ebene von Lützen und Großgörschen (am 2. May) und behaupteten das Schlachtfeld. Aber bey der unverhältnißmäßigen Schwäche ihrer Truppenzahl zogen sie sich in der Nacht nach der bestandenen Schlacht in einer Ordnung, ohne einen Verwundeten, ohne ein Stück Geschütz zurückzulassen, näher an ihre Hülfsquellen zurück, wie nur ein Sieger seinen Rückzug antreten und bewirken kann. Die Franzosen folgten ihnen nur langsam und unter vieler Vorsicht, was wieder auf einen Sieg der Verbündeten hinwies. Auch berechnete man den Verlust der Franzosen an Todten und Verwundeten auf 15,000, den der Verbündeten nur auf

10,000

[h] S. oben beym Feldzug nach Rußland.

(von Klausewitz) der Feldzug von 1813 bis zum Waffenstillstand. Von einem Augenzeugen. 3te verbeß. Auflage. 1813. 8. Ohne Druckort.

(von Knesebeck) Darstellung des Feldzugs der Verbündeten vom J. 1813.

L. v. M(üffling) die preußisch-russische Campagne im J. 1813. S. l. 1813. 8.

Der Befreyungskrieg in Deutschland im J. 1813. Leipz. 1816. 8.

Napoleon's Feldzug in Sachsen von O. Freyherrn von Odeleben. 2te Ausg. Dresden 1816. 8.

Darstellung der Ereignisse in Dresden im J. 1813, von einem Augenzeugen. Dresden 1816. 8.

Der Krieg in Deutschland und Frankreich in den Jahren 1813 u. 1814. von Carl von Plotho. Berlin 1817. 3 Th. 8.

10,000 Mann.   Der erste Erfolg ihrer Waffen 1813
stärkte die Begeisterung der Preußen zu noch ei=
frigerer Bildung ihrer Landwehr und ihres Land=
sturms.

Hinter Bauzen blieben die Verbündeten wie=
der stehen, bereit mit Hülfe der kleinen Verstär=
kungen, die sie an sich gezogen hatten, einen neuen
Kampf zu wagen.   Er erfolgte am 20. und 21.
May bey Bauzen und Wurschen, von etwa 80,000
Mann gegen 120,000 Franzosen; aufs neue mit
großen Ehren für die Verbündete.   Zwar brachen
sie der überlegenen Zahl der Feinde wegen die
Schlacht am zweyten Tage ab; aber zogen sich
nicht in Verwirrung, wie Geschlagene, sondern
langsam und in der schönsten Ordnung, ohne Ge=
fangene zu verlieren, auf Görlitz und von da ge=
gen Schweidnitz zurück: die preußische Reuterey
hielt die nachfolgenden Franzosen durch ernsthafte
Gefechte zurück und in Ehrfurcht.   Selbst auf ih=
rem Marsche nach Schlesien schlug noch Bülow,
am 28. May den Marschall Oudinot bey Hoyers=
werda und am 4. Jun. bey Luckau.

Napoleon hatte doch den erneuerten Krieg an=
ders gefunden, als er erwartet hatte; und zum
Zeichen seines gesunkenen Muths, des geringen
Vertrauens auf seine Truppen, und des Wun=
sches, Zeit zu gewinnen, um die Zahl seines Heers
noch mehr dem verbündeten überlegen zu machen,
bot er am 23. May einen allgemeinen Friedens=
congreß zu Prag an.   Am 29. May wurden die
Unterhandlungen zu einem Waffenstillstand eröff=
net; am 1. Jun. hörten die Feindseligkeiten auf;
am 5. Jun. ward er zu Poischwitz bis auf den
26.

1813 26. Julius mit sechstägiger Aufkündigung, geschlossen und darauf zu Neumarkt bis zum 10. August verlängert. i Nach der dabey getroffenen Uebereinkunft wurde Breslau, das die Franzosen am 30. May besetzt hatten, geräumt, aber auch die im Rücken der französischen Armee mit Glück herumschwärmenden Freycorps der Verbündeten zurückgezogen.

In Niedersachsen war nur eine schwache russische Macht unter Tettenborn aufgestellt, die Hamburg, Lübeck und Bremen (am 19. und 20. März) besetzte. Gleich darauf ward Dänemark zum Beytritt zu der großen Coalition eingeladen; es wollte aber erst die Vortheile wissen, die es dafür erndten sollte, und sendete den Grafen Bernstorf zu Unterhandlungen darüber nach London. Während es zögerte, stand nur das schwache russische Corps unter Tettenborn, unterstützt von bewaffneten Hanseaten, zur Vertheidigung von Lübeck und Hamburg den Franzosen unter Davoust und Vandamme mit Umsicht und Tapferkeit entgegen, und hielt letztere lange von ihrem Uebergang über die Elbe ab. Als es ihnen endlich gelang, die Insel Wilhelmsburg zu besetzen, so gieng die schwache Kriegsmacht Dänemark um Hülfe an: und es befahl auch Hamburg mit 10,000 Dänen zu besetzen. Plötzlich aber ließ es sich dessen reuen (weil es mittlerweile durch seinen unverrichteter Sachen aus England zurückgekommenen Bernstorf erfahren hatte, Norwegen

i Waffenstillstand und Verlängerung desselben in de Martens Suppl. V. (nouv. Rec. I.) p. 582 - 588.

gen sey an Schweden versprochen) und rief seine **1813**
Truppen aus Hamburg zurück, wodurch es an Da=
voust so gut wie überliefert war. Denn Tettenborn
mußte sich nun mit seiner viel zu schwachen Trup=
penzahl zurückziehen, und Hamburg und Lübeck
preis geben. Die Dänen erhielten Befehl, zu
den Franzosen zu stoßen: *k* worauf Hamburg ge=
meinschaftlich von Franzosen und Dänen (am 30.
May), Lübeck von Dänen allein (am 3. Jun.) be=
setzt wurde; beyde büßten nun für ihren Abfall
von Napoleon unter hartem Druck. Hamburg z.
B. mußte eine Kriegssteuer von 48 Millionen
Franken bezahlen, und darneben wie viel anderes
leisten!

Für diesen Dienst, Hamburg und Lübeck auf
eine so leichte Weise in seine Hände geliefert zu
haben, ist nun auch Napoleon bereit, in einer be=
sondern zu Copenhagen am 10. Jul. geschlossenen
Allianz dem König von Dänemark den Besitz von
Norwegen zu garantiren *l*: doch mußte er dar=
neben noch versprechen, Schweden, Rußland und
Preußen den Krieg anzukündigen, welches auch
gegen die erste Macht am 3. September, gegen die
beyden andern Mächte am 22. October geschah.

Den Waffenstillstand hatte Napoleon nur ge=
sucht, um Zeit zur Verstärkung zu gewinnen: es
zogen auch Heerschaaren aus Frankreich und den
Ländern der Rheinbundsfürsten, die zum Theil
nicht

k Vertrag mit Napoleon zu Dresden, in Voß's
Zeiten 1808. B. 41. 1815. März S. 330.
l Vertrag in de Martens Suppl. V. (n. R. I.)
p. 589.

1813 nicht so schnell gerüstet waren, in großer Menge heran; nach Italien ward der Vicekönig Eugen gesendet, um gegen Oesterreich eine drohende Stellung zu nehmen. Die Verbündeten waren auch während seiner Dauer in der angestrengtesten Thätigkeit zur Gegenwehr. Rußland versprach den Kampf mit 160,000 Mann zu erneuern, Preußen mit 80,000, England versprach Geld (fünf Millionen Pfund Sterling Subsidien), Waffen und Kriegsbedürfnisse (durch eine Convention zu Reichenbach vom 14. und 15. Junius m). Schweden hatte schon (nach einem mit England am 3. März geschlossenen Subsidienvertrag n) ein Hülfsheer von 30,000 Mann unter seinem Kronprinzen, dem ehemaligen Prinzen von Ponte Corvo, landen lassen. Die Russen kamen in Eilmärschen an und die preußische Landwehr vollendete ihre Rüstung und Uebungen zum Kampf.

Aus dem Frieden ward nichts, weil ihn Napoleon nicht wollte. Rußland und Preußen hatten Oesterreichs Vermittelung bereitwillig angenommen; der Fürst Metternich hatte (am 30. Jun.) endlich auch Napoleon scheinbar dazu vermocht: der 12. Julius ward zur Eröffnung eines Friedenscongresses zu Prag angesetzt, und deßhalb der Waffenstillstand bis zum 10. August verlängert. Die russischen und preußischen Friedensgesandten waren zur bestimmten Zeit da, der zweyte französische, der Graf Narbonne, gleichfalls,

---

m In de Martens Suppl. V. (nouv. Rec. I.) p. 568.

n Der Vertrag in de Martens Suppl. V. (n. Rec. I.) p. 558.

falls, aber befehliget, die Ankunft des erſten Be= 1813
vollmächtigen, des Grafen Caulaincourt, abzu=
warten. Caulaincourt zögert, und kommt erſt
am 28. Julius; nun erhebt er Streitigkeiten über
die Formen, in welchen die wechſelſeitigen Voll=
machten und Erklärungen ſollten eingeleitet wer=
den. Es war nun klar, Napoleon wolle keinen
Frieden. Der Kaiſer von Oeſterreich, der Ränke
müde, und ſchon am 27. Jul. einem Bündniß
zwiſchen Rußland und Preußen geneigt, erklärte
nun auch in einem kräftigen Manifeſt (vom 9. Au=
guſt) Napoleon, ſeinem Schwiegerſohn, den
Krieg. o Die Uebereinkunft des neuen Verbün=
deten mit Rußland und Preußen ward am 9. Sep=
tember, die mit England am 3. October uhter=
zeichnet. p

Von drey Seiten her begann der Kampf ge=
gen die Franzoſen: von Berlin her durch die Nord=
armee unter dem Kronprinzen von Schweden, zu
der die Abtheilungen unter Tauenzien und Bü=
low, größtentheils preußiſche Landwehr, gehör=
ten; von Schleſien her durch die preußiſch=ruſ=
ſiſche Armee unter Blücher; von Böhmen her
durch die Oeſterreicher, von 80,000 Ruſſen und
Preußen verſtärkt, unter Schwarzenberg.

Durch den gebrochenen Waffenſtillſtand ſollte
die Nordarmee, die Berlin deckte, vom Mar=
ſchall Oudinot überfallen werden; aber er wurde
von

o Die Actenſtücke ſ. in den europ. Annalen.
1813. St. 10. 11. Voß's Zeiten. B. 34. Ju=
nius 1813. S. 422.
p de Martens Suppl. V. (nouv. Rec. I.) p. 607.

1813 von den Preußen unter Tauenzien am 23. Aug.
bey Groß = Beeren durch einen Verlust von 3000
Todten und 15,000 Gefangenen und 26 Kanonen
gezüchtiget; und am 28. August General Girar=
din, der von Magdeburg aus Oudinot unter=
stützen sollte, bey Hagelsberg durch einen Ver=
lust von 3,500 Gefangenen: Berlin war geret=
tet. *q* Die schlesische Armee unter Blücher
schlug am 26. August 90,000 Franzosen unter
Macdonald, Ney und Lauriston an der Katz=
bach mit dem Verlust von 8000 Todten und
18,000 Gefangenen und 103 Kanonen. Aber
der erste Angriff der österreichisch = russisch = preußi=
schen Armee unter Schwarzenberg auf Dresden,
der den Kampfplatz des Kriegs auf das linke
Elbufer ziehen sollte, und zu dem Napo=
leon selbst aus Schlesien herbeygeeilt war, miß=
lang (am 26. und 27. August). Moreau, den
die verbündeten Mächte als einen Kriegserfahr=
nen General, um erforderlichen Falls von sei=
nen Talenten Gebrauch zu machen, aus Nord=
amerika gerufen hatten, ward gleich beym An=
fang des zweytägigen Kampfs, dem er als Zu=
schauer beywohnen wollte, so schwer verwundet,
daß er am 2. Sept. starb. Schwarzenberg zog
sich nach Böhmen zurück, anfangs noch mit dem
Verlust von 20,000 Gefangenen; worauf ihm
aber Vandamme mit 42,000 Franzosen so un=
vorsichtig folgte, daß er zu Kulm bey Töplitz
(am 30. August) durch Ostermann, Kleist und
Colloredo mit dem Verlust von 81 Kanonen
eine

q Ueber die Schlachten bey Groß = Beeren und Den=
newitz, von einem Augenzeugen. Berl. 1813. 8.

eine so gänzliche Niederlage erlitt, daß nur 1813 10,000 seiner Armee dem Schwerdt und der Gefangenschaft entkamen, er selbst aber in Gefangenschaft gerieth. Am 5. Sept. konnte daher die böhmische Armee in Vereinigung wieder in Sachsen einrücken.

Am folgenden Tag (am 6. Sept.) wiederstanden unter Tauenzien und Bülow 20,000 derselben preußischen Helden, die bey Groß=Beren über Oudinot gesiegt hatten, 70,000 Franzosen mit 200 Kanonen unter Oudinot und dem ihm zu Hülfe geschickten Marschall Ney bey Dennewitz mit so unerschütterlicher Tapferkeit, daß sie, bis die Nordarmee unter dem Kronprinzen von Schweden ihnen die nöthige Verstärkung schickte, auf keinem Punct zurückwichen und darauf die immer noch überlegene Zahl ihrer Feinde zur unordentlichsten Flucht zwangen. Nur Trümmer der gänzlich geschlagenen Armee retteten sich mit Zurücklassung von 4000 Todten, 6000 Verwundeten und 11,000 Gefangenen über die Elbe und siengen erst bey Torgau an sich wieder zu sammeln. Auch der zweyte Hauptversuch, Berlin zu erobern, war gänzlich mißlungen. Gestärkt dadurch, befestigten Oesterreich, Rußland und Preußen ihren heiligen Bund durch eine neue zu Töplitz (am 9. Sept.) unterzeichnete Trippelallianz. r

Auch Napoleon selbst gelangen seine Anstrengungen gegen den gemeinschaftlichen Feind nicht

r Die drey Verträge in de Martens Suppl. V. (nouv. Rec. I.) p. 596 — 607.

1813 nicht mehr. Wiederholt hatte er nach Böhmen einzudringen versucht; aber ward jedesmal zurückgetrieben, und am 17. Sept. bey Nollendorf und Kulm von Schwarzenberg so nachdrücklich zurückgeschlagen, daß er von nun an, die Unternehmungen gegen Böhmen aufgab.

Noch immer verweilte Napoleon mit der Hauptarmee in und bey Dresden, als ob er selbst nicht einsähe, daß er in dieser Stellung seinen Feinden es erleichtere, ihn einzuschließen. Er war auch in den nächsten Wochen von allen Seiten bedroht: auf der einen von Blücher, der am 3. Octob. bey Wartenberg über die Elbe gieng, und die ihm in einer sehr festen Stellung entgegenstehenden Generale Bertrand und Marmont schlug; auf der andern von der Nordarmee unter dem Kronprinzen von Schweden, der zwischen dem 4. und 5. October bey Aken und Roßlau über die Elbe gieng; auf der dritten von der vereinigten Hauptarmee unter Schwarzenberg und im Rücken von zahllosen Haufen leichter Truppen. Zu spät verließ Napoleon endlich (am 8. Octob.) sammt dem König von Sachsen, seinem halben Arrestanten, mit dem Hauptheer Dresden nach Zurücklassung einer starken Besatzung; fand aber nirgends mehr einen freyen Raum zum Durchzug. In dieser schwierigen Lage verließen ihn zuerst die Bayern, die unter Wrede nach einer am 8. Octob. zu Ried mit Oesterreich geschlossenen Uebereinkunft sich mit den Oesterreichern vereinigten, *

worauf

* Die Uebereinkunft in d e Martens Suppl. V. (nouv. Rec. I.) p. 610.

worauf (am 15. Octob.) Bayern seinen Ueber: 1813
tritt zu den Verbündeten förmlich bekannt machte,
und ein neues Truppencorps mit Oesterreichern ver=
einigt dem Rhein zueilen ließ.

Napoleon selbst bereitete sich nun mit seinen
180,000 Mann zwischen Konnewitz, Probstheida
und Stötteritz zu einer Schlacht gegen die Völ=
ker vor, die ihn umwickelt hielten. Sie begann
in der Ebene von Wachau (am 14. Octob.) mit
der Niederlage des Königs von Neapel, den der
General Pahlen bey einer Recognoscirung an=
griff; am 15. nahmen beyde Armeen ihre Stel=
lungen gegen einander ein und rüsteten sich zum
Kampf auf den folgenden Tag.

Am 16. ward vom Morgen bis Abend un=
ter den Augen der verbündeten Monarchen, die
der Schlacht auf der Anhöhe bey Wachau zusa=
hen von beyden Seiten mit der größten Anstren=
gung, doch unentscheidend, gekämpft: der linke
Flügel der Alliirten wurde zwar von Ney zurück=
gedrängt, doch hemmte der Angriff, den der
österreichische General Nostitz auf die Franzosen
that, ihre Fortschritte; der rechte Flügel der
Alliirten unter Blücher kämpfte blutig gegen den
linken Flügel der Franzosen unter Marmont um
den Besitz von Möckern, das viermal genommen
und verloren wurde. Endlich nöthigte der Ge=
neral York an der Spitze der Reuterey die fran=
zösische Armee zum Rückzug über die Partha mit
einem Verlust von 30 Kanonen und vielen tau=
send Gefangenen, und endigte damit den bluti=
gen Kampf dieses Tags.

Am

Am 17. October ward er nur durch ein Ca=
vallerie=Gefechte von den ruſſiſchen Huſaren fort=
geſetzt, welche franzöſiſche Reuterey bis an die
Vorſtädte von Leipzig verfolgten, und ihnen fünf
Kanonen abnahmen. An demſelben Tag trat
auch noch die Armee des Kronprinzen von Schwe=
den und des Generals von Bennigſen in die
Schlachtlinie ein, und verſtärkte der Feldzeug=
meiſter Colloredo die Armee des Fürſten von
Schwarzenberg, ſo daß am nächſten Tag 210,000
Alliirte gegen 180,000 Franzoſen den Kampf
beſtanden.

Am Morgen des ewig denkwürdigen 18. Octo=
bers griff die verbündete Armee die Franzoſen in
zuſammengedrängten Colonnen an, um ſie nach
Leipzig zu werfen; die Schlacht ward unter den
Augen der verbündeten Monarchen allgemein und
gelang; drey Heerhaufen, ein polniſches, ſächſiſches
und würtembergiſches Corps, giengen während
derſelben zu den Alliirten über; die Munition fieng
an, der franzöſiſchen Armee zu fehlen; ſie zog
ſich gegen Abend nach Leipzig und behauptete in
der Nacht nur noch Zweynaundorf und die Wind=
mühle vor den Straßenhäuſern gegen Konne=
witz zu.

Am frühen Morgen des 19. Octobers wur=
den die Franzoſen auch von da vertrieben. Die
Niederlage war nun vollſtändig. Zwar hoffte
Napoleon, den Reſt ſeines Heers durch einen
Waffenſtillſtand noch zu retten; aber, ſtatt die=
ſen zu bewilligen, drangen die verbündeten Heere,
mit ihren Monarchen an der Spitze, von vier
Seiten in Leipzig in demſelben Augenblicke ein,
da

da Napoleon die Stadt verließ, und seinen hal= 1813
ben Arrestanten, den König von Sachsen, seinem
Schicksale Preis gab. (Er ward von den ver=
bündeten Mächten als Gefangener behandelt und
sein Land unter russische Verwaltung gesetzt.)
Die Geschlagenen traten mit Zurücklassung von
22,000 Kranken und Verwundeten in der größ=
ten Verwirrung den Rückzug an; und da sie
nach einer fehlerhaften Disposition ihres Kai=
sers denselben zwischen Leipzig und Lindenau
über eine einzige Brücke der Pleisse machen
sollten, und diese durch ein Versehen des fran=
zösischen Obersten Montfort zu früh gesprengt
wurde, so fiel alles, was noch jenseits der
Pleisse war, den Siegern in die Hände, 30,000
Gefangene und 250 Stück schweren Geschützes
und andere Beute.

Am 21. October holte General York mit
seinen Preußen noch eine Abtheilung der flüchti=
gen französischen Armee bey Freyburg an der
Unstrut ein und endigte mit ihrer Niederlage
die Siege, welche die Verbündeten in dieser
Gegend während des glorreichen Octobers er=
rungen hatten.

Die verbündeten Heere theilten sich nun:
der größere Theil folgte den an den Rhein
fliehenden Franzosen nach; die Nordarmee unter
dem Kronprinzen von Schweden schlug zum Theil
den Weg nach Norddeutschland, zum Theil nach
Holland ein, um diese Länder von den Fran=
zosen zu reinigen.

An den Rhein waren bereits seit Bayerns
Beytritt zu dem Bündniß der Alliirten öster=
reichische

1813 reichische und bayerische Truppen geeilt: sie
empfiengen die 60,000 Mann, die ohngefähr
von der großen französischen Armee entkommen
waren, in der Gegend von Hanau unter dem
General Wrede, und rieben (vom 29. — 31.
Octob.) in Schlachten etwa 15,000 von ihnen
auf und nahmen eben so viele gefangen. Am
1. Novemb. ward Hanau selbst von Wrede er=
stürmt: nun zogen die wenigen Trümmer der
französischen Armee (am 2. und 9. Novemb.)
über den Rhein; Napoleon selbst war mit ih=
nen am 2. Novemb. zu Mainz angelangt. Der
Rheinbund ward nun vollends aufgelöst. Das
Königreich Westphalen hatte schon aufgehört
zu seyn. Ein bloßer Streifzug des russischen
Generals Czernischef mit etwa 1200 Cosaken
hatte es (am 30. Sept.) umgestürzt, König
und Besatzung aus Cassel vertrieben und große
Beute gemacht. Da ihm aber bey der kleinen
Zahl seines Heerhaufens die Klugheit rieth,
mit seiner Beute bald möglichst abzuziehen, so
kehrte der König nach wenigen Tagen wieder zu=
rück, um einige Wochen später (am 26. Oct.) bey der
Herannäherung der Sieger von Leipzig sein Reich
zum zweytenmal und auf immer zu verlassen.
Die übrigen Fürsten des Rheinbundes schlossen
sich nun an die verbündeten Mächte an, Wür=
temberg und Darmstadt (am 3. Novemb.), Ba=
den (am 20. Novemb.), und so nach und nach
die übrigen. ι Die verbündeten Mächte selbst
nahmen zu Frankfurt am Main ihren Aufent=
halt,

ι Die Beytrittsverträge in de Martens Suppl.
V. (nouv. Rec. I.) p. 643 — 654.

halt, und leiteten von da aus die weitern Un= **1813**
ternehmungen. *u*

Gegen die Festungen hatten sie die nöthi=
gen Truppen zurückgelassen, durch die sie nun
zum Theil belagert, zum Theil bloß gesperrt wur=
den. Am 11. Nov. ergab sich Dresden, am 21.
Nov. Stettin, am 22. Zcamosk, am 25. Nov.
Moblin, am 26. Decemb. Torgau, am 2. Ja=
nuar (1814) Danzig, und am 13. Januar ward
Wittenberg von den Preußen erstürmt. Küstrin
fiel am 7. März, Glogau am 7. April: Mag=
deburg und die Cidatellen von Erfurt und Würz=
burg blieben eingeschlossen. *v*

Noch immer hielt Davoust die Niederelbe **1813**
in einer unangreifbaren Stellung mit 32,000
Mann besetzt. Es zog daher ein Theil der
Nordarmee unter dem Kronprinzen von Schwe=
den nach Norddeutschland, um dasselbe von den
Franzosen und ihren Bundesgenossen, den Dä=
nen, zu befreyen. Die Dänen wichen am er=
sten. Schon am 5. Decemb. waren sie aus
Lübeck vertrieben: und nach mehreren unglück=
lichen Gefechten suchte Dänemark (am 15. De=
cember) um einen Waffenstillstand nach, und
trat

u Sammlung der vom 21. Oct. bis 12. Jan. 1814
gefaßten Beschlüsse in de Martens Suppl. V.
(nouv. Rec. I.) p. 615 — 642.
v Die schrecklichen Drangsale Wittenbergs während
der Belagerung durch die preuß. Truppen 1813
und 1814, von Johann Maaß. Dresden
und Leipz. 1814. 8.
Magdeburg während der Blokade in den Jahren
1813 und 1814. Magdeb. 1814. 8.

Eichhorn's Ergänz. Q

1814 trat in dem Frieden zu Kiel (am 14. Januar 1814) dem großen Bunde gegen Frankreich bey. *w* Desto hartnäckiger wurde Hamburg von Davoust (bis zum 26. May) vertheidiget. Die deutsche Stadt welche zuerst dem Beyspiel Preußens, gefolgt war, und das Joch Napoleon's aus eigener Kraft abgeworfen hatte, ward ihre Peiniger am spätesten los.

Holland 1813   Etwa 20,000 Mann der Nordarmee wandten sich unter Bülow nach Holland, das sie auch nach einem kurzen Widerstand bis an die Maas nahmen, einige feste Plätze ausgenommen. Schon am 15. Novemb. (1813) stand Amsterdam auf, und gab das Signal zur Nachahmung den übrigen holländischen Städten. Am 1. Decemb. kehrte der Prinz von Oranien, Wilhelm Friedrich, zurück und ward zum souveränen Fürsten der Niederlande ausgerufen.

Italien   Ein großer Theil von Italien wurde zu gleicher Zeit frey. Seitdem Oesterreich der vierten Coalition beygetreten war, erfoderte die Sicherheit seiner Staaten, den Vicekönig von Italien mit seinem Heer zu beschäftigen. Ihm wurde Hiller mit 60,000 Mann entgegengestellt, der am 11. Octob. (1813) durch den Gebirgspaß Pontafel in Italien eindrang, da durch den Uebertritt des Königs von Bayern zu den verbündeten Mächten zur Zeit der sich nähernden Leipziger Völkerschlacht die österreichische Gränze

w Die Acte in de Martens Suppl. V. (nouv. Rec. I.) p. 657. 666.

Gränze von Tyrol her ohnehin gedeckt ward. 1813 Hiller, so schwach auch sein Heer war, drängte doch durch geschickte Stellungen und Märsche den Vicekönig von Italien nach und nach aus den illyrischen Provinzen, am Schluß des Octobers war von den Oesterreichern schon Triest, Friaul, Dalmatien und ein Theil des ehemaligen venetianischen Gebiets besetzt: am 2. Nov. erzwangen sie sich den Uebergang über die Piave, besetzten Treviso, und drangen (bis zum 15. November) unter glücklichen Gefechten bis an die Etsch. Hier beschloß Hiller seinen Siegeslauf und gab den Oberbefehl an Bellegarde ab. Auch unter ihrem neuen Befehlshaber blieb das Waffenglück auf der Seite der Oesterreicher: am 2. Decemb. giengen sie über die Etsch und besetzten am 10. Rovigo und Lendinara.

Dem König von Neapel (Joachim Mürat) schien es nun der Politik gemäß von seinem Schwager, Napoleon, abzufallen; was hatte er auch von ihm zu erwarten? Siegte Napoleon, so war seine Krone verloren, weil er aus persönlicher Unzufriedenheit mit ihm gleich nach der Leipziger Schlacht die französische Armee verlassen hatte; stürzte sein Thron um, so ward zugleich auch der neapolitanische unter dessen Trümmern begraben, wenn er sich nicht bey Zeiten mit den verbündeten Mächten setzte. Er trat daher (am 2. Januar 1814) zu ihnen über; Oesterreich, das allein mit ihm unterhandelte, versprach ihm die Integrität seiner Staaten, und er, die Stellung einer Hülfsarmee von 30,000 Mann. Mit ihr besetzte er Rom (am 19. Januar); einen Theil

D 2   der=

1814 derselben vereinigte er (am 28. Januar) mit dem österreichischen Heer zu Bologna, und dieses besetzte mit ihm gemeinschaftlich Florenz. Durch eine Uebereinkunft mit den Franzosen wurden zwar den Alliirten die festen Plätze in Toscana übergeben; aber den Uebergang über den Mincio mußten sie sich durch einen langen schweren Kampf (am 9. Febr.) erzwingen, worauf die Staaten des Herzogs von Modena und Livorno (bis zum 18. Febr.) in ihren Besitz kamen. Hier standen die Alliirten auf ihrer Siegeslaufbahn still. *x*

Um die Zeit, da Deutschland seine Freyheit auf den Ebenen von Leipzig erkämpfte, waren bereits Portugal und Spanien durch Wellington frey geworden, und der Krieg auf den Boden von Frankreich versetzt.

Spanien. Die Verminderung der französischen Armee in Spanien bey dem französischen Einfall in Rußland nützte zwar Wellington zu dreistern Angriffen: doch dienten sie nur zur Schwächung der Franzosen, und führten noch zu nichts Entscheidendem. Zwar 1812 erstürmte er Ciudad Rodrigo (am 16. Jan. 1812), und schlug die Generale Marmont und Clausel (am 22. Jul.), während seiner Unternehmungen gegen Salamanca, so entscheidend, daß Joseph Madrid verlassen mußte, und er dagegen es in Besitz nehmen konnte: dagegen aber kämpfte er vergeblich um Burgos, das er am 9. Sept. angegriffen hatte. Schon

---

x Mit 1814 fängt ein neues politisches Journal an: Nemesis, Zeitschrift für Politik und Geschichte, herausg. von Heinr. Luden. Weim. 1814. 8. Jeder Jahrgang 12 Stücke.

Schon hatte die Besatzung seine Stürme zweymal 1812 (am 22. Sept. und 11. Octob.) abgeschlagen, als er sich, im Rücken von den Feinden bedroht, ent= schließen mußte, (am 21. Octob.) die Belagerung aufzuheben, und sich (bis zum 19. Novemb.) an die Gränzen von Portugal zurückzuziehen.

Auf die Nachrichten von der gänzlichen Nie= derlage Napoleon's in Rußland kam in den spani= schen Krieg neues Leben. Die englische Armee wurde verstärkt, Wellington zum Oberbefehlsha= ber der ganzen spanischen Macht, von den Cortes ernannt; nirgends standen mehr die Franzosen vor seinen Kriegern. Er brach (am 12. März 1813) 1813 gegen Salamanca auf: Joseph und Jourdan, wel= che die französische Armee befehligten, wichen ei= ligst zurück. Er folgt ihnen auf dem Fuße nach; Burgos, das im vorigen Jahr jeden Angriff ab= geschlagen hatte, ergiebt sich ihm auf der Stelle; er erreicht die Zurückgewichenen bey Vittoria (am 21. Jun.) und schlägt sie nach einem blutigen Wi= derstand mit dem Verlust alles ihres Geschützes in die Flucht, die Joseph bis Bayonne fortsetzt. Nach dieser Niederlage mußte sich auch Suchet über den Ebro zurückziehen. Napoleon läßt (im Jul.) aus den Gränzdepartements der Pyrenäen 30,000 Mann zur Verstärkung der Armee in Spanien aufbieten, und Soult an die Stelle von Jourdan treten; auch dieser wird von Wellington (am 29. Jul.) bey Roncevalles geschlagen, und am 7. Octob. steht Wellington auf französischem Grund und Boden, hat bis zum 31. October St. Seba= stian und Pampelona erobert, am 16. Nov. die Franzosen an der Niedernive, und zwischen der

Nive

1813 Nive und dem Adour geschlagen und bringt unn
unaufgehalten tiefer in Frankreich ein. Jetzt wollte
Napoleon dem König Ferdinand, seinem Arrestan=
ten zu Valencay, Spanien, das er nicht mehr
hatte, zurückgeben, und schließt mit ihm (am 11.
Dec.) einen Frieden ab, dessen Annahme der schnö=
deste Undank gegen England gewesen wäre. Was
der König in seiner Gefangenschaft nicht wagen
wollte, das thun die Cortes: sie verwerfen einen
Frieden, von einem Prinzen geschlossen, der nicht
frey sey. *y* Von allen Seiten und in jeder Hin=
sicht ist Napoleon's Uebermuth gedemüthiget.

Mit einer Mäßigung, die seit zwanzig Jahren
mitten im Kriegsglück unerhört war, bieten die
Verbündeten dem tief gesunkenen Napoleon noch
auf seiner Flucht durch den zu Gotha in Gefangen=
schaft gerathenen französischen Gesandten St Aignon
(am 9. Nov.) einen ehrenvollen Frieden an, bey dem
nichts als "die Unabhängigkeit Deutschlands, Spa=
„niens, Italiens und Hollands" zur Grundlage
gefordert werden sollte, "wogegen England die
„Handelsfreyheit und das Schifffahrtsrecht, das
„Frankreich fodern könne, anzuerkennen bereit sey."
Mit Worten heuchelte zwar Napoleon (am 16.
Novemb.), daß er bereit sey, die Friedensbasis
anzunehmen und schlug sogar Manheim zum Con=
greßort vor; im Herzen aber war er zum hart=
näckigsten Krieg entschlossen, um den Verbündeten
die Früchte ihrer Siege wieder zu entreißen. Dieß
ließ sich nicht bloß aus seiner trotzigen Antwort
"auch

y Actenstücke über diesen Frieden in de Martens
Suppl. V. (n. R. I.) p. 654. auch in Voß's Zei=
ten B. 37. 1814. März S. 418.

"auch in bedenklichen Umständen würde weder 1813 „Frankreich noch er unterliegen," die er dem Se= nat auf deſſen demüthigen Vorſchlag des Friedens (am 14. Nov.) gab, vermuthen, ſondern es lag wenige Tage ſpäter ganz Europa in dem Ungeſtüm vor Augen, mit welchem er die Berichtserſtatter des geſetzgebenden Corps behandelte. Der knech= tiſche Senat hatte die Botſchaft von den Friedens= anträgen der Alliirten nur unter rauſchenden Lo= beserhebungen auf den Kaiſer und mit Aeußerun= gen nach deſſen Sinn, die ein Aufgebot der ganzen Nation durchſchimmern ließen, aufgenommen; im geſetzgebenden Corps hingegen, dem dieſe Anträge auch zur Stellung eines Gutachtens mußten vor= gelegt werden, hatte Lainé in der Berichtserſtat= tung der dazu niedergeſetzten Commiſſion, und Raynouard in einer feurigen Rede gezeigt: "wie „aus der vorgeſchlagenen Friedensbaſis deutlich „erhelle, daß es den Verbündeten ein wahrer Ernſt „ſey, Frankreich einen ehrenvollen Frieden zu ge= „ben, und daß das Wohl der Nation fordere, ihn „anzunehmen." Darüber gerieth Napoléon in eine ſolche Wuth, daß er die Redner und das ganze geſetzgebende Corps Meuterer und Verräther des Vaterlandes ſchalt. "Kraft müſſe man zeigen; „die ganze Nation müſſe aufſtehen; er werde den „Feind aufſuchen und ſchlagen. Er allein ſey Re= „präſentant der Nation, nicht das geſetzgebende „Corps; dieſes beſtehe bloß aus Abgeordneten der „Departemente." Durch dieſe Umſtände bewo= gen, beſchloſſen die verbündeten Mächte, ihren Ge= ſinnungen die möglichſte Oeffentlichkeit zu geben, welches in einer Erklärung vom 1. December ge= ſchah.

1813 fchah. Der Kampf mußte von neuem beginnen, weil es Napoleon so wollte. z

Frankreich Die Trümmer seiner Armee hatte er in der Nähe der Rheinfestungen gesammelt. Ob er gleich noch von Dresden aus eine neue Aushebung von 280,000 Mann geboten und der Senat sie auch (am 7. Octob.) verordnet hatte; so forderte er doch noch eine neue Aushebung von 300,000 Mann (am 12. Nov.), und der Senat beschloß sie auch (am 15. Nov.): drey Menschenerndten in Einem Jahr! Senatoren und Staatsräthe mußten sich auf Napoleons Befehl als außerordentliche Commissarien durch ganz Frankreich zerstreuen, um die Aushebung und Ausrüstung der Truppen und Nationalgarden, die Besetzung und Versorgung der festen Plätze, und, wenn es beliebt werden sollte, die Aufgebote in Masse zu betreiben, und die hohe Policey gegen Uebelgesinnte zu handhaben u. s. w. Sie trieben auch zahlreiche Schaaren zusammen, die unter Napoleon's Marschälle und erfahrne Feldherrn gestellt wurden. Napoleon ernennt seine Gemahlin zur Reichsregen-

z Die Erklärung s. in Voß's Zeiten 1814. B. 37. März. S. 443.
Histoire de la campagne mémorable de 1814 et de la restauration de la monarchie française. Par M. Alphonse de Beauchamp. Paris 1815. 2 Voll. 8. Die zweyte verbesserte und mit einem dritten Band vermehrte Ausgabe führt den Titel: Histoire des campagnes de 1814 et 1815, comprenant l'histoire politique et militaire des deux Invasions de la France etc. etc. par M. St. de Beauchamp. Par. 1816. 3 Voll. 8.

regentin *a* (am 25. Januar) und verläßt Paris 1814 am 26., nachdem er seine Gemahlin und seinen Sohn dem Schutz der Nationalgarde der Haupt= stadt empfohlen hatte.

Die Verbündeten hatten sich schon im Novem= ber dem Oberrhein genähert, wodurch die Schweiz (am 18. Nov.) zu der Erklärung, neutral zu blei= ben, bewogen wurde. Napoleon hatte ihr die Neutralität zugestanden, weil durch sie die schwächste Gränze von Frankreich gedeckt wurde, wenn sie auch die Verbündeten anerkannten. Daß dieses aber nicht geschehen würde, war schon dar= aus klar, daß die Stärke ihres Hauptheers sich gegen die Schweiz gezogen hatte; nachdem sie nun bey Hüningen (am 17. Dec.) über den Rhein gegangen war, erklärte es Schwarzenberg (am 21. Dec.) ausdrücklich, "weil da keine wahre „Neutralität möglich sey, wo der Staat, der sie „erkläre, von fremdem Willen, wie gegenwärtig „die Schweiz, regiert werde," und rückte zugleich mit Wrede in die Schweiz ein, indem sie an ver= schiedenen Puncten, bey Basel, Kreuznach, Lauf= fenberg und Schafhausen (am 21. und 22. Dec.) über den Rhein giengen. "Das Vordringen in „die Schweiz sey eine von dem allgemeinen Ope= „rationsplan unzertrennliche Maaßregel, und zu= „gleich das sicherste Mittel, der Schweiz in Anse= „hung ihrer auswärtigen Verhältnisse dieselbe „freye

---

a Histoire de la régence de l'Imperatrice Marie Louise et de deux gouvernemens provi-
foires. Par M. Lehodey de Saultche-
vreuil. Paris 1814. 8. geht vom 25. Januar
bis 2. May 1814.

1813 „freye und vortheilhafte Stellung zu geben, in „welcher sie sich ehedem befunden habe." Es ward ihr auch gestattet, keinen thätigen Antheil an dem Krieg gegen Frankreich zu nehmen. Am 24. Dec. erklärte den Franzosen eine Proclamation: "die „Verbündeten überschritten die Gränzen ihres Lan= „des bloß in der Absicht, den Frieden wieder her= „zustellen, nicht aber um Rache für die seit zwan= „zig Jahren erlittene Uebel zu nehmen."

Simbschen besetzte (am 28. Dec.) das Walli= ser=Land, Bubna (am 30. Dec.) Genf. Blücher 1814 gieng (am 1. Jan. 1814) bey Caub über den Rhein, Wittgenstein (am 2. Januar) bey Rastadt, und drangen darauf gegen Pont à Mousson, Metz und Thionville; dagegen sich Marmont, Victor und Ney nach Thionville und Nancy zurückzogen. So wich auch Macdonald am Niederrhein bis Na= mur zurück, und Graham drang in Holland un= gehindert bis an die Schelde vor. Macon und Dole wurden von den Oesterreichern besetzt; das Hauptheer rückte zu gleicher Zeit gegen Nancy und Langres und gegen Lyon an. Endlich erschien eine Armee zwischen der Marne und Seine in der Ge= gend von Chalons; sie hatte nur wenige geübte Truppen unter sich (diese hatten theils die beyden vorigen Feldzüge aufgerieben, theils die Festungen zu Besatzungen gefodert), großen Theils bestand sie aus Neulingen der letzten Aushebungen, die nur die Furcht bey den Fahnen zurückhielt. Napo= leon, der bisher unbegreiflich ruhig zu Paris ge= blieben war, kam endlich an, und der Kampf be= gann. Sein Kriegsplan war, die Verbündeten theilweise anzugreifen und aufzureiben; einzelne
Ver=

Versuche gelangen ihm zwar, aber das Ganze 1814 mißglückte.

1. Bis zum 1. Febr. ward um den Besitz von Brienne gekämpft. Blücher hatte Mortier aus Bar sür Aube bis nach Troyes getrieben, und der russische General Lanskoy Brienne besetzt. Napoleon nahm es am 27. Januar den Russen wieder; zu dessen Wiedereroberung liefert ihm Blücher am 29. Januar ein blutiges unentscheidendes Treffen, und erneuert barauf, mit einem Theil der großen Armee vereinigt, das Treffen bey Brienne am 1. Febr., und zwingt Napoleon, sich (am 3. Febr.) nach Troyes zurückzuziehen.

2. Zwischen dem 4. — 18. Februar giengen die durch die blutige Schlacht bey Brienne errungenen Vortheile der Verbündeten wieder verloren.

Um Zeit zur Sammlung neuer Kräfte zu gewinnen, trug Napoleon nach der verlornen Schlacht den Verbündeten Friedensunterhandlungen an. Sie senden unverzüglich ihre Gesandten nach Chatillon an der Seine, wo Caulaincourt, der napoleonische Friedensunterhändler, seinen Antrag an die eingerückten ersten verbündeten Truppen gebracht hatte; und verlangen nach den Grundsätzen der Mäßigung ihrer Herren nichts als die Wiederherstellung der Gränzen von Frankreich, wie sie im Jahre 1789 waren, und zur Sicherheit der Vollziehung des Friedens die Auslieferung von sechs der wichtigsten Gränzfestungen. Napoleon schien anfangs zur Nachgiebigkeit geneigt: doch gieng während der Unterhandlungen der Waffenkampf fort.

Das

1814   Das verbündete Heer hatte sich getheilt, um
auf zwey Wegen zugleich nach Paris zu dringen:
Schwarzenberg folgte dem Lauf der Seine; Blücher dem der Marne. Bis zum 9. Febr. schritten sie unaufhaltsam fort. Die Hauptarmee unter Schwarzenberg besetzte Troyes, und rückte auf
Sens Nogent und Mery fort; die Nordarmee
unter Bülow, die nun auch in Frankreich eingerückt war, dehnte sich bis Rheims aus; die
schlesische Armee unter Blücher besetzte Chalons
an der Marne, Vertus, Montmirail, Chateau
Thierry u. s. w., ihre leichten Truppen streiften schon bis Meaux.

Nun wirft sich Napoleon mit seiner ganzen
Macht zuerst auf die schlesische Armee an der
Marne. Er schlägt den russischen General Al-
suwief, der die Verbindung zwischen den verschiedenen Divisionen derselben zu unterhalten
hatte, zu Champ Aubert (am 9. Febr.); nach dieser Trennung wurde Saken (am 11. Febr.) bey
Montmirail zum Rückzug gegen Soissons (das
dafür Winzingerode am 14. Febr. nahm und
besetzte) und gegen Rheims gezwungen; zwar
schlug dagegen Blücher (am 13. Febr.) den General Marmont, aber Napoleon warf sich wieder
(am 14. Febr.) mit seiner ganzen Macht auf ihn
und zwang ihn zum Rückzug nach Chalons an
der Marne. Gegen Blücher hatte er nun seine
Absicht erreicht.

Blitzschnell wendet er sich darauf gegen
Schwarzenberg an der Seine. Er war schon
über die Seine gegangen und weit vorgedrungen.
Wrede und Wittgenstein unter seinem Oberbefehl
bis

bis gegen Melůn, Bianchi und Platow bis Fon= 1814
tainebleau. Napoleon warf sich mit seiner gan=
zen Macht gegen Wittgenstein, den er bey Nan=
gis schlug, darauf gegen Wrede, den er (am 17.
Febr.), und gegen den Kronprinzen von Wůr=
temberg, den er (am 18. Febr.) durch einen blu=
tigen Kampf bey Montereau über die Seine zu=
rück drängte.

In diesen ihm gůnstigen Tagen stiegen seine
Hoffnungen schon wieder hoch. Er widerrief
seine schon gegebene Zustimmung zu den von
den verbündeten Mächten aufgestellten Bedingun=
gen; er forderte den Rhein zur Gränze, den
Besitz von Italien und Entschädigungen für seine
Brüder Joseph und Hieronymus. Die Friedens=
unterhandlungen zu Chatillon wurden am 19.
Febr. abgebrochen. b

3. Die nächsten drey Wochen (vom 19. Febr.
bis 10. März) flossen in gegenseitigen Rücker=
oberungen hin, die aber doch Napoleon, bey
aller Kraft, die er aufbot, immer schwächer
machten.

Schwarzenberg vertrieb Victor, Oudinot und
Macdonald (am 24. Febr.) aus Bar für Aube
und schlug Macdonald (am 27. Febr.) bey La
Ferté.

Blücher, durch verschiedene Abtheilungen der
Nordarmee verstärkt, schlug Marmont bey So=
zanne, aber erlitt darauf verschiedene Verluste;
der

b Erklärung der verbündeten Mächte darüber am
15. März in de Martens Suppl. V. (nouv.
Rec. I.) p. 688.

1814 der Kronprinz von Würtemberg besetzte Sens
aufs neue; gegen Augerau, der von Lyon gegen Genf vordrang, wird eine starke österreichische Armee geschickt.

Die Franzosen nehmen Soissons wieder, wodurch Blücher's Stellung sehr gefährdet wird,
bis sie Winzingerode zu seiner Sicherung (am
2. März) wieder daraus vertreibt. Dagegen
nehmen die Franzosen (am 5. März) Reims
und unterbrechen dadurch Blücher's und Schwa-
zenberg's Verbindung. Blücher hatte um diese
Zeit eine feste Stellung bey Craone zwischen
Soissons und Laon genommen. Hier greift ihn
Napoleon (am 7. März) an, und zwingt ihn
zum Rückzug nach Laon. Dagegen greift ihn
Blücher wieder an und besiegt ihn in einer
zweytägigen Schlacht (am 9. und 10. März)
mit großem Verlust.

Die mißlungene neue Unterhandlung und der
nur langsam fortrückende Kampf bewog die
vier verbündeten Mächte, Oesterreich, Rußland,
England und Preußen sich (am 1. März) zu
Chaumont durch einen neuen Bund auf zwanzig
Jahre zu dem Zweck zu vereinigen, Frankreich
zu einem Frieden zu zwingen, der Europa's
Unabhängigkeit sichere und sich gegen einan-
der zu einer wechselseitigen Hülfe von 150,000
Mann zu verbürgen. c

4. Die vielen einzelnen Angriffe, die wenn
sie auch gelangen, doch mit vielem Menschenver-
lust

c S. die Acte in de Martens Suppl. V. (nouv.
Rec. I.) p. 683 auch in den europ. Annalen 1815. St. 6.

luſt verbunden waren, und durch die dabey un- 1814
vermeidlichen angeſtrengten Märſche erſchöpften,
hatten Napoleon aller an ſich gezogenen Verſtärkungen ohnerachtet, endlich auf 40,000 Mann
herabgebracht, ohne daß er durch ſeine Anſtren-
gungen weiter gekommen wäre. Er ſchritt nun
zu einem Aufgebot der Nation in Maſſe, und
fand wenigſtens in einigen Gegenden mit ſeinem
Aufruf Gehör. Aber dieſe Folgſamkeit war
nicht von Dauer. Einige ſtrenge Beſtrafungen
der Aufgeſtanbenen, welche die Verbündeten vollſtrecken ließen, ſtellten bald wieder Ruhe und
Ordnung her, und ſchreckten andere Gegenden
von der Nachfolge ab.

Während ſolcher Auftritte giengen die einzelnen Kämpfe fort, unter denen die öſterreichiſch-
ruſſiſche Hauptarmee wieder weit vordrang.
St. Prieſt beſetzte (am 12. März) aufs neue
Reims, und Tags darauf nahm es ihm Napoleon wieder, und drängte darauf die Hauptarmee
aus Acis ſür Aube, das er aber nicht lange behaupten konnte, indem ihn Schwarzenberg durch
einen zweytägigen Kampf (am 22. und 23.
März) mit der ganzen franzöſiſchen Armee daraus wieder vertrieb.

5. Da das allgemeine Aufgebot Napoleon
nicht gelang, ſo wollte er die Beſatzungen in den
Rheinfeſtungen an ſich ziehen, um ſich mit ge-
übtern Streitern als ſeine Neulinge waren, zu
umgeben. Aber die Eilboten, durch die er ſie
zu ſich rufen wollte, wurden von den Verbündeten bald aufgefangen, bald konnten ſie nicht
durchkommen. Er beſchloß daher ſelbſt durch
Lothrin-

1814 Lothringen durchzubrechen, und sich mit ihnen, sey es zu Unternehmungen in= oder außerhalb Frankreich, zu vereinigen, und den Verbündeten in den Rücken zu kommen. Aber während er gegen Vitry, St. Dizier und Joinville, von Winzingerode beobachtet und durch eine starke Reuterei auf seinem Marsch beunruhiget, durchbrang, vereinigten sich Blücher und Schwarzenberg und schnitten ihn von Paris, das nur mit 25,000 Mann unter Marmont und Mortier vertheidigt wurde, (bis zum 23. März) ab. Am 25. März schlugen sie die vereinigten Feldherren bey Fère Champenoise mit einem Verlust von 100 Kanonen und 12,000 Mann. Der Fall von Paris war nun entschieden, und die Kaiserin verließ mit den vornehmsten Staatsbeamten die Hauptstadt; nur Joseph Bonaparte blieb *d*.

Die Verbündeten giengen in fünf Kolonnen auf Paris los, und erschienen am 30. März vor seinen Barrieren. Der letzte Kampf war noch übrig mit etwa 28,000 Mann, die auf den Höhen von Belleville über den Mont Martre bis nach Neuilly in einer festen Stellung zur Vertheidigung der Stadt standen. Der Kampf mit ihnen begann am frühen Morgen des 30. März: gegen Mittag waren alle Stellungen des rechten Flügels auf den Höhen von Belleville genommen; einige Stunden später war das Mitteltreffen von Blücher zum Weichen gebracht und der Weg in die Stadt geöffnet. Nun erschien die Municipalität von Paris und suchte um eine Capitulation nach, wozu ein vierstündiger Waffen-

d La regence de Blois 1814. Paris 1814. 8.

fenstillstand abgeschlossen wurde, während dessen 1814 Langeron, dem er nicht bekannt worden war, den Mont Martre erstürmte. Bis zum linken Flügel bey Neuilly erstreckte sich der Kampf nicht.

Am Morgen des 31. Märzes war die Capitulation abgeschlossen; *e* und noch an demselben Tag hielten der russische Kaiser und der König von Preußen ihren Einzug in Paris: der Kaiser von Oesterreich hatte sich der Schicklichkeit wegen schon früher nach Dijon begeben, und der russische Kaiser die Verhandlungen im Namen aller verbündeten Monarchen übernommen. In ihrem Namen verkündete er daher noch am Tage des Einzugs: "daß sie weder mit Napoleon, „noch mit einem Gliede seiner Familie unterhan= „deln würden;" und lud die Franzosen ein, sich eine neue Regierung zu geben, auf welchen Fall er ihnen einen ehrenvollen Frieden versprach. Am 1. April ward unter Talleyrand's Vorsitz eine provisorische Regierung angeordnet; am 2. April erklärte der Senat Napoleon für abgesetzt: "weil er die Constitution auf mannichfaltige Weise „verletzt, und Frankreich den Haß von Europa „zugezogen habe."

Napoleon erhielt von der Lage der Dinge zu Paris die erste Nachricht zu St. Didier und eilte der Armee dahin voraus. Wie er unterwegs die Einnahme von Paris erfuhr, so kehrte er zu seiner Armee zurück und führte sie in Eilmärschen nach Fontainebleau. Um sie schnell zu ver=

e Capitulation: in de Martens Suppl. V. (nouv. Rec. I.) p. 693.

Eichhorn's Ergänz. R

1814 vermehren, versprach er ihr eine viertägige Plünderung von Paris, gegen das er sie führen werde, und hatte auch großen Zulauf. Aber unvermuthet kam Ney mit der Botschaft seiner Absetzung an: dagegen donnerte zwar Napoleon (am 4. April) in einer drohenden Proclamation gegen den Senat und die gute Stadt Paris. Aber Worte vermochten jetzt nichts mehr: denn das Volk war im Ganzen mit der Veränderung der Regierung zufrieden; daher auch die Minister, die mit der Kaiserin nach Blois geflohen waren, dasselbe umsonst zu einem Aufstand aufriefen. Durch Verheimlichung des Geschehenen hofften sie noch in den entfernten Provinzen eine günstige Wendung der Dinge zu bewirken: sie hatte aber nichts als eine völlig überflüssige blutige Schlacht zur Folge, zu welcher Soult (am 10. April) die englisch-spanische Armee bey Toulouse durch einen Ueberfall nöthigte.

Das südliche und westliche Frankreich waren nemlich noch zwey Kriegstheater, in welche von zwey Seiten zugleich vorgedrungen wurde: schon seit dem Ende des vorigen Jahrs von der spanischen Seite her durch die vereinigte englisch-spanisch-portugiesische Armee und seit dem Anfang des gegenwärtigen von der helvetischen Seite her durch die Oesterreicher: das erstere hatte sich unter dem Jubel des Volks, durch die Ankunft des Herzogs von Angouleme begeistert, sogar früher als die Hauptstadt für die Bourbonen erklärt. Dort schlugen Wellington und Beresford (am 27. Febr.) bey Orthes den Marschall Soult, worauf Beresford mit dem Herzog von Angouleme

leme (am 12. März) seinen Einzug in Bordeaux 1814
hielt: hier befehligten Bianchi und Hessen=Hom-
burg gegen Augereau und erzwangen durch einen dreytägigen Kampf die Oeffnung der Thore von Lyon. In der letzten Schlacht bey
Toulouse (am 10. April) trug auch der über-
fallene Wellington einen glorreichen Sieg über
den Marschall Soult davon.

Nur in Italien, zu Neapel, hatte sich vor
der Hand noch ein Napoleonide, der König
Joachim Mürat, durch die Treulosigkeit gegen
seinen Schwäger Napoleon auf dem Thron erhalten. Als Bellegarde nach seinem Uebergang
über die Etsch (am 5. Febr. 1814) bloß die
Staaten des obern und mittlern Italiens zur
Unterstützung der österreichischen Waffen aufforderte, und dabey den Uebertritt des Königs
von Neapel zu den verbündeten Mächten bekannt
machte, konnte man schon daraus abnehmen,
das feste Land von Unteritalien müsse ihm für
seinen Uebertritt zugesichert worden seyn. Erst
am 21. März wurde in Neapel sein mit Oesterreich (am 11. Januar 1814) abgeschlossener Vertrag zur allgemeinen Kunde gebracht, nach welcher Oesterreich dem König von Neapel f "die
„volle und ganze Souveränetät aller Staaten,
„welche er in Italien besitze, garantirt, und
„sich für den Beytritt der übrigen Verbündeten
„zu

f Die Bekanntmachungen sind aus italien. Blät-
tern gesammelt in Voß's Zeiten. B. 40. 1814.
Novemb. 1815 B. 41. Febr. und März. Aus
engl. Parlements Acten im May 1815 in de
Martens Suppl. V. (nouv. Rec. I.) p. 660-666.
R 2

1814 „zu dieser Garantie beſtens zu verwenden ver=
„ſpricht,” wogegen der König 30,000 Mann
gegen Napoleon zu ſtellen habe.   Er beſetzte
auch im Namen der verbündeten Mächte den
ſüdlichen Theil Italiens bis an das rechte Ufer
des Po; er verdrängte daraus die ohnehin nicht
zahlreichen Franzoſen ohne große Mühe, und
gab den päpſtlichen Staaten eine proviſoriſche
Regierung.   Deſſen ohnerachtet waren Erklärun=
gen zu ſeinem Vortheil gleich der öſterreichi=
ſchen von den übrigen Mächten nicht zu erhal=
ten.   England war zu nichts weiter zu bewe=
gen, als zu einer Uebereinkunft, die zwiſchen
dem Marquis von Gallo, dem neapolitaniſchen
Miniſter, und dem Lord Bentink im Namen Nea=
pels und Englands abgeſchloſſen wurde, „daß
„alle Feindſeligkeiten zwiſchen England und Nea=
„pel zu Waſſer und zu Lande, auf den Inſeln
„des mittelländiſchen und adriatiſchen Meers
„aufhören, und während der Dauer des Waffen=
„ſtillſtandes freyer Handel ſtatt finden ſollte.”

Inzwiſchen ward während der Friedensun=
terhandlungen zu Chatillon der Krieg in Ita=
lien ſehr ſchläfrig betrieben, weil der Kö=
nig von Neapel überall auf halbem Wege
ſtehen blieb und durch ſeine Zögerungen jedes
Unternehmen lähmte.   Doch wurden Vorberei=
tungen getroffen, um neues Leben auch hier in
den Krieg zu bringen.   England ſchloß am 2.
März mit Neapel einen Waffenſtillſtand, weil
ſich nun engliſche und ſiciliſche Truppen den
Alliirten in Italien anſchließen ſollten.   Lord
Bentink landete (am 8. März) mit engliſchen,
aus

aus Palermo und Catalonien herbeygeführten
und mit ficilianifchen Truppen, vereinigte fich
(am 15. und 26. März) mit den Oefterreichern
und Neapolitanern zu Verona, und drang im
April gegen Genua vor, das fich nach kurzem
Widerftand (am 18. April) ergab. Bellegarde
hatte fchon nach den zu Chatillon abgebrochenen
Friedensunterhandlungen mit dem König von Nea=
pel den neuen Operationsplan verabredet, als
die Nachrichten aus dem Innern von Frankreich
„daß Napoleon (am 11. April) feinen Thronen, na=
„mentlich auch dem von Italien, entfagt habe," die
Fortfetzung des Kampfs hemmten, und eine Mili=
tärconvention veranlaßten, die (am 16. April) zwi=
fchen dem Vicekönig von Italien einer Seits, und
zwifchen Bellegarde, Bentink und dem König
von Neapel andrer Seits gefchloffen und (am
27. Apr.) durch einen Nachtrag erweitert wurde. g
Diefem zufolge follten alle franzöfifche Trup=
pen Italien räumen; der Vicekönig nahm daher
in einer am 17. April aus Mantua erlaffenen
Proclamation von Italien Abfchied. h

Nach der Einnahme von Paris zögerten die ver=
bündeten Mächte nicht den König von Neapel durch
eine befondere Einladung zum Rückzug in feine
Staaten zu veranlaffen, den er auch im Anfang des
May's antrat. Die von ihm eingefetzte provi=
forifche Regierung trat zwar in den größten
Theil der päbftlichen Staaten mit den neapoli=
tani=

1814

g Zu finden in de Martens Suppl. V. (nouv.
Rec. I.) p. 713 — 720.

h Campagne de Prince Eugène en Italie pen-
dant les années 1813 et 1814 par L. D****
Capit. attaché à l'Etat-major du Prince etc.
Paris 1817. 8.

1814 tanischen Truppen zurück; blieb aber, wie der
König in einem Tagsbefehl aus Ancona sich aus=
drückte, provisorisch in dem wichtigen Landstrich
am adriatischen Meer, den bisherigen Departe=
ments Musone, Metauro und Tronto, so wie
auch in den wichtigen Städten Ancona und Si=
nigaglia stehen. Der Papst, der nach seiner
langen glücklich überstandenen Staatsgefangen=
schaft wieder in Rom (am 24. May) unter großem
Jubel des Volks seinen Einzug hielt, protestirt
gegen diesen Länderraub; die drey bourbonischen
Höfe, Frankreich, Spanien und Sicilien, legen
gegen die Anerkennung Mürats als König von
Neapel und gegen die Garantie seines Besitzes
dieses Königreichs bey den verbündeten Mächten
zu Wien, wo sie sich mittlerweile versammelt
hatten, eine Protestation ein; die Unterhandlun=
gen des Hofs zu Neapel haben zu Wien wenig
Fortgang. Auch Mürats Thron fängt an zu
wanken.

Ludwig XVIII. i

Schnell erfolgte nun die Wiederherstellung der
Bourbonen, wozu aber doch ihr Anhang wenig
beytrug.

Die Liebe zu dem vertriebenen Regentenhause
war in Frankreich nie ganz erloschen; sie glimmte
immer

i De la Monarchie française depuis le retour
de la maison de Bourbon, jusqu'au premier
Avril 1815. Par M. de Montlosier. Paris
1815. 8.
Recit historique sur la restauration de la Ro-
yauté au France le 31 Mars 1814. Par Mr.
de Pradt. Paris 1816. 8.

immer noch fort, aber aus Furcht vor Verban= **1814**
nung und Tod, nur in der tiefsten Verborgenheit,
und außerhalb den Städten, die der Regel nach
durch die Revolution gewonnen hatten und da=
her den Bourbonen abgeneigt waren, bloß in den
Familien des alten Adels, in den See= und Han=
delsstädten und bey dem Landvolk. Die Mittel=
puncte des geheimen Royalismus waren für das
östliche und nördliche Frankreich Paris, für das
westliche Bordeaur, für das südliche Toulouse.
So groß aber auch die Sehnsucht der Royalisten
nach der Rückkehr der Bourbonen seyn mochte,
so wagten sie doch nirgends früher öffentlich her=
vorzutreten, als bis die verbündeten Truppen in
ihren Mittelpuncten gegenwärtig waren, und die
kaiserlichen überwältigt hatten.

Bey dem glücklichen Fortgang der Waffen der
verbündeten Mächte eilten bourbonische Prinzen
aus England herbey; der Herzog von Anguleme
zu der Armee von Wellington, der Graf von Ar=
tois zu der österreichisch=russischen: der letztere
erließ, von ihr gedeckt, am 27. Febr. einen Auf=
ruf an die Franzosen, sich für die Sache der
Bourbonen zu erklären, voll Versprechungen an
alle die Privatpersonen, welche bey einer Umkeh=
rung der Dinge etwas zu verlieren sorgen moch=
ten. Den Pariser Royalisten blieb die Procla=
mation nicht unbekannt; sie druckten sie auch zur
Vertheilung in Paris in der größten Heimlichkeit
nach, in der Hoffnung, vortheilhaft für die Bour=
bonen durch sie auf die Menge zu wirken: eine
ohnmächtige Vorkehrung, so läng noch die Heere
der Verbündeten in der Entfernung standen. Auf
sich

1814 sich allein zurückgezogen, ohne allen Einfluß auf irgend einen Zweig der Regierung und ohne allen Zusammenhang mit der Armee, vermochten sie für die Prinzen so wenig, daß ihr Treiben zu Paris bis auf den Einzug der Verbündeten daselbst nicht einmal bemerkbar war.

Früher war der Royalismus in den westlichen und südlichen Provinzen thätig: schon im Februar begrüßten seine Anhänger den Herzog von Anguleme, und entdeckten sie sich dem Herzog von Wellington, der aber ihre Anträge ablehnte, weil er es für möglich hielt, daß der Congreß zu Chatillon zu einem Frieden führen könnte. Doch ließ er nach der Schlacht bey Orthes den Herzog von Anguleme (am 12. März) mit Beresford seinen Einzug zu Bordeaux halten, wodurch der Royalismus seinen ersten öffentlich bekannten Stützpunct bekam. Nach der blutigen Schlacht bey Toulouse (am 11. März) rief der Enthusiasmus für die Bourbonen sogar Ludwig XVIII. zum König aus, was Wellington selbst als einen voreiligen Schritt laut mißbilligen mußte, weil bis dahin weder von den abgebrochenen Unterhandlungen zu Chatillon, noch weniger von der Einnahme von Paris eine Nachricht bis in die südlichen Provinzen gedrungen war. Es würde auch dieser rasche Schritt zu keinem für die Bourbonen günstigen Ausgang geführt haben, wenn sich nicht mitten in Paris eine neue Parthey, großentheils aus Männern, die bisher der Napoleonischen Regierung gedient hatten, aber endlich ihres Despotismus müde waren, gebildet hätte, welche, unabhängig von den Royalisten, sogar ohne

ohne von ihnen Kunde zu nehmen, sich entschlos= 1814
sen hatte, die gegenwärtige Lage des Reichs zur
Wiederherstellung der alten Monarchie unter Si=
cherungen der Freyheit zu benützen.

Den ersten Gedanken dazu faßten drey Mit=
glieder des Senats, der Fürst Talleyrand, der Ge=
neral Graf von Beurnonville, und der General
Graf von Jaucourt. Gleich nach der Abbrechung
des Congresses zu Chatillon davon unterrichtet,
daß die Verbündeten entschlossen wären, Napo=
leon zu entthronen, zogen sie noch zwey andere,
ihrem Zwecke dienliche Personen in ihr Geheimniß,
den Abt von Montesquiou, mit dem Vertrauen
Ludwigs XVIII. beehrt, und den Herzog von
Dalberg, einen vieljährigen Freund des öster=
reichischen Ministers, des Fürsten von Metternich.
Durch einen an die verbündeten Monarchen abge=
schickten Vertrauten, den Herrn von Vitrolles, er=
langten sie von diesen die Versicherung, daß das
Haus Bourbon, wenn die Nation es wolle, be=
rufen werden würde, über seine Erbgüter zu herr=
schen, und die Stadt Paris verschont werden sollte.
Nur die Schritte dieser Parthey waren von Er=
folg für die Bourbonen, weil sie im Einverständ=
niß mit den verbündeten Mächten handelte; doch
hüteten sich letztere sorgfältig, selbst für erstere das
Wort zu führen, damit es nie das Ansehen ha=
ben könnte, daß sie einem freyen Volke Verfassung
und Regenten aufgedrungen hätten: beydes sollte
der freyen Wahl und Entschließung der französi=
schen Nation vorbehalten bleiben.

Als daher an dem Tage des Einzugs der Ver=
bündeten in Paris die Royalisten der Hauptstadt
her=

1814 hervortraten und sogleich sich wiederholt mit ihren
Bitten an den Kaiser von Rußland um die Wie=
derherstellung der Bourbonen wendeten, konnten
sie nichts weiter als höchstens die Beschleunigung
der Erklärung bewirken, die der russische Kaiser
im Namen der verbündeten Mächte (am 1. April)
erließ: "daß sie weder mit Napoleon noch mit ei=
„nem Mitglied seiner Familie unterhandeln wür=
„den; der Erhaltungs=Senat möchte zur Wahl
„einer provisorischen Regierung schreiten, welche
„die Sorge der Verwaltung zu übernehmen, und
„eine dem französischen Volke angemessene Consti=
„tution vorzubereiten hätte: sie würden die Inte=
„grität des alten Frankreichs nur so anerkennen,
„wie es unter den Königen gewesen sey." Dies
war das Resultat einer Conferenz zwischen dem
russischen Kaiser, dem König von Preußen, dem
Fürsten Schwarzenberg, der mit unumschränkter
Vollmacht des österreichischen Kaisers versehen
war, zu der Talleyrand, der Herzog von Dal=
berg und einige andere Franzosen zugezogen wor=
den. Talleyrand entwickelte vor den verbünde=
ten Mächten, daß die Rückkehr der Bourbonen
auf den französischen Thron das zweckmäßigste
Mittel zur Herstellung der Ruhe für Frankreich,
deren beste Verbürgung für die verbündeten Mächte
und der geheime Wunsch des größten Theils der
französischen Nation sey, worin ihm die übrigen
anwesenden Franzosen beystimmten.

Schlag folgte nun auf Schlag. Die fünf schon
in den letzten Wochen zur Wiederherstellung der al=
ten Monarchie vereinigten Freunde wurden als er=
fahrne Geschäftsmänner (am 1. April) zur provi=
sorischen Regierung ernannt; am 2. April ward
Napo=

Napoleon wegen seiner häufigen Uebertretung der 1814
Constitution vom Senat für abgesetzt erklärt;
und durch andere Decrete desselben Tags ward
die Nation und die Armee ihres Eides an Napoleon entbunden und aufgefodert, der neuen Regierung beyzutreten; es wurde alles, was seit
Napoleon's Absetzung in seinem Namen und auf
seinen Befehl geschehen, für nichtig erklärt, dagegen aber auch jede Schmähung und Beleidi-
gung der abgeschafften Regierung in öffentlichen
und Privatschriften verboten. Entwürfe zu einer neuen Constitution wurden unverweilt dem
Senat eingereicht und in Erwägung gezogen;
und schon am 7. April rief die eiligst verfertigte
und angenommene Constitution die Bourbonen auf
ihren väterlichen Thron zurück.

Durch diese schnell auf einander gefolgte Beschlüsse und ihre Ausführung war noch vor einem abgeschlossenen allgemeinen Waffenstillstand
eine Waffenruhe eingetreten, die Napoleon in eine
erzwungene Unthätigkeit während der Entscheidung seines Schicksals warf. Darneben hielten
ihn selbst seine Marschälle durch die Versicherung,
daß der Armee seine Absetzung bekannt, und sie
zu der neuen Regierung übergetreten sey, von dem
Vorhaben, das er einmal gefaßt hatte, mit ihrem
Rest nach dem Süden zu ziehen, ab. Es entdeckte sich nun aller Welt, daß ihm vieles von der
Größe des Geistes fehle, die das Glück ihm scheinbar beygelegt hatte. Nach einem kurzen Auf-
brausen gegen den Senat und die Stadt Paris
und nach einigen vergeblich gethanen Vorschlägen
ergab er sich in den Willen seiner Besieger. Am

1814 5. April erbot er sich schon durch seine Abgeord=
nete Caulaincourt, Ney und Macdonald zu ei=
ner Thronentsagung unter der Bedingung, daß
sein Sohn ihm in der Regierung folge: ein
Antrag, der seiner verderblichen Folgen wegen
von den Verbündeten nicht angenommen werden
konnte. Es ward ihm daher von ihnen die In=
sel Elba zum Aufenthaltsort und ein Jahrgehalt
für ihn und seine Familie ausgesetzt. Nach lan=
gem Weigern und vielem vergeblichen Hin= und
Hersenden entsagte endlich Napoleon durch Un=
terschreiben der Entsetzungsurkunde (am 11. Apr.)
allen Ansprüchen auf Frankreich, Italien und
jedes andere Land, wogegen ihm die verbündeten
Mächte den Besitz der Insel Elba und ein jähr=
liches Einkommen von zwey Millionen Franken,
als Rente in das große Buch von Frankreich
eingetragen, seiner Gemahlin Marie Louise die
Herzogthümer Parma, Piacenza und Guastalla,
die auf ihren Sohn und auf ihre Nachkommen
in gerader Linie übergehen sollten, und seinen
Blutsverwandten ein reiches Auskommen in ei=
ner eigenen Urkunde zusicherten: seiner Mut=
ter 300,000 Franken; dem König Joseph und
seiner Gemahlin 500,000; dem König Ludwig
200,000; der Königin Hortensia und ihren
Kindern 400,000; dem König Hieronymus und
dessen Gemahlin 500,000; der Prinzessin Pau=
line (Borghese) 300,000; der Kaiserin Josephine
eine halbe Million Franken; dem Prinzen Eugen,
bisherigen Vicekönig von Italien, ein angemessenes
Etablissement in Frankreich, und allen diesen zu=
sammen die Beybehaltung ihres beweglichen und
unbe=

unbeweglichen Eigenthums u. s. w. *k* Nach neuen 1814
Unterhandlungen über die Größe seines Jahrgehal=
tes, der Zahl seiner Dienerschaft und die Gerä=
the, die er mitnehmen dürfe, reiste Napoleon,
dessen Ehrgeiz vor kurzem noch der Besitz von
halb Europa nicht befriedigte, als Kaiser der win=
zigen Insel Elba, unter einer starken Bedeckung
von Truppen der verbündeten Mächte, von den
Generalen Bertrand und Drouot begleitet, und
mit dem Fluch der Welt beladen (am 20. Apr.)
ab und schiffte sich zu Frejus (am 27. April)
nach seinem neuen Kaiserthum ein, wo er am
4. May landete. *l*

Die Kaiserin, Marie Louise, fügte sich in
ihr Schicksal und nahm zu Rambouillet, wo sie
ihr Vater, der Kaiser Franz, (am 16. Apr.) be=
suchte, dessen Einladung an, mit ihrem Sohn ih=
ren Sitz zu Schönbrunn zu nehmen, wohin sie
die Reise schon am 22. April antrat. Sie hatte
in keinen der Plane gewilliget, die man ihr zur
Behauptung des Throns vorgeschlagen hatte.
Vergeblich hatten sie auch Joseph und Hiero=
nymus zwingen wollen, ihnen über die Loire
zu folgen.

Bis

k Die Acten hierüber in de Martens Suppl.
V. (nouv. Rec. I.) p. 695 — 603.
l Napoleon Bonaparte's Reise von Fontainebleau nach
Frejus, von Truchseß = Waldburg. 1814. 8.
Itinéraire de Buonaparte. Paris 1814. 8.
Ueber die Insel Elba: Voyage à l'île d'Elbe, sui=
vi d'une notice sur les autres îles de la mer
Tyrrhénienne par Arrenne Thiebaut de
Berneaud Paris. 1808. 8. Deutsch in Spren=
gels und Ehrmanns Bibl. der Reiseb. B.
39. (1808).

1814

Bis zur Ankunft des neuen Königs, Ludwigs XVIII., besorgte provisorisch der Graf von Artois, sein Bruder, die Regierung des Reichs. Er war bereits am 2. Febr. mit einer Proclamation seines ältern Bruders aus Hartwell in Bukinghamshire zu Basel aufgetreten, und hatte sich, bey dem glücklichen Fortgang der Waffen der verbündeten Mächte, bereits im März in einer unter seinem eigenen Namen ergangenen Proclamation als General-Lieutenant des Reichs unterschrieben. Nachdem ihn (am 4. April) der Senat in einem eigenen Decret die Generalstatthalterschaft des Reichs bis zur Ankunft seines Bruders übertragen hatte, so verwandelte sich unter ihm, nach seiner am 12. April erfolgten Ankunft in Paris, die bisherige provisorische Regierung in einen provisorischen Staatsrath des Generalstatthalters. Unter seiner stellvertretenden Verwaltung ward noch der allgemeine Waffenstillstand (am 23. Apr.) geschlossen *m* und an die Commandanten der Festungen außerhalb der Gränzen des alten Frankreichs zur Uebergabe der ihnen anvertrauten Plätze an die dazu beorderten Befehlshaber der verbündeten Mächte der nöthige Befehl gesendet. Kehl wurde am 2. May geräumt, Wesel am 3. May, die Cidatelle zu Erfurt am 16. May, die Cidatelle Marienburg bey Würzburg am 20. May, Magdeburg am 23. May und Hamburg am 26. May.

Am 3. May hielt Ludwig der XVIII., der aus dem gastfreundschaftlichen England, wo er sich

m Die Convention in de Martens Suppl. V. (nouv. Rec. I.) p. 706.

sich seit 1807 zu Hartwell aufgehalten hatte, 1814 zu Paris seinen Einzug, und trat selbst die Regierung an. Noch vor der vollendeten Constitution, schon am 30. May war der Friede mit den verbündeten Mächten abgeschlossen; am 31. May von den zu Paris anwesenden Monarchen und am 18. Jun. von England unterzeichnet und gutgeheißen: ein Friedensschluß voll Mäßigung und Staatsweisheit. *n*

Frankreich erhielt nicht bloß die Länder innerhalb der Gränzen, die es zur Zeit des 1792 ausgebrochenen Kriegs umschlossen, zurück, sondern bekam auch noch einen Zuwachs von Gebiet mit einer Bevölkerung von 268,938 Menschen durch einen ihm gebliebenen Theil von Savoyen, Montblanc und Vaucluse, wodurch die Zahl der 83 Departements (von 1789) auf 85 stieg. Seine östliche Gränze von der Nordsee bis an die Schweiz machten, französischer Seits, Dünkirchen, Lille, Douay, Valenciennes, Maubeuge, Charlemont, Sedan, Montmedy (Longwy), Thionville, Sarlouis, Landau; deutscher Seits, Fürnes (Nieuport), Ypern, Tournay, Mons, Charleroi, Dünant (Namur), Neufschatel, Luxemburg, Trier, Zweybrücken, Speier, darauf der Rhein. Französischer Seits, Selz, Straßburg, Neubreisach, Hüningen; deutscher Seits, Rastadt, Kehl, Altbreisach, Basel.

So

n Klüber's Acten des Wiener Congresses Th. I.

1814 So trennte also eine zwischen Dünkirchen und Nieuport angehende Gränzlinie, wie sie am 1. Januar 1792 beschaffen war, bis zum Rhein, und sodann der Thalweg des Rheins bis an das Schweizergebiet das deutsche und französische Reich; und um die bey Frankreich gelassene Festung Landau in das französische Gebiet einzuschließen, wurde noch ein um dieselbe liegender Umkreis von Land dem französischen Reiche eingeräumt. Für Deutschland wurde nur im Allgemeinen Unabhängigkeit seiner Staaten und ihre Vereinigung durch ein föderatives Band festgesetzt; aber die definitive Entscheidung der europäischen und deutschen Angelegenheiten einem Congreß zu Wien vorbehalten, der am 1. August eröffnet werden sollte.

Das zweyte Hauptgeschäfte Ludwigs XVIII. nach seiner Thronbesteigung war die Berichtigung der neuen Constitution. Der Senat hatte ihn zwar auf die von demselben entworfene Verfassungsurkunde auf den Thron berufen; sie trug aber allerwärts das Gepräge der Eile und des Privatinteresses, mehr den Character einer Capitulation des Senats mit der neuen Regierung als eines Fundamentalgesetzes für den Staat; und indem Ludwig (am 2. May) noch vor seinem Einzug in Paris von der Station zu St. Ouen aus dem Senat seine Billigung der Grundbasis erklärte, äußerte er sich auch freymüthig über die Untauglichkeit einer großen Anzahl von Artikeln, und versprach diesen ihren Mängeln durch eine aus der Mitte der beyden Staatskörper erwählten Commission abhelfen, und dem Senat und gesetzgebenden Corps

am

am 10. Junius, auf welchen er schon zum 1814
voraus die Gesetzgeber zusammenberief, den
verbesserten Entwurf vorlegen zu lassen. Bis
zum 19. May war derselbe von den Ministern
(d'Ambray, Montesquieu und Ferrand) vollen=
det; darauf wurde er einer Commisson von 18
Mitgliedern, 9 aus dem Staatsrath und 9 aus
dem gesetzgebenden Corps zur Prüfung, und
darauf am 4. Junius dem Senat und dem
gesetzgebenden Corps in einer feyerlichen Sit=
zung als Verfassungsurkunde vorgelegt. Frank=
reich bekam durch sie eine gemäßigte monarchische
Verfassung, mit zwey Kammern, der Kammer
der Pairs (auf Lebenslang ernannt) und der
Kammer der Deputirten, (nur für jede Dauer
der Sitzung erwählt). Der König theilt die
gesetzgebende Gewalt mit den beyden Kam=
mern: der König schlägt die Gesetze, welcher der
beyden Kammern er will, vor; die Kammern
stimmen darüber, und die Mehrheit der Stim=
men entscheidet über den Vorschlag. Ist er ge=
billiget, so sanctionirt und promulgirt der Kö=
nig das Gesetz. Die vollziehende Gewalt
hat der König allein; die Minister sind verant=
wortlich. Vor dem Gesetz sind alle Franzosen
gleich; und so wie sie ohne Unterschied nach dem
Verhältniß ihres Vermögens zu den Lasten des
Staats beytragen, so sind ihnen auch auf gleiche
Weise alle Civil= und Militärstellen zugänglich u. s.
w. ° — Die durch diese Constitution gestiftete
Kammer der Deputirten der Departements er=

öffnete

° Eine Prüfung der Constitution s. in der Mo=
narchie française depuis le retour des Bour=
bons (oben).

Eichhorn's Ergänz.   S

öffnete ihren Wirkungskreis durch eine Adresse, in welcher sie dem König für die Charte constitutionelle dankte.

Mit der Eröffnung des Congresses zu Wien verzog es sich bis zum Anfang des Novembers, weil die verbündeten Fürsten vor der Rückreise in ihre Erbstaaten Britannien, den Centralpunct der Befreyung vom Napoleonischen Joche, und darauf diese selbst auf kurze Zeit begrüßen wollten. Im October eilten die meisten Monarchen selbst in die Kaiserstadt, um durch ihre persönliche Anwesenheit die Unterhandlungen ihrer Minister zu erleichtern und zu beschleunigen. Außerdem wurden, da der vorläufigen Haupt- und Nebenerörterungen so viele waren, noch besondere Commissionen über mehrere politische und statistische Gegenstände niedergesetzt. Dennoch zog sich alles in die Länge. Die Wiederherstellung der preußischen Monarchie mit der ganzen Volksmenge, die sie im Jahr 1805 gehabt hatte, machte die meiste Schwierigkeit. Preußen selbst hätte am liebsten den ganzen vorigen Teritorialbestand in Polen wieder zurückgewünscht; aber Rußland bestand auf dem Besitz des Herzogthums Polen zu einer Entschädigung für seine Anstrengungen während des Befreyungskriegs, und bot Preußen das von ihm als ein erobertes Land verwaltete Königreich Sachsen dafür an, wogegen der König von Sachsen sein künftiges (freylich um die Hälfte kleineres) Staatsgebiet am Rhein erhalten sollte. Dieser Plan war schon seinem Abschluß nahe; selbst Oesterreich schien damit einverstanden zu seyn, als der Wieder-

berfpruch des Königs von Sachsen und seines Hau- **1814**
ses, auch Oesterreich zur Mißbilligung desselben
bewog, von welcher Zeit an die Unterhandlungen einen sehr lebhaften Character annahmen.
Die Gesandten von 29 deutschen Fürsten und
Städten erklärten ihre Unzufriedenheit über das
Verhältniß, in welches sie auf dem Congreß gestellt waren, in einer Note voll Empfindlichkeit;
die verhandelnden Hauptmächte geriethen über
Sachsen und Polen in bedenkliche Spannungen,
die einen Krieg befürchten ließen; am 6. Jan.
1815 war schon ein Vertrag zwischen Oesterreich,
England und Frankreich gegen Rußland entworfen, der aber nicht vollzogen wurde. *

Als schon die Freunde der Ruhe und des
Friedens anfiengen über die Verhandlungen in
Wien Sorgen zu fassen, erschütterte sie plötzlich
die unerwartete Botschaft: der Kaiser von Elba
sey in Frankreich gelandet; seine mitgebrachte
kleine Militärmacht sey gleich in den ersten Tagen zu einer mächtigen Armee angewachsen, mit
der

* I. L. Klüber's Acten des Wiener Congresses. Erlang. 1815. 5 Th. 8.

Desselb. Uebersicht der diplomatischen Verhandlungen des Wiener Congresses. Erlang. 1816.
3 Abtheil. 8.

de Pradt du Congrès de Vienne. Paris. 1815.
2 Voll. 8. Deutsch, mit angehängten Betrachtungen des Uebersetzers. Ohne Druckort 1816.
8. 2 Th.

Verhandlungen im englischen Parlament über
den Wiener Congreß übers. in den europäischen Annalen. 1816. St. 2.

1815 bet er aufgehalten und unaufhaltsam gegen
Paris marschire: er finde allerwärts Gehülfen
seiner militärischen Revolution.

Die gemeinschaftliche Gefahr vereinigte schnell
die unzufriedenen Gemüther; am 13. und 25.
März (1815) traten die versammelten Mächte zu
gemeinschaftlichen kraftvollen Maaßregeln zusammen, an die sich die deutschen Fürsten und
Städte anschlossen; man kam zur Befriedigung
Preußens über eine Theilung von Sachsen, in
die sich auch sein König durch die Unterzeichnung des Friedens mit Preußen (am 18. May)
fügte; man kam über die ersten Grundlinien
einer deutschen Verfassung durch die Unterzeichnung der Bundesacte am 8. Junius und über
die allgemeinen europäischen Angelegenheiten
durch die Schlußacte am 9. Jul. überein, und
hatte sich dadurch Raum geschaffen, den von der
Insel Elba erschienenen Feind gemeinschaftlich
zu bekämpfen.

Ludwig XVIII. hatte den Feinden der königs-
lichen Regierung viel zu große Freyheit gelassen: er hatte alle öffentliche Beamten, mit Ausnahme derer, die für seines Bruders Tod gestimmt hatten, und einiger andern Personen,
in ihren Aemtern bestätiget, und erledigte Stellen unbedenklich wieder mit erklärten Anhängern Napoleon's besetzt. Vergeblich hatten seine
Rathgeber auf Wiederherstellung einer strengern
Policey gedrungen: des Königs Mäßigung war
eine Schlaffheit geworden, die nie der öffentlichen Verachtung entgeht. Desto lebhafter ward
der

der Zusammenhang des verbannten Kaisers mit 1815
seinen zurückgelassenen Anhängern.

Und diesem stand auch die Aufsicht nicht im
Wege, unter die er auf seiner Insel gestellt war:
sorglos ließ man Napoleon alle mögliche Freyheit.
Weder die Insel ward von der englischen Seemacht scharf eingeschlossen, noch seine Person
von dem Obristen Campbell, der mit ihrer Bewachung beauftragt war, streng gehütet: dieser
hielt sich, statt auf Elba zu bleiben, meistens
zu Livorno und auf andern benachbarten kleinen
Inseln auf. Er war auch abwesend als Napoleon (am 26. Febr. 1815) Abends 9 Uhr
eine Brigg bestieg und begleitet von vier andern
Fahrzeugen, die 700 Mann der alten Garde,
300 Korsen und 140 Ausländer trugen, nach
der Küste von Frankreich absegelte. Eine englische Fregatte bemerkte zwar seine Entweichung,
aber zu spät, als er schon in der See war,
und eine eingetretene Windstille sie hinderte,
den Entwichenen einzuholen: So landete er
glücklich am 1. März auf der Rhede von Frun
in der Provence, bey der kleinen Stadt Cannes.

Ohne sich vor Antibes, das ihm seine Thore
verschloß, aufzuhalten, zog Napoleon mit seinen 1140 Mann in Eilmärschen und ungehindert,
unter Zulauf zu seiner Verstärkung, bis vor
Grenoble: der dort commandirende General
Graf Miranda übergab ihm (am 8. März) diesen wichtigen Waffenplatz mit dem Artilleriede-
pot ohne Widerstand. Er hatte nun einen
Stützpunct zu seinen weitern Unternehmungen.

Die

Die Schreckenbotschaft von Napoleon's Landung war mittlerweile nach Paris gekommen, und der Graf Artois eilte nach Lyon, wo er schon am 8. März ankam, um den Oberbefehl über eine zwischen Lyon und Chambrey zusammenziehende Armee zu übernehmen. Ihm waren dahin der Herzog von Orleans und der dem König treu gebliebene Herzog von Tarent (Macdonald) gefolgt. Die unvermuthet erfolgte Uebergabe von Grenoble machte es unmöglich das von aller Artillerie entblößte Lyon zu behaupten, und so gerieth die zweite Stadt des Königreichs mit allen ihren Hülfsmitteln am 11. März in Napoleon's Gewalt.

Massena, der Prinz von Eßlingen, der zu Toulon 20 — 30,000 Mann befehligte, hätte mächtigen Widerstand leisten können; aber von Napoleon aufgefodert, "die Fahnen von Austerlitz aufzupflanzen," hielt er es wenigstens insgeheim mit ihm, und statt ihn zu verfolgen und einzuholen, schickte er den General Miollis ganz nutzlos mit einem Heerhaufen nach Air. Die französische Armee eilte in ihren verschiedenen Abtheilungen mit ihren Befehlshabern herbey; aber getheilten Sinnes; eine Parthey, um zu Napoleon überzugehen, die andere um die Bourbone zu vertheidigen. Um letztern keine Zeit zu lassen, brach Napoleon am 13. März von Lyon über Macon und Chalons nach Paris auf, und eilte, begünstiget von dem Pöbel der Städte, durch die er kam, mit einem täglich durch neue zuströmende Haufen mehr anwachsenden Heere weiter; schon am 20. März zog er, begleitet von den

Trup=

Truppen, die man des Morgens hätte auszie=1815
hen laſſen, um ſich ſeinem Vordringen zu wider=
ſtzen, im Triumph in Paris ein. q

Gleich von Anfang dieſer Gegenrevolution
an zeigte ſich die Sache der Bourbonen in der
bedrängteſten Lage. Schon am 6. März er=
klärte Ludwig XVIII. "Napoleon Bonaparte für
„einen Verräther und Rebellen, weil er in das
„Var=Departement mit bewaffneter Hand ein=
„gedrungen ſey, und alle Beförderer ſeines Un=
„ternehmens gleicher Strafe unterworfen"" —
aber niemand kehrte ſich daran. Die Kammern,
welche erſt am 1. May zuſammenkommen ſoll=
ten, werden eiligſt zuſammenberufen; die in Pa=
ris anweſenden Mitglieder verſammeln ſich un=
verzüglich und erlaſſen Adreſſen an das Volk im
Geiſte der Bourbonen — aber wirken nichts. Der
Kriegsminiſter Soult will mit ſeinem Kopf für
Mar=

---

q Itinéraire de Buonaparte de l'île d'Elbe à
l'île St. Heléne, ou mémoires pour ſervir à
l'hiſtoire des événemens de 1815 avec le recueil des principales pièces officielles de cette
époque. Par l'auteur de la regence de
Blois et de l'Itinéraire de Buonaparte en 1814.
Paris 1816. 8.
Funfzehn Wochen, oder Bonaparte's letzte Regie=
rung (aus dem Franz.) 1815. 8.
Histoire de la revolution du 20. Mars par M.
Gallais. Paris 1815. 8.
Une année de la vie de l'Empereur Napoléon,
par A. D. B. M. 1815. 8.
Cinq mois de l'hiſtoire de France, ou fin de
la vie politique de Napoléon par Mr. Regn-
ault de Warin. Paris 1815. 8.

1815 Marchand's und Miollis's Treue bürgen — und sie halten es doch mit Napoleon. Darüber verlor der Kriegsminister das Vertrauen des Königs und er muß seinen Platz dem Herzog von Feltre (General Clarke) räumen, der seinem Vorgänger in Talenten gar nicht zu vergleichen war. Der Graf Artois und Herzog von Orleans eilen zur Armee, und vermögen nichts. Dem Marschall Ney wird der Oberbefehl über die königliche Armee anvertraut, und er mit allem versehen, was in der Eile zur Vertheidigung des Reichs hatte zusammengebracht werden können, und er tritt am 13. März an die Spitze seiner Armee mit der Losung: "die Sache der Bourbons ist auf immer verloren" und führt sein Heer Napoleon zu. Bey so allgemeinem Verrath und der Feigheit der Königsfreunde, was blieb Ludwig bey der Annäherung Napoleon's übrig, als die Kammern (am 19. März) durch eine Proclamation zu schließen, und selbst die Stadt zu verlassen? Ueber Peronne rettete er sich in die Gränzfestung nach Lille, wo er hoffte, sicher verweilen zu können; aber schon nach einem Aufenthalt von anderthalb Tagen mußte er, durch Mortier von der nahen Gefahr aufgehoben zu werden benachrichtiget, sich entschließen, diesen seinen Zufluchtsort und das französische Gebiet zu verlassen; und nur durch Mortier's persönliche Begleitung bis vor die Thore gelang es ihm zu entkommen. Er erreicht eüber Brügge glücklich Ostende und begab sich von da über Gent nach Brüssel, welches der Versammlungsort der Bourbonen ward.

In

In einem Augenblick hatte Napoleon seine 1815 Regierung hergestellt, da er die meisten Beamten, die ehedem unter ihm gedient hatten, noch auf ihren Posten fand: er brauchte fast nur ein neues Ministerium aus seinen vertrautesten Anhängern zusammen zu berufen. Unverzüglich wurden die seit dem 1. Jan. 1814 zurückgekommenen Ausgewanderten aufs neue verbannt, der Adel abgeschafft, die beyden Kammern aufgelöst: "im „Maymonat sollten die Wahlcollegien der De=„partements als außerordentliche Versammlung „des Mayfeldes zu Paris zusammen kommen, „um die dienlichsten Maaßregeln zur Modifici=„rung der Constitution des Reichs zu ergreifen." Er hielt auch am 1. Junius sein sogenanntes Mayfeld, auf dem er seine neue Verfassung proclamirte, und sich als Kaiser der Franzosen aufs neue anerkennen und begrüßen ließ.

In der Verwirrung hatte der Hof vergessen, die Gesandten der fremden Mächte von der Abreise des Königs zu benachrichtigen: Napoleon hohlte dieses nach durch eine officielle Bekanntmachung seiner Ankunft, der die Erklärung beygefügt war, "daß er den Pariser Friedenstractat treulich erfüllen würde, und dasselbe auch von den auswärtigen Mächten erwarte." Am 4. April kündigte er selbst sich den Hauptmächten von Europa einzeln als zurückberufen von der großen Nation an, um die Regierung, für welche die Bourbonen nicht paßten, wieder zu übernehmen, und versprach, die Ruhe der europäischen Völker, die sie so sehr bedürften, befördern zu helfen.

Ohne

1815 Ohne von dem allen Kunde zu nehmen, schlossen die zu Wien versammelten Mächte, Oesterreich, Rußland, England und Preußen (am 13. März) einen Allianztractat ab, mit der Verabredung, alle Mächte zum Beytritt einzuladen, und verpflichteten sich darin, "zur Aufrechthaltung des zu Paris am 19. May geschlossenen Friedens und der auf dem Wiener Congreß beschlossenen Anordnungen, auch zum Beystand Ludwigs XVIII, wenn er ihn verlangen sollte. Jede Macht stelle vor der Hand 150,000 Streiter ins Feld, und jede werde nach ihrer Lage die Mittel zur Erreichung des wohlthätigen Zweckes verstärken, wenn es die Umstände erfodern sollten, und keine eher die Waffen niederlegen, als bis Napoleon der Möglichkeit beraubt sey, Unruhen zu erregen."

Niemand war die neue Erscheinung Napoleons in Frankreich erwünschter, als seinem Schwager, dem König von Neapel, weil er nun hoffte mit den Waffen in der Hand seinen seit einiger Zeit wankenden Thron wieder zu befestigen. Doch wollte er erst Oesterreich durch wörtliche Versicherungen seiner Treue einschläfern, um dann das unvorbereitete Oesterreich in Italien zu überfallen, und es desto leichter aus dem Lande zu vertreiben. Er erklärte daher, gleich nach der eingegangenen Nachricht von Napoleons Entweichung von der Insel Elba, dem österreichischen Gesandten zu Neapel, "daß er seinen bisherigen politischen Verhältnissen treu, den Gang, "den Oesterreich wählen würde, auch befolgen "werde"; und darauf dem Wiener Congreß, "daß er zwar für die Bourbonen nicht auftre-
"ten

„ten könne, da sie sich weigerten ihn anzuerken- 1815
„nen; daß er aber übrigens auch bey den jetzt
„in Frankreich eingetretenen Veränderungen sei-
„nen eingegangenen Verbindungen treu bleiben
„werde" — und ist dessen ohnerachtet bereits am
19. März zu Ancona, und verlangt von Pius
VII. den Durchzug durch das päbstliche Gebiet.
Der Pabst verweigert ihn; er wird daher von
ihm (am 22. März) mit Gewalt erzwungen, wodurch der Pabst und alle zu Rom befindliche königliche und fürstliche Personen zur Flucht aus
Rom bewogen werden. Am 30. März kündigt
der König von Neapel von Rimini aus in einem
Aufruf jeder fremden Herrschaft auf dem italiänischen Boden das Ende an, und verheißt seinen
Einwohnern Unabhängigkeit, und läßt an demselben Tage noch ohne vorausgegangene Erklärung die österreichischen Vorposten bey Cesena angreifen. Die Oesterreicher ziehen sich vor der
Hand zurück; aber schon am 4. April beginnt der
General Frimont als Oberbefehlshaber, von seinen Unterbefehlshabern trefflich unterstützt, am
Panaro, wo er die neapolitanische Macht erwartete, seine siegreichen Kämpfe; und kaum hat der
österreichische Kaiser der neapolitanischen Regierung (am 10. April) erklärt, "daß er den Kriegs-
„zustand für eingetreten betrachte, und er jede
„fernere Entscheidung der Gewalt der Waffen
„überlasse," so ist auch Murat allenthalben geschlagen. Umsonst hatte er in den letzten Tagen
um den Besitz von Ferrara gekämpft; er mußte
in der Nacht vom 12. auf den 13. April sich von
diesem Kampfplatz zurückziehen. Eben so glücklich jagte Nugent die Neapolitaner aus Toscana
und

1815 und nahm ihnen (am 15. April) Florenz wieder
ab. Nun räumte Murat von freyen Stücken
Reggio und Modena, und floh mit seiner desor-
ganisirten und durch beständige Verluste muthlos
gewordenen Armee von dem Po zurück nach Bologna. Unterwegs schien er sich hinter dem Panaro setzen zu wollen. Wie Bianchi, der ihm
auf dem Fuß nachfolgte, (am 14. Apr.) die Vorbereitungen zum Uebergang über den Panaro traf,
so verließ Murat in der Nacht die Ufer des
Stroms, und räumte (am 16.) auch Bologna,
wo noch an demselben Tag die Oesterreicher einzogen. Die Flucht der Neapolitaner war nun
schon allgemein: alle Wege waren mit Gefangenen, Nachzüglern und zurückgelassenem Geschütz
bedeckt.

Umsonst suchte Murat (am 21. Apr.) um einen Waffenstillstand nach; umsonst hatte er eine
verschanzte Stellung bey Cesena genommen: Graf
Neipperg gieng plötzlich über den Roncofluß und
drängte ihn dadurch aus derselben auf die Straße
von Ancona hin, auf der er ihm unaufhaltsam
folgte, und ihn durch Scheinangriffe aufhielt,
damit er nicht zu schnell auf der neapolitanischen
Gränze ankäme. Denn Baron Bianchi eilte von
Bologna über Florenz nach Foligno, um Murat's Eintritt in die neapolitanische Staaten zu-
vorzukommen und ihn von der Hauptstadt abzuschneiden. Er kam ihm auch glücklich voraus.
Beyde Heere trafen einander bey Tolentino, und
Bianchi, obgleich an der Spitze eines schwächern
Heers, blieb nach einem zweytägigen Kampf (am
2. und 3. May) der Sieger. Seit dieser Schlacht,
die Murat außer vielen seiner bessern Streiter
auch

auch das Gepäcke seiner Armee gekostet hatte, 1815 blieb ihm nun noch der Weg, der längs der Küste nach Pescara führt, zum Rückzug nach Neapel übrig. Fliehend schlug er diesen ein, beständig von dem Feldmarschalllieutenant, Baron von Mohr, verfolgt. Auf dieser Flucht löste sich seine ganze Armee durch Insubordination und Desertion auf. Bis zum 19. May war sie bis auf 4=5000 Mann herabgesunken; und da jeder Versuch, Unterhandlungen anzuknüpfen, vergeblich war, so floh Murat am 19. Abends mit einigen Vertrauten nach der Insel Ischia und fuhr am Bord eines kleinen Kauffahrthey=Schiffs nach Frankreich ab.

Bianchi und Neipperg hatten sich angestrengt, Murat's Ankunft zu Neapel vorauszukommen; sie hatten auch ihre Absicht erreicht: sie erschienen nun mit ihren Kriegern allein vor der Hauptstadt. In ihrer Nähe trafen bey den Vorposten Anträge zu einem Waffenstillstand ein, den auch Bianchi (am 20. May) mit dem neapolitanischen Minister Marquis de Gallo, und Carascosa, dem Commandanten von Neapel, abschloß; "alle „Festungen, Citadellen und Forts des König= „reichs werden den österreichischen Truppen für „Ferdinand IV. überliefert und von ihnen der „Reihe nach besetzt; am 23. May Neapel selbst."

Zu gleicher Zeit, da sich Bianchi näherte, war die brittische Seemacht auf Sicilien für Ferdinand IV. thätig geworden. So klein auch die Macht war, mit welcher der Commodore Campbell am 11. May in der Bucht von Nea-

pel

1815 pel erschienen war, um die Auslieferung der, in
der Bay vor Neapel befindlichen Linienschiffe
und aller Vorräthe in den Schiffs-Arsenalen zu
Neapel für den König beyder Sicilien zu for-
dern; widrigenfalls die Stadt mit Bomben be-
schossen werden sollte: so wagte die Königin doch
nicht, aus Furcht vor einem Volksaufstand, die
schimpfliche Auslieferung abzuschlagen. Er versprach nun Verschonung der Stadt, und nahm
sogar, wozu er doch nicht bevollmächtiget war,
die Königin mit ihrem Gefolge und ihren Schä-
zen in sein Schiff auf, um sie nach Frankreich
zu bringen. Kaum war sie dahin in Sicherheit
gekommen, so brach auch der Volksaufstand aus.
Die Lazaroni mit dem Pöbel suchten den Pallast
zu stürmen und zu plündern, daß daher Bianchi
von den obersten Behörden der Stadt gebeten
wurde, sobald wie möglich, zur Wiederherstellung der Ruhe, die Stadt zu besetzen. Noch
in der Nacht (am 21. May) zog Graf Neipperg
mit zwey Cavallerieregimentern ein; die Ruhe
war sogleich hergestellt, und das Eigenthum des
Staats für die neue Regierung gerettet. Bianchi selbst hielt am 21. May zu Mittag seinen Einzug mit 20,000 Mann, in Begleitung
des Sohnes Ferdinand's IV., des Prinzen Leopold's von Sicilien. Dieser erschien als Friedens-
bote und verkündete sogleich im Namen seines
Vaters, und unter Verbürgung des Kaisers von
Oesterreich gänzliche Verzeihung alles Geschehenen, Unwiederruflichkeit der Verkäufe der Staats-
güter, Sicherung der Staatsschuld, und Gleichheit aller Neapolitaner im Zutritt zu Militär-
und Civilstellen. Tags darauf kam auch die
größere

größere englisch = sicilische Expedition auf der 1815
Rhede von Neapel an, und fand keine Beschäf=
tigung mehr. Nach sechs Wochen war Murat
besiegt, vertrieben, vernichtet, und Ferdinand
wieder König von Neapel.

Murats Gemahlin ward unter Vermittelung
des Prinzen Leopold und der österreichischen
Feldherren auf Befehl des Admirals Ermouth
auf einem englischen Schiff nach Gaeta und
von da nach Triest gebracht, wo ihr und ihren
noch zu Gaeta befindlichen Kindern ihr ferne=
rer Aufenthalt vom Kaiser Franz sollte ange=
wiesen werden; aber außerhalb Frankreich und
Italien, wohin sie sich verbindlich gemacht hatte,
nie wieder zurückzukehren. So blieben ihr die
wesentlichen vom Commodore Campbell verwil=
ligten Vortheile, ohne daß seine eigenmächtigen
Schritte gebilliget wurden. Ihr mit ihren Kin=
dern ward darauf der Aufenthalt in Mähren
angewiesen.

Murat selbst hoffte nun unter Napoleon's
Aegide eine neue Rolle zu beginnen, und käm=
pfte unter seinen Fahnen in der Schlacht bey
Waterloo. Auch nach ihrem Verlust und Napo=
leon's zweyter Abdankung gab er noch nicht alle
Hoffnungen auf; er hielt sich in Verborgenheit,
bis er Gelegenheit fand, nach Corsica zu entflie=
hen, und ob er gleich dort die Nachricht erhielt,
daß für ihn die Erlaubniß ausgemittelt sey, bey
seiner Familie in den österreichischen Staaten
im Privatstande zu leben, so zog er doch der
Rückkehr zu ihr eine Landung in Calabrien vor,
in der Hoffnung unter dem Beystand der Cala=
bresen

1815 diesen Neapel wieder zu erobern. Er ward aber bald nach seiner Landung bey Pizzo gefangen und (am 13. Octob. 1815) nach Urtheil und Recht erschossen. r

Wir kehren zu Napoleon zurück, dessen neuer Herrschaft in Frankreich eine einzige Schlacht ein Ende machte.

Schnell rückten die Truppen der verbündeten Mächte dem Kriegsschauplatz entgegen: ein spanisches Heer an die Gränze des südlichen Frankreichs, dessen Gesinnungen für die Bourbonen bisher die Bonapartisten mit Ausbrüchen gehindert hatten; ein portugiesisches Heer zog gegen die Vendee und die aufgestandene Provinzen des westlichen Frankreichs; die piemontesischen Truppen standen bereit, von Savoyen aus vereint mit den Oesterreichern nach Frankreich vorzudringen. Die Heere der übrigen verbündeten Mächte schlossen die übrigen Gränzen von Frankreich ein, wahrscheinlich mit den Befehlen, nicht eher anzugreifen, als bis die ganze Macht aller Verbündeten beysammen sey. Von diesen stand Blücher mit einem Theil der preußischen Armee, und Wellington mit einem aus Engländern, Holländern und Hannoveranern zusammengesetzten Heere in den Niederlanden. Gegen diese richtete Napoleon seine ersten Angriffe. s

Mit

r Bericht des Policeyministers in Neapel an den König Ferdinand, in Voß's Zeiten 1816. B. 45. Januar S. 130.
s Relation de la dernière campagne de Buonaparte, terminée par la bataille de Mont-Saint Jean,

Mit einer bewunderungswürdigen Schnelligkeit 1815 hatte er sich binnen zwey Monaten eine starke Armee geschaffen. Den Kern derselben hatte er bey Laon zusammengezogen; er selbst brach am 12. Junius von Paris zu ihr auf und führte sie unter seinem Oberbefehl, unterstützt von seinem Schwager Murat, seinem Bruder Hieronymus, von Soult, Ney, Grouchy, Vandamme, Bertrand u. a. als Unterbefehlshabern gegen die Gränzen der Niederlande. 20,000 Garden bildeten den Kern seiner Armee; sie zählte 20,000 Mann Reuterey und 300 Kanonen. Am 14. Junius stand sie bey Beaumont vereinigt: ein Heer, zwar furchtbar gerüstet, aber ohne Einigkeit und ohne Disciplin. Die verschiedenen Truppengattungen haßten sich gegenseitig; alle haßten die Garden, weil sie den übrigen Theil der Armee verachteten; selbst unter den Cavallerie-Regimentern herrschte die größte gegenseitige Eifersucht. Im Gefühl ihrer Wichtigkeit plünderten sie den Freund wie den Feind.

Bey seinem Angriff am 15. Junius theilte er seine Macht, mit der größern Hälfte stürzte er sich selbst auf die Preußen; die andere warf er auf das englisch-hannövrisch-holländische Heer. Beyde, sowohl die Preußen als die Alliirten waren auf keinen Angriff gefaßt und förmlich überfallen. Ihre Anführer hatten wahrschein-

Jean, dite de Waterloo ou de la belle Alliance, par un temoin oculaire. Paris 1815. 8. Scott's (engl. Gener.) Beyträge zur Geschichte des Kampfes bey Waterloo, in der Minerva 1816. Januar. S. 66.

Eichhorn's Ergänz.   T

1815 scheinlich die Eröffnung ihrer Operationen bis zur Mitwirkung aller Streitkräfte am Oberrhein und der Schweiz aufschieben wollen. Nun sahen sie sich auf einmal in einen heftigen ungleichen Kampf verwickelt, weil der Angreifende seine ganze Stärke vereinigt hatte; ihre beyderseitigen Heerabtheilungen aber, zum Theil von einander entfernt, in Cantonnirungen weit zurücklagen.

Die preußischen Vorposten bey Thuin und Lobes an der Sambre (am 15. Junius) aufs ungestümste angefallen, wichen zurück; worauf Napoleon über die Sambre und nach Charleroy gieng, wovon aus er nach Brüssel vordringen wollte. Der Generallieutenant von Ziethen zog sich langsam und fechtend gegen die zahlreichen französischen Schaaren zurück, wodurch er dem Fürsten Blücher Zeit verschaffte, seine Armee zusammenzuziehen. Doch konnte er in der Nacht vom 15. auf den 16. Junius nur das zweyte und dritte Armeecorps mit dem Ziethenschen vereinigen; das vierte unter Bülow lag zu weit entfernt.

Ziethen hatte sich bis zu der Stadt Fleurus zurückgezogen. Die preußische Armee besetzte die Dörfer Ligny und Saint Amand, wodurch die Verbindung mit der Armee des Herzogs von Wellington unterhalten wurde. Am 16. begann eine doppelte Schlacht, von Napoleon selbst gegen die Preußen, von Ney gegen die Alliirten unter Wellington.

Die erstern wurden bey Fleurus geschlagen, weil das vierte Armeecorps unter Bülow wegen zu weiter Entfernung nicht eintreffen konnte, und

und Wellington selbst zu sehr beschäftigt war, 1815
um dem Fürsten Blücher mit frischen Truppen
zu Hülfe zu kommen. Doch zog er sich in der
größten Ordnung nach Wavres zurück.

Wellington bestand sein hitziges Gefecht mit
Ney bey Quatre-Bras, jener mit 19,000 Mann
gegen die 25,000 des letztern; beyde Theile behaupteten dabey ihre Stellungen. Doch würde
sich Wellington gegen Brüssel haben zurückziehen
müssen, wäre Ney rascher vorgedrungen, woran
ihn aber Napoleon selbst gehindert hatte. Er
hatte die Reserven, welche zu Ney's Corps gehörten, an sich gezogen, ohne Ney hievon zu
benachrichtigen, wodurch er zum weitern Vordringen außer Stand gesetzt war.

Von dem geschlagenen Blücher wendete sich
nun Napoleon selbst gegen Wellington. Er
ließ daher am 17. Junius das dritte und vierte
Armeecorps nebst einer Cavalleriedivision unter
Grouchy zur Beobachtung der Preußen zurück
und vereinigte sich mit dem Rest seiner Armee
unter Ney bey Quatre-Bras. Unbegreiflich spät,
erst am 17. Morgens, erhielt Wellington die
Nachricht von dem für die Preußen ungünstigen
Ausgang der Schlacht bey Fleurus. Nach der
eingegangenen Botschaft davon zog sich Wellington sogleich aus seiner Stellung des vorigen
Tags zurück. Bonaparte verfolgte ihn mit un-
glaublicher Lebhaftigkeit, aber mit so weniger
Ordnung, daß seine Armee selbst, und vorzüglich die Bagage in die größte Unordnung gerieth,
welches bey ihrem Schicksal am folgenden Tag

nicht

1815 nicht wenig zu ihrem Untergang beytrug. Dicht vor dem Holze bey Soignes blieben die Alliirten stehen.

Napoleon nahm sein Quartier in der Ferme von Caillou, dicht bey Planchennois; seine Armee campirte bey Gemappe: Wellington nahm am 18. Junius seine Stellung bey Waterloo, die nichts weniger als vortheilhaft war; weil sie nur einen Weg zum Rückzug — die Chaussée durch den Wald bey Soignes — darbot. Er ersuchte Blücher um einige Verstärkung seines Heers; der Fürst versprach mit seiner ganzen Armee zu kommen, und Wellington nahm den Kampf an.

Um den Weg von Waterloo nach Brüssel zu gewinnen, war Napoleon's Hauptangriff auf den Mont St. Jean gerichtet. Viermal wiederholte er seinen Angriff und viermal ward er zurückgeschlagen durch den heldenmüthigen Widerstand der englischen und hannövrischen Infanterie gegen jeden Versuch, die Quarrées zu durchbrechen. Es war schon Abends sieben Uhr, und Blücher blieb noch immer aus, weil er es nicht für rathsam hielt, mit seinen am vorigen Tag geschlagenen Truppen vorwärts zu gehen, ehe die Division von Bülow da war. Die Quarrées wurden immer dünner; der Augenblick schien nahe zu seyn, da man nicht mehr würde widerstehen können.

Endlich kam Nachricht von dem Anrücken der Preußen. In demselben Augenblick ließ Napoleon nochmals angreifen und ward diesmal wirklich Meister von dem Plateau von St. Jean.

Aber,

Aber, als es eben errungen war, donnerten 1815
die Kanonen der Preußen in seinem Rücken; und
Wellington griff seiner Seits auf allen Puncten an. Die Franzosen wichen auf allen Seiten.
Vergebens sammelte Napoleon einige Bataillons
der alten und neuen Garde, welche noch nicht
gefochten hatten und führte sie zu einem neuen
Angriff vor. Bald sind auch diese gesprengt.
Die Kanoniere verlassen ihr Geschütz, die Train-
knechte hauen die Stränge ab, Cavallerie und
Infanterie laufen wild durch einander: aller Gehorsam hört auf. Seit Roßbach sah man keine
ähnliche Flucht. Selbst Napoleon wurde in dem
Strudel mit fortgerissen. Da man der französischen Armee auf so einen Unglücksfall keinen
Sammelplatz bestimmt hätte, so lief alles auseinander.

Dieser Sieg wurde von den Siegern meisterhaft benützt. Wellington setzte die Verfolgung
der Fliehenden bis spät Abends fort. Die Preußen boten die letzte Kraft der Menschen und Pferde
auf, und ließen den Fliehenden die ganze Nacht
hindurch und den nächsten Morgen keine Ruhe:
sie wurden aus mehr denn neun Bivouacs vertrieben. Beynahe wäre selbst Napoleon gefangen
worden. Er entrann mit Zurücklassung seines
Huts und Degens, und floh von da an, ohne
sich irgendwo aufzuhalten, ohne einen Versuch
zur Sammlung der Trümmer seines Heers zu
machen, in einem fort nach Paris, um nur den
Siegern nicht in die Hände zu fallen, und den
wohlverdienten Tod eines Geächteten zu sterben.
Im Dunkel der Nacht des 20. Junius kam er
in den Tuillerien an; am 21. endigte er, wie er
sich

1815 sich in seiner Erklärung an das Volk ausdrückte, sein politisches Leben: er legte die Krone nieder, rief seinen Sohn als Napoleon II. aus und lud die beyden Kammern ein, eine provisorische Regierung ohne Zögerung zu ernennen.

Der Marschall Grouchy, der sich am 19. Junius noch zu Wavers, folglich im Rücken der Alliirten, befand, zog sich über Namours zurück, ohne einen Mann zu verlieren. Vandamme, dem es gelungen war, über Namours und Dinant zu entkommen, sammelte die Trümmer seines Heerhaufens hinter den Festungen Philippeville, Givet, und Charlemont, und schlug in Vereinigung mit Grouchy den Weg nach Paris ein.

Die beyden Sieger, die sich beym Vorrücken zu Belle Alliance, einem Landhause, zufällig getroffen hatten, als sie sich gegenseitig schon als Sieger begrüßen konnten, drangen nun, Blücher voraus und Wellington einen Tagemarsch hinter ihm, unaufhaltsam nach Paris vor. Schon am 21. Junius standen sie auf dem französischen Gebiete, das sie mit einer zweckmäßigen Proclamation an das französische Volk betraten. Der Marschall Morand trug nun zwar auf einen Waffenstillstand an, da die verbündeten Mächte früher erklärt hätten, daß sie nicht gegen die französische Nation, sondern gegen Napoleon die Waffen ergriffen hätten, und dieser nun dem Thron entsagt habe, um dem Volke den Frieden zu geben; aber ohne darauf zu achten, setzten die Sieger ihren Triumphzug fort. Sie nahmen Cambray (am 24. Jun.), das nie eingenommene Peronne (am 26. Jun.), Avesnes und Guise (am 28. Jun.). Gegen

gen die Festungen, die sich nicht ergeben wollten, 1815 wie gegen Mauheuge, Quesnoy, Philippeville, Valenciennes und Landrecy wurden unverweilt Belagerungsanstalten getroffen.

Den Siegern folgte Ludwig XVIII. mit seinen Ministern und Rathgebern über Cambray nach und schloß sich an Wellington an. Am 27. Junius war Blücher's Hauptquartier zu Compiegne; am 29. Junius zu Gonesse, nicht viel über eine Meile von Paris. Seine vier Armeecorps giengen über die Oise und schlugen zweymal die ihnen entgegengestellten Heerhaufen von Grouchy und Vandamme mit Verlust zurück. Die Preußen bewegten sich nach St. Germain und der Seine, wo noch blutige Gefechte vorfielen: am 1. Jul. ward Versailles von ihnen genommen und wieder verloren, und erst am 2. Jul. der Feind von ihnen allenthalben zurückgedrängt: nun ließ sich nach Paris vorrücken. Das Ziethensche Corps setzte sich auf den Höhen von Meudon und in dem Dorfe Issy fest, und schlug am 3. Jul. einen abermaligen Angriff zurück. Ein brittisches Corps bahnte noch auf dem linken Ufer der Seine den Weg nach der Brüke de Neuilly. Die verschanzten Positionen von Montmartre und Belleville waren nun unnütz geworden; Paris stand dem weitern Vordringen offen. Es eilte daher die provisorische Regierung zu Paris, durch eine Uebereinkunft mit den Siegern dem Blutvergießen ein Ende zu machen; die beyden Feldmarschälle verstanden sich aber zu nichts weiter als einer Militär-Convention, die zu St. Cloud, dem Hauptquartier des Fürsten Blücher, (am 3. Jul.) dahin abschlossen, daß

Grouchy

1815 Grouchy mit seinen Truppen binnen drey Tagen Paris verlassen, und binnen acht Tagen seinen Rückzug hinter die Loire geendigt haben müsse. Nach ihrem Abmarsch zogen die beyden Heere (am 7. Jul.), und am 8. Jul. Ludwig mit seinem Gefolge zu Paris ein.

Um diese Zeit waren auch schon alle Hoffnungen Napoleon's verschwunden, sich einst im Namen seines Sohns wieder der Regierung von Frankreich zu bemächtigen. Die Kammer der Deputirten hatte zwar (am 23. Junius) den kleinen Napoleon zu Wien als Napoleon II. zum Kaiser ausgerufen; aber die Kammer der Pairs verschob es bis zu ihrer nächsten Sitzung, und nur Lucian Bonaparte, der nach der Rückkehr Napoleons von der Insel Elba, gegen sein bisher beobachtetes System, plötzlich in Frankreich erschienen war, und gegenwärtig eine seltsame Rolle spielte, leistete allein Napoleon II. den Eid. Die provisorische Regierung dagegen sendete fünf Bevollmächtigte in das Hauptquartier der verbündeten Mächte, die bey ihren Heeren persönlich angekommen waren, um Frankreich den Frieden zu erbitten, und die modificirte Thronentsagung Napoleon's zu überbringen. Zu demselben Zweck ward auch der Staatsrath Otto nach England abgeschickt. Alle zusammen fanden kein Gehör: Napoleon's und seiner Anhänger Hoffnungen waren verschwunden.

Auf diesen Fall, der sich mit Gewißheit voraussehen ließ, hatte schon Napoleon alles zu seiner Flucht vorbereitet. t Schon am 25. Junius
hatte

t Itinéraire de Bonaparte de l'Ile d'Elbe à l'Isle de St. Heléne. Paris 1816. 8.

hatte er bey der provisorischen Regierung um zwey 1815
Fregatten nachgesucht, die ihm auch sogleich be=
williget wurden, und bey Wellington um Pässe
nach America, worauf er aber (am 28. Jun.) die
Antwort erhielt, "daß der Herzog keine Voll=
„macht von seiner Regierung habe, irgend eine Ant=
„wort auf dieses Ansuchen zu ertheilen." Seit=
dem war man einige Zeit ungewiß, was aus Na=
poleon geworden sey. Endlich erfuhr man, er
habe sich nach Rochefort begeben, um sich mit sei=
nen Schätzen nach America einzuschiffen. In der
Nacht vom 7. auf den 8. Jul. gieng die Fregatte,
auf die er sich eingeschifft hatte, unter Segel, ward
aber durch eine Anzahl englischer Kreuzer, welche
Rochefort gesperrt hielten, gezwungen, bey der
Insel Rhé vor Anker zu gehen. Weder seine ge=
heimen noch öffentlichen Versprechungen an den
Capitain Maitland von der Fregatte Bellerophon
waren von Erfolg; und er sah sich genöthiget, sich
der großbritannischen Regierung auf Discretion
zu ergeben. Am 12. Jul. begab er sich mit 45
Personen seines Gefolges an den Bord des Belle=
rophon's, der aber erst, weil das Einschiffen sei=
ner Effecten zwey Tage dauerte, am 14. Jul. un=
ter Segel gehen konnte. Am 13. Jul. schrieb er
an den Prinz Regenten, "er habe seine politische
Laufbahn geendiget, und komme, gleich dem The=
mistokles, sich bey dem brittischen Volke heimath=
lich niederzulassen." Am 26. Jul. traf er bey
Plymouth ein; aber ohne an das Land gelassen
zu werden. Nach gehaltenem Staatsrath und der
Rückkunft eines Staatsboten, der in dieser Ange=
legenheit nach Paris gesendet worden, begab sich
der Unterstaatssecretär des Kriegsdepartements,
Sir

1815 Sir H. Banbury, am 31. Jul. nach Plymouth, um Napoleon Bonaparte den Entschluß der englischen Regierung bekannt zu machen, daß sie ihn als Gefangenen nach der Insel St. Helena bringen lassen werde. Nach einigen Ergießungen seines Ingrimms ergab er sich in sein Schicksal.

Dem Admiral, Sir G. Cockburn, ward der Auftrag gegeben, den General Bonaparte mit 19 Personen seines Gefolges in dem Linienschiff Northumberland als Gefangenen nach St. Helena überzuführen. Der Northumberland ward mit allen Bedürfnissen des Gefangenen und einem kostbaren Hausgeräthe zu seiner Einrichtung reichlich versehen; seine Schätze aber, welche er aus Frankreich gerettet hatte, damit er sie nicht zu Bestechungen mißbrauchen möchte, mußte er versiegelt in England zurücklassen. Sie wurden in ein Verzeichniß gebracht, und dieses dem Gefangenen mit der Erklärung zugestellt, daß er sie einst, wem er wolle, in seinem Testament vermachen könne. Am 6. August begab er sich an den Bord des Linienschiffs, und segelte am 8. ab, begleitet von zwey andern Schiffen, welche die zu seiner Bewachung auf der Insel nöthige Militärmacht überführten. Am 26. August wurde den europäischen Mächten in einer officiellen Note von dem englischen Staatssecretär angezeigt, daß St. Helena, so lang Bonaparte auf der Insel wohne, allen fremden Schiffen verschlossen sey.

Ludwig XVIII. begann nun seine zweyte, strengere Regierungsperiode. Gleich am Tage nach seinem Einzug ernannte er seine Minister, und hieß darauf die am 20. März ihrer Stellen

len entſetzten Beamten wieder in ihre Aemter 1815
treten, mit Ausſchluß der entſchiedenſten Bona-
partiſten, die er von der Regierung entfernt:
doch wurde vorerſt noch der allmächtige Poli-
ceyminiſter Fouché beybehalten, bis man ihn
auf eine ſchickliche Weiſe als Geſandten nach
Dresden in Verbannung ſchicken konnnte. u Die
Kammer der Deputirten wurde aufgelöſt, und
eine ganz neue von 395 Mitgliedern einberufen;
von der Kammer der Pairs wurden 29 ihrer
Pairſchaft beraubt, von denen ſich aber nachher einige von dem Vorwurf reinigten, daß ſie
unter Bonaparte Stellen in der Kammer angenommen hätten. Schon am 24. Jul. wurden
19 Generale und Officiere verhaftet, und den
Kriegsgerichten ihrer Diviſionen überliefert; 38
andern wurde befohlen, binnen 3 Tagen Paris
zu verlaſſen, und unter Policeyaufſicht die Ent-
ſcheidung der Kammern über ihr Schickſal zu
erwarten; andere im Placat des Königs nicht
genannte Perſonen ergriffen die Flucht. Die
Familie Bonaparte wurde aus dem ſüdlichen
Frankreich (auch aus Savoyen und der Schweiz)
verbannt.

Doch dauerte es noch einige Monate bis
Frankreich nur äußerlich beruhiget war. Die
ſtärkſte Macht hatte der Marſchall Davouſt nach
der

u Correſpondance du Duc d'Otrante avec le Duc
de *** Premiere lettre. Leipz., Amſt. et London 1816. 8. Ein andrer Abdruck (wahrſchein-
lich aus einer Abſchrift gemacht, ehe der Brief
die letzte Feile erhalten hatte): Lettre du Duc
d'Otrante au Duc de Wellington. London
1816. 8.

1815 der Einnahme von Paris hinter der Loire aus den Trümmern der bey Waterloo oder Belle Alliance geschlagenen Armee gesammelt, ein Heer von 45,000 Mann, doch kam es zu keinen Feindseligkeiten, weil sich Davoust bald unterwarf, und den Oberbefehl dem königlich-gesinnten Macdonald übergab. In den südlichen Provinzen befreyten sich die royalistischen Einwohner selbst von den Bonapartisten; weshalb schon am 8. Julius zu Bayonne ein Waffenstillstand zwischen den spanischen und französischen Truppen zu Stande kam, zufolge dessen sich erstere auf das spanische Gebiet zurückzogen. Bordeaux wurde bey der Annäherung einer englischen Landungsflotte vom Joche des Generals Clauzel befreyt. Suchet behauptete Lyon, ward aber nach einigen Gefechten vom General Frimont vertrieben, worauf eine kurze Strenge die antiroyalistischen Einwohner zur Ordnung brachte. Unter den Festungen ergaben sich manche nach einem kurzen Widerstand, wie Maubeuge, Lille, Dünkirchen, Landrecy; andere dagegen wehrten sich hartnäckig, wie Condé; Chalons an der Marne mußte von den Russen mit Sturm genommen werden; Valenciennes ergab sich nicht eher, als bis die Stadt durch Congrevische Raketen größtentheils in der Asche lag. Am allerungebehrdigsten betrugen sich Elsaß und Lothringen, aus Furcht von Frankreich abgerissen zu werden, gleich als ob ihre Ohnmacht dieses Schicksal hätte abwenden können, wenn es die verbündeten Mächte hätten beschließen wollen. Hüningen bombardirte Basel, weil Schweizer Truppen gegen Frankreich in Waffen standen;

die

die beträchtlich verstärkte Garnison von Straß- 1815
burg machte Ausfälle, die (am 28. Jun.) der
Kronprinz von Würtemberg blutig zurückwies.
Gegen österreichische Krieger, die man in diesen
Provinzen einzeln traf, wurden cannibalische
Grausamkeiten begangen: man fand sie zerstüm-
melt, ermordet, gekreuziget. Strenge that endlich den Barbareyen Einhalt. Die Schuldigen
wurden augenblicklich gehenkt oder erschossen;
ihre Häuser der Erde gleich gemacht; einige
Dörfer zur Warnung vor Verrath mit starken
Contributionen belegt, oder gar bey höherer Ver-
schuldung mit allen ihren Habseligkeiten in
Brand gesteckt. Selbst in Paris war anfangs
der Meutereyen kein Ende. Die verbündeten
Mächte, die beyden Kaiser von Oesterreich und
Rußland und der König von Preußen, hatten (am
10. Jul.) ihren Einzug gehalten; sie befahlen
die aus Oesterreich und Preußen geraubten Kunst-
schätze zurückzuverlangen; sie unterstützten andere
an sie gebrachte Reclamationen. Die Eitelkeit der
Hauptstadt sah sich dadurch tief gekränkt und hätte
sich gern an den geheiligten Personen und
ihren Dienern durch Verschwörungen und Mord
gerochen. Man mußte nun wohl an die Stelle
der Milde Strenge treten lassen: sich selbst
hatte nun die Stadt die ihr aufgelegte Contribution von 100 Millionen Franken, die ge-
schärften Maaßregeln zur Verpflegung der preußischen Truppen, die vermehrte Zahl der Militärmacht zur Aufrechthaltung der öffentlichen Ruhe
u. dergl. w. zuzuschreiben. So bald diese gesichert war, dachte die Mäßigung der verbündeten Mächte auf eine Erleichterung, die zugleich

ein

1815 ein herrliches Mittel zur Rückkehr des ganzen Reichs in die Schranken der Ordnung und zur Verhinderung jedes Aufstandes war. Die verschiedenen Armeen wurden durch das ganze Reich vertheilt: das preußische Heer nahm die nördlichen Departements bis zum linken Ufer der Seine und dem rechten der Loire ein, und hatte Caen zum Hauptquartier; ein Theil der preußischen, englischen und österreichischen Armee zusammen die Departements Seine und Oise; ein anderer Theil der großbritannischen und die niederländische Armee hatte ihr Hauptquartier zu Paris; die rußische zu Melun, die bayersche zu Auxerre, die würtembergische in den Departements Allier und Puy de Dome, die große österreichische zu Fontainebleau, so daß ihre verschiedenen Corps bis nach Savoyen hin verlegt waren; die sächsischen und badenschen Truppen blieben an dem Rhein. Alle Zweifel über das Schicksal einzelner Provinzen hob der Friede, der am 2. October zu Paris unterzeichnet wurde.

Nach ihm trat Frankreich an die verbündeten Mächte Landau, Philippeville, Saarlouis und Marienburg mit einem bestimmten Umkreis von den Gebieten dieser Festungen ab, so daß es seinen im Pariser Frieden von 1814 erhaltenen Zuwachs wieder verlor und auf seine Gränzen von 1790 eingeschränkt wurde; auch trat es Versoy der helvetischen Eidgenossenschaft ab, um Genf in gerade Verbindung mit der Schweiz zu bringen, und verpflichtete sich, um Basel gegen Gewalt zu sichern, die nach ihrer Einnahme sogleich geschleiften Festungswerke von Hünin-

Hüningen durch keine andere in einer Entfernung 1815
von drey Stunden von Basel ersetzen zu lassen;
endlich entsagte es seinen Rechten auf das Für=
stenthum Monaco. 2) Zur Entschädigung für
die Kosten ihrer letzten Rüstung bezahlt Frank=
reich an die verbündeten Mächte die Summe von
700 Millionen Franken; und 3) zur Herstellung
der Ordnung und Ruhe in Frankreich lassen die
Verbündeten eine mit 150,000 Mann besetzte Mi=
litär=Linie von 17 festen Plätzen (in Condé, Va=
lenciennes, Bouchain, Cambray, Le Quesnoy,
Maubeuge, Landrecy, Avesnes, Rocroy, Givet, Me=
zières, Sedan, Montmedy, Thionville, Longwy,
Bitche und dem Brückenkopf vom Fort Louis) unter
einem allgemeinen Chef (wozu Wellington er=
nannt wurde) auf Kosten Frankreichs, längstens
auf fünf Jahre, zurück; doch soll nach drey Jah=
ren von den verbündeten Mächten und dem Könige
von Frankreich erwogen werden, ob sich jener Termin
dieser militärischen Besetzung nicht abkürzen lasse.

So war der Friede aufs neue hergestellt;
aber auf wie lange? Bis zum Abzug dieser frem=
den Kriegsmacht mag wohl Frankreich von sei=
nen ewigen Anfällen auf die Ruhe von Europa
gezwungen ablassen: aber wird nach ihrer Entfernung
die oberste Macht in ihrer Würde sich behaup=
ten können, wenn sie nicht die Angriffe auf ihre
Nachbaren am Rhein und in Italien erneuert?
Die bündigsten Beweise, die Oesterreich und
Preußen, Würtemberg und die Niederlande da=
für aufstellten; daß zur Sicherheit von Europa
nothwendig sey, die in frühern Zeiten durch die
schändlichsten Mittel von Deutschland abgerissenen
Provinzen, Elsaß, Lothringen und Flandern
wieder

1815 wieder von Frankreich zu trennen, überzeugten Rußland und England nicht, gleich als ob es ohne diese Provinzen ein mindermächtiges Reich wäre, oder die Niederlande und Preußen zu mächtig werden möchten, wenn ihnen noch etwas von diesen Provinzen zufiele, oder als ob sich in denselben nicht noch eine neue Macht hätte aufstellen lassen! So blieb Frankreich im Besitz des Stützpunctes seiner Angriffe auf den Mittel- und Oberrhein, und die Gränzen der Schweiz; und Deutschland und die Niederlande blieben halb offene Reiche. v

Nach der Rückkehr der verbündeten Mächte aus Paris (im October) wurden die seit der Zertrümmerung des Napoleonischen Kaiserthums kaum wenige Monate ausgesetzten Unterhandlungen über Ländertheilung und Territorialbesitzungen wieder mit Lebhaftigkeit fortgesetzt: was die Friedensacte zu Paris (am 30. May 1814) und die Schlußacte des Congresses zu Wien (vom 9. Jul. 1815) noch nicht bis zum Abschluß gebracht hatte, das wurde entweder durch besondere Gesandte an einzelnen Höfen unmittelbar betrieben, oder blieb den Bevollmächtigten zu der Bundesversammlung zu Frankfurt am Mayn vor der Eröffnung des Bundestags vorbehalten, die auch ein volles Jahr (vom Spätjahr 1815 bis dahin 1816) mit Territorialausgleichungen beschäftiget waren, ohne sie völlig beendiget zu haben, daß daher nach der

v Wilh. Butte, die unerläßlichen Bedingungen des Friedens mit Frankreich. Wiesbaden 1815. 8.

der Eröffnung des Bundestages (am 5. Nov. 1816) 1815 neben seinen Verhandlungen durch andere Bevollmächtigte die Territorialausgleichungen fortgiengen. *w*

In Italien und Deutschland hatte daher ein neuer großer Länderwechsel statt:

Oesterreich

erhielt zurück

die illyrischen Provinzen, nebst Ragusa,

in Oberitalien (zwischen dem Tessino, dem Po und dem adriatischen Meer) Mayland, Mantua und Venedig, und errichtete daraus einen besondern Staat unter dem Namen des lombardisch = venetianischen Königreichs.

Tyrol, Vorarlberg, das Inn= und Hausrücksviertel, und das Herzogthum Salzburg mit Ausnahme der Aemter Wagniz, Tittmaning, Trissendorf und Laufen, so fern sie auf der rechten Seite der Saale und der Salzach gelegen sind, (von Bayern abgetreten, und dafür befriediget aus den Ländern und Bezirken, die an Oesterreich in der Finalacte des Congresses überlassen worden, um die, welche für Oesterreich unmittelbar (wie Bayern), oder mittelbar (wie Hessen=Darmstadt, Churhessen, und

in

w Europa nach seinen politisch = geographischen Veränderungen, seit Ausbruch der franz. Revolution, dargestellt in Charten und statistischen Tabellen. Weimar 1807. 1811. 1816 in 3 Lieferungen. Fol. Die letzte gehört hieher.

Eichhorn's Ergänz. U

1815 in Zukunft wohl auch Baden) Abtretungen machen würden, zu entschädigen; und nachdem sie geschehen waren, blieben noch Isenburg und Leyen unter seiner Administration.

Sardinien

trat an Frankreich einen Theil von Savoyen ab, erhielt zurück

Piemont, Nizza, den größten Theil von Savoyen, und außerdem Genua.

Toscana

kehrte wieder an den Erzherzog Ferdinand III. zurück; verbunden mit Elba, den Stato degli Presidi und der Oberhohheit über Piombino.

Modena, Reggio und Massa Carrara

kehrte wieder an das Haus Oesterreich = Este zurück;

der Pabst

erhielt seine ehemaligen Länder wieder, bis auf den Theil von Ferrara am linken Ufer des Po, der dem lombardisch = venetianischen Königreich verblieb;

Neapel

kehrte nach der Besiegung des Königs Joachim Mürats (im Jahr 1815) an das bourbonische Haus zurück, das nun wieder in den Besitz beyder Sicilien kam;

Parma, Piacenza und Guastalla

erhielt die Erzherzogin Marie Louise (vormalige Kaiserin der Franzosen) und ihr Sohn als ein Erbgroßherzogthum. Doch ist im Som=

Sommer 1817 unter Oesterreichs, Rußlands, 1815
Frankreichs, Spaniens, Englands und Preu=
ßens Vermittelung die Uebereinkunft getrof=
fen worden, daß nach dem Tode der Erzher=
zogin Marie Louise Parma und Piacenza der
ehemaligen Königin von Hetrurien und ihrer
directen und männlichen Descendenz (mit Aus=
nahme der am linken Poufer in den Staaten
des Kaisers von Oesterreich eingeschlossenen
Districte) anheim fallen sollen.

Lucca
erhielt die Infantin, vormalige Königin von
Hetrurien, wogegen aber Spanien lange als
unzureichend protestirt, und die Wiener Con=
greßacte nicht unterzeichnet hat, bis in einer
Convention im Sommer 1817 den männli=
chen Nachkommen der Infantin nach dem
Tode der Erzherzogin Marie Louise Parma
und Piacenza zugesichert worden.

England
behielt Malta
und nahm die jonischen Inseln, als Republik,
in seinen ausschließlichen Schutz;

die Schweitz, von nun an aus 22 Cantons be=
stehend,
ward mit drey neuen Cantons, Genf, Neufcha=
tel und Waad vermehrt, und auf ewig für
neutral erklärt;

Holland, Belgien und Luxemburg
erhielt das Haus Oranien vereinigt (nach einem
Zusatz vom 16. März 1815) als König=
reich der Niederlande,

U 2   doch

1815   doch sollte der König wegen des Großherzog=
thums Luxemburg dem deutschen Bunde an=
gehören;

Preußen
    leistete Verzicht
       auf Bayreuth und Anspach,
       auf seine Rechte und Ansprüche auf das Stift
          St. Peter zu Nörten,
       auf den größten Theil seiner ehemaligen pol=
          nischen Besitzungen (mit Ausnahme der
          Stadt Danzig und ihres Gebiets, der
          Stadt Thorn und ihres noch zu bestim=
          menden Gebiets, des Departements Po=
          sen und des bis an den Fluß Prowzna lie=
          genden Theils des Departements Kalisch).
    trat ab
       an Weimar von dem ihm zur Entschädigung
          abgetretenen Herzogthum Sachsen, den
          zur Ausgleichung ihm überlassenen fuldai=
          schen Ländern und dem Erfurter Gebiete
          einzelne Bezirke und Oerter (nach der
          Schlußacte des Wiener Congresses und
          nach Verträgen zu Wien am 1. Junius
          und zu Paris am 22. Sept. 1815 ge=
          schlossen);
       an Chur=Hessen den größten Theil des ihm
          zugetheilten Departements Fulda (nach ei=
          nem Vertrag vom 18. Oct. 1815).
       an Nassau die von Chur=Hessen erhaltene
          niedere Grafschaft Catzenellnbogen;
       an Hannover, die von Chur=Hessen erhal=
          tene Herrschaft Plesse (oder das Amt Bo=
          venden), sammt dem Dorfe Höckelheim,
                             das

das Amt Freudenberg (in der Grafschaft 1815
      Hoya),
das Fürstenthum Hildesheim,
Stadt und Gebiet Goslar,
das Fürstenthum Ostfriesland nebst dem
      Harlinger Lande,
die niedere Grafschaft Lingen,
das Amt Meppen im Hochstift Münster,
einen Theil des Eichsfeldes;
es erhielt zurück
von Polen die Stadt Danzig nebst ihrem
      Gebiet,
die Stadt Thorn nebst ihrem erst zu bestim-
      menden Gebiete,
das Departement Posen,
den bis an den Fluß Prowzna liegenden Theil
      des Departements Kalisch;
erhielt zur Entschädigung für die abgetretenen
      Länder
von Sachsen die kleinere Hälfte des Königreichs,
      in Ansehung der Bevölkerung, die man auf
      855,305 Seelen schätzt, die größere aber
      an Flächeninhalt x,—nämlich den Cottbuser
      Kreis, die Niederlausitz, einen Theil der
      Oberlausitz, den Kurkreis mit Barby und
      Gommern, einen Theil des Meißner und
      des Leipziger Kreises, den größten Theil
      der Stifte Merseburg und Naumburg, Zeitz,
      das sächsische Mansfeld, den thüringischen
      Kreis, das Fürstenthum Querfurt, den
      Neustädter Kreis, den königlich=sächsischen
                                                An=

_____

x Das Herzogthum Sachsen in historischer, stati-
stisch=geographischer Hinsicht nach dem Tractate
vom 18. May 1815. Berlin 1815. 8.

1815

Antheil von Henneberg, und die vogtlän-
dischen Enclaven in dem reußischen Gebiet,
nämlich Blankenburg, Sparenberg, Blin-
tendorf u. Gefell, — als Herzogthum Sachsen mit dem Titel eines Herzogs von Sachsen, Landgrafen von Thüringen, Mark-
grafen der beyden Lausitzen und gefürste-
ten Grafen zu Henneberg;

von Schwarzburg=Sondershausen und Rudolstadt, die beyden Aemter Keltra und
Heringen, die es in Besitz nahm, ohne
auf Schwarzburgs Behauptung zu achten,
daß es durch seinen Beytritt zu dem rheinischen Bund die Souverainetät über diese
Aemter erlangt habe; aber im Sommer
1816 eine besondere Uebereinkunft zu Berlin darüber abschloß.

von Chur=Hessen die Aemter Neuengleichen,
Uechte und Auberg, und die Probstey Göl-
lingen (die niedere Grafschaft Catzeneln-
bogen trat es wieder an Nassau, die Herrschaft Plesse und das Amt Freudenberg an
Hannover ab);

vom Großherzogthum Hessen (Darmstadt)
nach der Schlußacte des Congresses, und
nach besondern Verträgen zu Wien am
10. Jun. 1815 und zu Frankfurt am 30.
Jun. 1816
das Herzogthum Westphalen (besetzt am
15. Jul. 1816),
die Oberhohheit über die Grafschaften
Wittgenstein=Berlenberg und Wittgenstein = Wittgenstein;

von

von Dänemark (das von Schweden im Frie= 1815
den zu Kiel vom 14. Januar 1814 an Dä=
nemark abgetretene Pommern und das
Fürstenthum Rügen, das es nach den Ver=
trägen zu Wien, (mit Dänemark am 4.
und mit Schweden am 7. Jun. 1815 ab=
geschlossen) als Herzog von Pommern und
Fürst von Rügen im Octob. 1815 in Besitz
nahm und dafür das von Hannover am 27.
Jul. 1816 abgetretene Lauenburg an Dä=
nemark gab, und darneben an Dänemark
die 600,000 schwedische Bankthaler, die
ihm Schweden schuldig war, und an Schwe=
den eine Summe Geldes (dem Vernehmen
nach) 1,600,000 bis 1,800,000 Thaler
nach 15 Jahren zahlbar, unterdessen aber
verzinslich) zu bezahlen versprach;

von Hannover (außer dem wieder an Däne=
    mark abgetretenen Lauenburg)
  die Aemter Klötze und Elbingerode,
  die Dörfer Rüdigershagen und Gänseteich,
  das Amt Reckeberg;

an der linken Rheinseite das Großherzogthum
    Niederrhein, das sich von Bingen bis auf
    eine Stunde von der Maas, dann entlang
    bis Geldern erstreckt, doch so, daß in dem
    vormaligen Saardepartement an den preu=
    ßischen Gränzen ein Bezirk von 69,000
    Einwohnern (für Sachsen=Coburg, Ol=
    denburg, Meklenburg = Strelitz, Hessen=
    Homburg, den Grafen Pappenheim) aus=
    geschieden werden soll, nach der Schlußacte
                                    des

des Congresses und dem Besitzergreifungs=
Patent am 5. Apr. 1815. γ

Sachsen

verlor sein Großherzogthum Warschau, und die
eine Hälfte seines Königreichs, so daß es auf
eine Bevölkerung von höchstens 1,200,000
Seelen zurückgebracht wurde; mußte aber
ohnerachtet seiner Protestation gegen jede
Theilung des Königreichs (am 4. Novemb.
1814) dennoch den Frieden mit Preußen (am
18. May 1815) unterzeichnen.

Hannover, das wegen seiner Verhältnisse in
Deutschland vom Prinz Regenten von Groß=
britannien und Ireland zum Königreich (am
26. Octob. 1814) erklärt wurde,

trat ab an Preußen

den am rechten Elbufer gelegenen Theil des
Herzogthums Lauenburg, doch mit Ausschluß
des Amtes Neuhaus und der lüneburgischen
Ortschaften und Ländereyen, um Schwedisch=
Pommern von Dänemark, dem das letztere
von Schweden im Frieden abgetreten war,
dafür einzutauschen,

die Aemter Klötze und Elbingerode, die Dör=
fer Rüdigershagen und Gänseteich, und das
Amt Reckeberg;

erhielt dagegen von Preußen

die Fürstenthümer Hildesheim,
die Stadt Goslar,

das

γ J. D. Fr. **Rumpf** und **Sinhold** neueste geo=
graphisch=statistische Darstellung des preußischen
Staates nach seinem Ländererwerbe und Verwal=
tungssysteme. Berlin 1815. 4.

das Fürstenthum Ostfriesland nebst dem Har-
    linger Lande,

die niedere Grafschaft Lingen und einen An-
    theil an dem Münsterlande,

die von Chur=Hessen an Preußen abgetre-
    tene Aemter Bovenden (oder die Herrschaft
    Plesse), nebst dem Dorfe Höckelheim, Uechte
    und Freudenberg (in der Grafschaft Hoya.)

das Amt Auberg,

einen Theil vom Eichsfeld,

die Oberhohheit über das herzogl. arenber-
    gische Amt Meppen,

den herzoglich=loozischen Antheil an Rheina
    Wolbeck.

Bayern

    trat an Oesterreich ab

    Tyrol, Vorarlberg, das Inn= und Hausrück-
        viertel, und den größten Theil von Salzburg,

    erhielt dafür

    von Oesterreich aus heimgefallenen u. den zur Aus-
        gleichung ihm überlassenen Rheinländern,
        Würzburg und Aschaffenburg nach der Schluß-
        acte des Wiener Congresses; hingegen durch
        einen Vertrag mit Oesterreich am 14. Apr.
        1816,

    auf der linken Rheinseite

        im Departement Donnersberg die Bezirke
            Zweybrücken, Kaiserslautern, Speyer,
            (mit Ausnahme der Cantone Worms und
            Pfeddersheim,) den Canton Kirchheim Po-
            land in dem Bezirk Alzey;

        im Saardepartement die Cantone Wald-
            mohr, Blieskastel, Kusel (mit Ausnahme
            einiger durch die Territorialausgleichung
                                                        zu

zu vergütender Ortschaften auf der Straße
von St. Wendel nach Braunholden);

im Departement Niederrhein

den Canton Landau sammt der Bundes=
festung, die es besetzt, (zu deren Verstär=
kung, so wie zur Verstärkung der übri=
gen zum deutschen Vertheidigungssystem
gehörigen Plätze, Bayern 15 Millionen
Franken von den französischen Contribu=
tionsgeldern erhalten soll), die Cantóne
Bergzabern und Langenkandel, sammt
dem ganzen Theil des Departements Nie=
derrhein, den Frankreich auf der linken Seite
der Lauter abgetreten hat;

auf der rechten Rheinseite

die vormaligen fuldaischen Aemter Hammel=
burg, Brückenau, Weyhers (doch mit Aus=
nahme der Dörfer Welters und Hatten=
rodt), und denjenigen Theil von dem
Amte Biberstein, welcher die Dörfer Bat=
ten, Brand, Dietges, Findlos, Lieb=
hardt, Oberbernhard begreift, nebst Stein=
bach, Saiferts und Thaiden;

alle diese Länder nahm Bayern am 1. May
1816 in Besitz;

das Böhmische Amt Stednitz endlich am 20.
May;

vom Großherzogthum Hessen (Darmstadt)
nach einem zu Frankfurt a. M. abgeschlos=
senen Staatsvertrag vom 14. Apr. 1816,
die Aemter Alzenau, Miltenberg, Amer=
bach und Heubach,

(die von Bayern bloß in Militärbesitz
genommenen herzoglich=hessischen Be=
zirke,

zirke, Laudenbach, Umpfenbach, Win= ¹⁸¹⁵
dischbuchen und Reichertshausen, schei=
nen noch streitig zu seyn);

vom Großherzogthum Baden hofft es auch
durch Oesterreichs Verwendung einiges zu
erhalten; noch sind aber die Verhandlun=
gen darüber zurück, oder doch nicht bekannt.

Das Großherzogthum Hessen (Darmstadt)
trat ab an Preußen

das Herzogthum Westphalen,

die Oberhohheit über die Grafschaften Witt=
genstein = Berlenburg und Wittgenstein=
Wittgenstein,

an Hessen=Homburg

die Oberhohheit über dessen homburgische Be=
sitzungen in den beyden Aemtern Homburg
und Dillenburg,

an Bayern

die Aemter Alzenau, Amorbach, Milten=
berg und Heubach;

an Churhessen

das Amt Dorheim (oder die Oerter Dorheim,
Nauheim, Schwalheim und Rödchen),

die hessische Hälfte (der Oberhohheit) des gräf=
lich = solms = rödelheimischen Ortes Praun=
heim,

die zum Amte Steinheim zeither gehörig ge=
wesenen Orte Großkrotzenburg, Großau=
heim, Oberrodenbach,

die Oberhohheit über die gräflich = isenburgi=
schen Gerichte Diebach, Langenselbold,
Meerholz, Lieblos, Wächtersbach, Spiel=
berg und Reichenbach, und den Ort Wol=
fenborn;

erhielt

erhielt aber und nahm im Julius 1816 als Großherzog von Hessen und bey Rhein in Besitz

von Hessen = Homburg
die hessen = homburgische Hälfte an dem Darmstadt bisher gemeinschaftlich gewesenen Ort
Peterweil;

von Churhessen vermöge eines zu Frankfurt am
29. Jun. 1816 geschlossenen Vertrags
die churhessische Hälfte von Vilbel,
die churhessischen Rechte auf das Amt Rodheim,
die Gemeinschaften Münzenberg, Treyes, Heuchelheim, Assenheim und Burggrafenrode;

von Oesterreich und Preußen, vermöge eines zu
Frankfurt am 30. Jun. geschlossenen Vertrags,
auf der rechten Seite des Rheins,
die Oberhohheit über die sämmtlichen Besitzungen des fürstlich = isenburgischen Hauses
und der gesammten gräflich = isenburgischen
Linien, wovon jedoch die Gerichte Diebach,
Langenselbold, Meerholz, Lieblos, Wächtersbach, Spielberg und Reichenbach, auch
der Ort Wolfenborn sofort an Churhessen
wieder abgetreten wurden;

die Oberherrschaft über die gräflich = schönborn-
sche Herrschaft Heusenstamm,
die Oberhohheit über den freiherrlich = grosch-
lagischen Ort Eppertshausen,
die Oberhohheit über die gräflich = solms = rö-
delheimische Hälfte von Niederursel,
die Oberhohheit über den gräflich = ingelheimi-
schen Ort Ober = Erlenbach;

auf der linken Seite des Rheins,
die Stadt Mainz,

die

die zehn Cantone Niederolm, Ober-Ingel-1815
heim, Bingen, Wöllstein, Wörrstadt,
Oppenheim, Bechtheim, Alzey, Pfe-
dersheim und Worms.

Churhessen

trat ab

an das Großherzogthum Hessen (Darmstadt), vermöge eines zu Frankfurt geschlossenen Vertrags,

seinen Antheil an Vilbel,
seine Rechte auf die Gemeinheiten Münzenberg, Treyes, Heuchelheim, Assenheim, und Burggraferrode,

an Hanover
die Herrschaft Plesse (oder das Amt Bo-
venden), nebst dem Dorfe Höckelheim,
die Aemter Uchte und Freudenberg (oder
Bassum in der Grafschaft Hoya),
das Amt Auberg,
und einen Theil vom Eichsfeld;

erhielt dagegen und nahm, als Churfürst von
Hessen und Großherzog von Fulda, im
Febr. 1816 in Besitz

von Preußen
vom Departement Fulda, als dem in der
Schlußacte des Congresses zu Ausgleichun-
gen an Preußen überlassenen Lande,

Neuhof (Amt Wethers, das mit Ausnahme
der Dörfer Melters und Hattenrodt, nachher

her wieder von Churheſſen an Oeſterreich und von dieſem an Bayern gegeben wurde), Fulda, Johannisberg (bey Fulda), Groſſenlüder, Burgheim, Hünfeld, Eiterfeld, Häſelſtein und Biberſtein (mit Ausnahme einiger zur Verfügung von Oeſterreich ausgeſetzten Ortſchaften).

die reichsritterſchaftlichen Gerichte Mansbach, Buchenau, Wehrda, Lengsfeld, nebſt dem Dorfe Wenigentoſt;

von den an Oeſterreich zur Ausgleichung überlaſſenen Ländern vermöge eines zu Frankfurt am 30. März geſchloſſenen Vertrags, Saalmünſter nebſt Sannerts, Uerzel, und dem huttiſchen Grund;

von Heſſen-Darmſtadt, vermöge eines am 29. Jun. 1816 geſchloſſenen Vertrags,

das Amt Dorheim (oder Dorheim, Nauheim, Schwalheim und Rödchen)

die heſſiſche Hälfte (der Oberhohheit) des gräflich-ſolms-rödelheimiſchen Orts Praunheim,

die zum Amte Steinheim bisher gehörig geweſenen Orte Großkrotzenburg, Großauheim und Oberrodenbach,

die Oberhohheit über die gräflich-iſenburgiſchen Gerichte Diebach, Langenſelbold, Meerholz, Lieblos, Wächtersbach, Spigelberg und Reichenbach,

der Ort Wolfenborn;

von

von Bayern   1815

die Bezirke von Aufenau, Wertheim und
Höchst, zwischen Gelnhausen und Saal=
münster gelegene Ortschaften,
die Straße von Saalmünster nach Geln=
hausen.

Hessen = Homburg, vormals ein mediatisirter
Staat, durch den rheinischen Bund der
groß=herzoglich=hessischen Oberhohheit un=
tergeordnet, trat wieder unter die souverä=
nen Staaten des deutschen Bundes ein, und

trat ab an Hessen=Darmstadt im Jul. 1816
seinen Antheil an dem mit ihm gemeinschaft=
lich besessenen Dorfe Peterweil,

erhielt, als souverainer Landgraf von Hessen=
Homburg,

von Hessen=Darmstadt (am 15. Jul. 1816)
die Oberhohheit über seine hessen=hom=
burgische Besitzungen in den beyden
Aemtern Homburg und Dillingen,

von dem zur Ausgleichung ausgesetzten Saar=
department einen unabhängigen Territo=
rialbezirk von 10,000 Einwohnern, der
bis jetzt noch nicht ausgeschieden ist.

Luxemburg:

der vormalige Prinz von Nassau = Oranien,
jetzt König der Niederlande, trat an Preußen
ab, nach einem zu Wien am 31. May 1815
geschlossenen Vertrag seine vier Fürsten=
thü=

1815

Häuser Anton-Tillenburg, Siegen, ...
damar und Dietz,

erhielt dafür Luxemburg, (als ein zu dem deutschen
Bunde gehöriges Großherzogthum, sammt
dem Recht auch den Pariser Conferenz-
Protocoll vom 5. November 1815) mit
Preußen gemeinschaftlich den Statthalter
und Commandanten der deutschen Bundes-
festung Luxemburg zu ernennen, und mit
ihm gemeinschaftlich die Besetzung daselbst
zu halten;

der Nassauische Erbverein von 1783 wurde auf
Luxemburg übergetragen: doch kann der König der Niederlande die Nachfolge in Luxemburg nach eigenem Ermessen unter seinen Söhnen bestimmen.

Nassau

erhielt von Preußen für verschiedene verabredete
Territorialänderungen

die von Churhessen durch einen Vertrag vom
18. Oct. 1815 eingetauschte niedere Grafschaft Catzenellenbogen.

Sachsen = Weimar, zum Großherzogthum auf dem Congreß zu Wien erklärt,

erhielt, nach den Verträgen vom 1. Jun. und 22.
Sept. 1815 zu einem Zuwachs von 77,000
Seelen,

die Herrschaft Blankenhayn nebst dem Dorfe
Rams=

Ramsla, mit Ausnahme des Amtes Wan= 1815
dersleben,

die niedere Herrschaft Kranichfeld,

die ehemaligen Deutschordens Commenden
Zwätzen, Lehesten und Liebstädt, so wie
alle Ortschaften, die wie jene, Bestand=
theile des Amtes Eckartsberg sind,

das Amt Trautenburg, mit Ausnahme von
Droizen, Görschen, Wethaburg, Wet=
terscheid und Mollschütz;

Berlstedt, und einen Theil von Klein Brem=
bach, die zu Schloß Vippach auf erfurti=
schem Gebiet gehören,

den Neustädter Kreis, der bis dahin Bestand=
theil des preußischen Herzogthums Sach=
sen war, nach näher bestimmten Gränzen,

Lachstädt in dem Amte Naumburg, Darn=
stadt in dem Amte Pforta, Witters=
roda, Niedertrebra, Oberreußen, Nirms=
dorf, Rudersdorf, Ellersleben, Klein
Neuhausen, Orlishausen, Roda und Eß=
leben in dem Amte Eckartsberg, Willen=
städt in dem Amte Wendelstein, und Kra=
nichborn in dem Amte Weissensee;

in dem Erfurter Gebiete, Schloß Vippach,
Stolternheim und Schwerborn, Atzmanns=
dorf, Tonndorf, Isperoda und Heinichen,

in dem vormaligen Departement Fulda, die
Bezirke und Cantone von Dermbach und
Geisa;

Eichhorn's Ergänz.   X   die

1815   die vormals churhessischen (am 18. October
an Preußen abgetretene) Aemter Frauen=
see, Völkershausen, Vacha, nebst einem
Theil der Vogtei Kreuzberg und des Am=
tes Friedewald, von denen erst am 24.
Januar 1816 Besitz genommen wurde;

**Schwarzburg Sondershausen und Ru=
dolstadt**

erhielten von Preußen eine unbekannt gebliebene
Entschädigung wegen ihrer Ansprüche auf
die von Preußen in Besitz genommenen
Aemter Heringen und Kelbra;

Sachsen=Coburg

erhielt einen Landeszuwachs im Saardeparte=
ment von 20,000 Einwohnern mit dem
Rechte, ihn auszutauschen, zugesichert;

Mecklenburg Schwerin ward

zum Großherzogthum erklärt;

Mecklenburg=Strelitz

zum Großherzogthum erklärt,

erhielt einen Landeszuwachs im Saardeparte=
ment von 10,000 Seelen mit dem Rechte,
ihn auszutauschen, zugesichert;

Oldenburg

zum Großherzogthum erklärt,

erhielt einen Landeszuwachs im Saardepar=
tement von 20,000 Seelen, nämlich Birken=
feld,

feld, und feine Umgebungen am 10. Apr. 1815 1817, mit dem Rechte, ihn auszutauschen,

Grafschaft Pappenheim

erhielt einen Landeszuwachs im Saardepartement von 9000 Einwohnern, doch unter preußischer Souverainetät

Dänemark

trat ab an Preußen

sein von Schweden erhaltenes Recht auf Schwedisch-Pommern und das Fürstenthum Rügen

erhielt dafür von Preußen am 27. Jul. 1816

den von Hannover an Preußen abgetretenen am rechten Ufer der Elbe gelegenen Theil des Herzogthums Lauenburg, (von dem nun der König von Dänemark in den ihm angestammten Titel seiner Erbländer auch den eines Herzogs von Lauenburg aufnahm) mit Ausschluß des Amtes Neuhaus und der in diesem Amte oder zwischen demselben und dem mecklenburgischen Gebiet eingeschlossenen, auf dem rechten Elbufer gelegenen lüneburgischen Ortschaften und Ländereyen,

und eine Summe Geldes von 600,000 schwedischen Bankthalern, die Schweden an Dänemark schuldig war.

Rußland

gab den Tarnopoler Kreis an Oesterreich zurück,

X 2

1815   rück, und trat (wie es scheint) Jever an
Oldenburg ab, das wenigstens die Verwaltung der Landschaft hat;

erhielt dagegen Polen (mit Ausschluß Kracau's
und dessen, was Preußen behielt) als
ein eigenes mit Rußland auf ewig ver-
bundenes Königreich.

Kracau ward für eine freye Stadt erklärt.

Die Hansestädte und Frankfurt am Mayn
wurden als freye Städte hergestellt und
Mitglieder des deutschen Bundes.

Inhalt.

Dessen

her wieder von Churhessen an Oesterreich und von diesem an Bayern gegeben wurde), Fulda, Johannisberg (bey Fulda), Grossenlüder, Burgheim, Hünfeld, Eiterfeld, Haselstein und Biberstein (mit Ausnahme einiger zur Verfügung von Oesterreich ausgesetzten Ortschaften).

die reichsritterschaftlichen Gerichte Mansbach, Buchenau, Wehrda, Lengsfeld, nebst dem Dorfe Wenigentoft;

von den an Oesterreich zur Ausgleichung überlassenen Ländern vermöge eines zu Frankfurt am 30. März geschlossenen Vertrags, Saalmünster nebst Sannerts, Uerzel, und dem huttischen Grund;

von Hessen-Darmstadt, vermöge eines am 29. Jun. 1816 geschlossenen Vertrags,

das Amt Dorheim (oder Dorheim, Nauheim, Schwalheim und Rödchen)

die hessische Hälfte (der Oberhohheit) des gräflich-solms-rödelheimischen Orts Praunheim,

die zum Amte Steinheim bisher gehörig gewesenen Orte Großkrotzenburg, Großauheim und Oberrodenbach,

die Oberhohheit über die gräflich-isenburgischen Gerichte Diebach, Langenselbold, Meerholz, Lieblos, Wächtersbach, Spiegelberg und Reichenbach,

der Ort Wolfenborn;

von

von Bayern   1815

die Bezirke von Aufenau, Wertheim und
Höchst, zwischen Gelnhausen und Saal=
münster gelegene Ortschaften,
die Straße von Saalmünster nach Geln=
hausen.

Hessen = Homburg, vormals ein mediatisirter
Staat, durch den rheinischen Bund der
groß=herzoglich=hessischen Oberhohheit un=
tergeordnet, trat wieder unter die souverä=
nen Staaten des deutschen Bundes ein, und

trat ab an Hessen=Darmstadt im Jul. 1816
seinen Antheil an dem mit ihm gemeinschaft=
lich besessenen Dorfe Peterweil,

erhielt, als souverainer Landgraf von Hessen=
Homburg,
von Hessen=Darmstadt (am 15. Jul. 1816)
die Oberhohheit über seine Hessen = hom=
burgische Besitzungen in den beyden
Aemtern Homburg und Dillingen,
von dem zur Ausgleichung ausgesetzten Saar=
département einen unabhängigen Territo=
rialbezirk von 10,000 Einwohnern, der
bis jetzt noch nicht ausgeschieden ist.

Luxemburg:

der vormalige Prinz von Nassau = Oranien,
jetzt König der Niederlande, trat an Preußen
ab, nach einem zu Wien am 31. May 1815
geschlossenen Vertrag seine vier Fürsten=
thü=

thümer Nassau-Dillenburg, Siegen, Hadamar und Diez,

erhielt dafür Luxemburg als ein zu dem deutschen Bunde gehöriges Großherzogthum, sammt dem Recht (nach dem Pariser Conferenz-Protocoll vom 3. November 1815) mit Preußen gemeinschaftlich den Statthalter und Commandanten der deutschen Bundes-festung Luxemburg zu ernennen, und mit ihm gemeinschaftlich die Besatzung daselbst zu halten;

der Nassauische Erbverein von 1783 wurde auf Luxemburg übergetragen: doch kann der König der Niederlande die Nachfolge in Luxemburg nach eigenem Ermessen unter seinen Söhnen bestimmen.

Nassau

erhielt von Preußen für verschiedene verabredete Teritorialänderungen

die von Churhessen durch einen Vertrag vom 18. Oct. 1815 eingetauschte niedere Grafschaft Catzenellenbogen.

Sachsen-Weimar, zum Großherzogthum auf dem Congreß zu Wien erklärt,

erhielt, nach den Verträgen vom 1. Jun. und 22. Sept. 1815 zu einem Zuwachs von 77,000 Seelen,

die Herrschaft Blankenhayn nebst dem Dorfe Rams-

Ramsla, mit Ausnahme des Amtes Wan= 1815
dersleben,

die niedere Herrschaft Kranichfeld,

die ehemaligen Deutschordens Commenden
Zwätzen, Lehesten und Liebstädt, so wie
alle Ortschaften, die wie jene, Bestand=
theile des Amtes Eckartsberg sind,

das Amt Trautenburg, mit Ausnahme von
Droizen, Görschen, Wethaburg, Wet=
terscheid und Mollschütz;

Berlstedt, und einen Theil von Klein Brem=
bach, die zu Schloß Vippach auf erfurti=
schem Gebiet gehören,

den Neustädter Kreis, der bis dahin Bestand=
theil des preußischen Herzogthums Sach=
sen war, nach näher bestimmten Gränzen,

Lachstädt in dem Amte Naumburg, Darn=
stadt in dem Amte Pforta, Witters=
roda, Niedertrebra, Oberreußen, Nirms=
dorf, Rudersdorf, Ellersleben, Klein
Neuhausen, Orlishausen, Roda und Eß=
leben in dem Amte Eckartsberg, Willen=
städt in dem Amte Wendelstein, und Kra=
nichborn in dem Amte Weissensee;

in dem Erfurter Gebiete, Schloß Vippach,
Stolternheim und Schwerborn, Atzmanns=
dorf, Tonndorf, Isperoda und Heinichen,

in dem vormaligen Departement Fulda, die
Bezirke und Cantone von Dermbach und
Geisa;

Eichhorn's Ergänz.   X   die

1815   die vormals churhessischen (am 18. October an Preußen abgetretene) Aemter Frauensee, Völkershausen, Vacha, nebst einem Theil der Vogtei Kreuzberg und des Amtes Friedewald, von denen erst am 24. Januar 1816 Besitz genommen wurde;

Schwarzburg Sondershausen und Rudolstadt

erhielten von Preußen eine unbekannt gebliebene Entschädigung wegen ihrer Ansprüche auf die von Preußen in Besitz genommenen Aemter Heringen und Kelbra;

Sachsen-Coburg

erhielt einen Landeszuwachs im Saardepartement von 20,000 Einwohnern mit dem Rechte, ihn auszutauschen, zugesichert;

Mecklenburg Schwerin ward

zum Großherzogthum erklärt;

Mecklenburg-Strelitz

zum Großherzogthum erklärt, erhielt einen Landeszuwachs im Saardepartement von 10,000 Seelen mit dem Rechte, ihn auszutauschen, zugesichert;

Oldenburg

zum Großherzogthum erklärt, erhielt einen Landeszuwachs im Saardepartement von 20,000 Seelen, nämlich Birkenfeld,

feld, und seine Umgebungen am 10. Apr. 1815
1817, mit dem Rechte, ihn auszutauschen,

Grafschaft Pappenheim

erhielt einen Landeszuwachs im Saardepartement von 9000 Einwohnern, doch unter preußischer Souverainetät

Dänemark

trat ab an Preußen

sein von Schweden erhaltenes Recht auf
Schwedisch = Pommern und das Fürstenthum Rügen

erhielt dafür von Preußen am 27. Jul. 1816

den von Hannover an Preußen abgetretenen
am rechten Ufer der Elbe gelegenen Theil des
Herzogthums Lauenburg, (von dem nun der
König von Dänemark in den ihm angestammten Titel seiner Erbländer auch den
eines Herzogs von Lauenburg aufnahm) mit
Ausschluß des Amtes Neuhaus und der
in diesem Amte oder zwischen demselben
und dem mecklenburgischen Gebiet eingeschlossenen, auf dem rechten Elbufer
gelegenen lüneburgischen Ortschaften und
Ländereyen,

und eine Summe Geldes von 690,000
schwedischen Bankthalern, die Schweden
an Dänemark schuldig war.

Rußland

gab den Tarnopoler Kreis an Oesterreich zu-

1815   rück, und trat (wie es scheint) Jever an
Oldenburg ab, das wenigstens die Ver=
waltung der Landschaft hat;

erhielt dagegen Polen (mit Ausschluß Kracau's
und dessen, was Preußen behielt) als
ein eigenes mit Rußland auf ewig ver=
bundenes Königreich.

Kracau ward für eine freye Stadt erklärt.

Die Hansestädte und Frankfurt am Mayn
wurden als freye Städte hergestellt und
Mitglieder des deutschen Bundes.

Inhalt.

Deſſen

Lightning Source UK Ltd.
Milton Keynes UK
UKOW07f1859081217
314149UK00008B/535/P

9 781294 866503